"十二五"职业教育国家规划教材
经全国职业教育教材审定委员会审定

高职高专汽车类专业技能型教育教材
大学生公选课教材

汽车文化

第2版

主　编　蔡兴旺
副主编　王　斌　郑锦汤
参　编　张瑞雪　许见诚

机械工业出版社
China Machine Press

《汽车文化》第 2 版全书分 10 个项目 22 个任务，多视角介绍了汽车车标文化、汽车发明文化、汽车工业发展史、汽车企业文化、汽车科技文化、安全科学用车文化、汽车展览文化、汽车运动文化、汽车组织文化和汽车名人趣事等内容，深刻地揭示了汽车文化的丰富内涵，通过大量的史实，给人以深刻的启迪。本书中融入教学法，采用项目导向、任务驱动的教学形式，加强学生实践技能的培养与训练，注重专业教育与人文社会教育、职业素养教育的融合，提高综合素养。

本书图文对照，直观明了，配套视频二维码链接和课件，方便教师授课和学生课外学习。

本书被评为“十二五”职业教育国家规划教材，可以作为高职高专及普通高等院校的公选课教材及汽车专业的文化课教材，对广大汽车爱好者也是一本值得收藏的书籍。

本书课件下载地址：www.cmpedu.com。

图书在版编目（CIP）数据

汽车文化 / 蔡兴旺主编. —2版.—北京：机械工业出版社，2020.6
(2022.10重印)

“十二五”职业教育国家规划教材　高职高专汽车类专业技能型教育教材　大学生公选课教材

ISBN 978-7-111-64801-7

Ⅰ.①汽…　Ⅱ.①蔡…　Ⅲ.①汽车 – 文化 – 高等职业教育 – 教材　Ⅳ.①U46–05

中国版本图书馆CIP数据核字（2020）第028814号

机械工业出版社（北京市百万庄大街22号　邮政编码100037）
策划编辑：赵海青　责任编辑：赵海青　丁　锋　刘　煊
责任校对：樊钟英　封面设计：鞠　杨
责任印制：常天培
北京铭成印刷有限公司印刷
2022年10月第 2 版第 4 次印刷
184mm × 260mm · 13.5印张 · 1插页 · 326千字
标准书号：ISBN 978-7-111-64801-7
定价：49.00元

电话服务	网络服务
客服电话：010-88361066	机　工　官　网：www.cmpbook.com
010-88379833	机　工　官　博：weibo.com/cmp1952
010-68326294	金　　书　　网：www.golden-book.com
封底无防伪标均为盗版	机工教育服务网：www.cmpedu.com

第2版前言

汽车从1886年诞生到现在的100多年里，发展异常迅速，2019年全球汽车保有量已经超过10亿辆，美国千人汽车保有量高达837辆，我国千人汽车保有量也达185辆，可见汽车已经完全融入了我们的生活，极大地改变着我们的生产生活方式和整个社会形态，改变了我们的思想意识，诞生了丰富的汽车文化。

"汽车文化"一般理解为人类在研究、生产和使用汽车的过程中所产生的精神活动及其活动产品总和，包括对汽车的认知、行为、习俗、法规、艺术、法律、道德、准则和观念等，范围极其广泛。学习汽车文化，可以开阔视野，拓展知识，陶冶情操，美化生活，提高安全科学用车的技能和技巧等。

本书由2014年9月出版的《汽车文化》第1版改编而来，该书经全国职业教育教材审定委员会审定，被评为"十二五"职业教育国家规划教材，几年来经过了5次印刷，受到同行专家认可和广大师生欢迎。

本次教材修订以国务院（国发［2019］4号）《国家职业教育改革实施方案》和教职成［2012］9号《教育部关于"十二五"职业教育教材建设的若干意见》为指导，吸收了近年来新能源汽车、智能网联汽车等新技术、新成果、新标准和高职教育教学改革所取得的新经验，立足以学生为本，以提高综合素质和就业为目标，采用项目导向、任务驱动形式，根据广大学生要求，精选学生终身受用的基础理论、基本知识和汽车应用等基本技能，突出实用性、新颖性，按照学生的认知规律组织教材体系，使理论紧密联系实际，融知识性、趣味性、娱乐性、历史性于一体，将专业教育、人文教育与职业素质教育紧密结合，以激发学生学习兴趣，提高学生的实践技能和综合素质。

《汽车文化》第2版全书分10个项目22个任务，从多个视角介绍了汽车车标文化、品牌文化、科技文化、企业文化、展览文化、赛车文化以及汽车的发明与发展史、安全科学用车、休闲旅游、名人趣事、我国汽车工业院士风采等众多内容，深刻地揭示了汽车文化的丰富内涵，通过大量的史实，给人以深刻的启迪。本书知识面广，内容新颖，实用性强，结构合理。教材融入教学法，以情景和问题为引导，激发学生学习热情，培养对汽车的兴趣和爱好，提高对汽车的鉴赏能力，享受汽车文化带给人们的物质文明和精神文明。

本书图文对照，直观明了，通俗易懂，深入浅出，言简意赅、使教材更加形象化、情景化；教材提供课件下载，提供了大量的文本、彩图、动画和视频资料，形象、生动地展示了历史名车的风采，现代汽车（含新能源汽车和智能网联汽车）的基本构造原理与使用维护，惊心动魄的汽车竞赛和争奇斗艳的汽车展览等，方便教师授课和学生课外学习。

本书建议学时为36-54学时，可根据专业要求确定。教学中注意围绕任务组织学生分组学习、检索和讨论，加强实践环节，安排较多时间进行汽车现场观摩、维护等，组织学生参观汽车博物馆、汽车展览会、制造厂、4S店、维修厂，观看汽车比赛、汽车电影等。

本书项目1、2由蔡兴旺教授编写，项目5、8、9由王斌副教授编写，项目3、6由郑锦汤老师编写，项目4由张瑞雪老师编写，项目7、10由许见诚老师编写。

在编写本书及制作课件过程中，得到了广东省教育厅、机械工业出版社、广州珠江职业技术学院、广州华商职业学院、韶关学院等单位和个人的大力支持与帮助，检索了大量汽车网站及汽车教材、论文资料，难以全部注明出处，特向原作者表示深深的谢意和歉意。

由于本书涉及的知识面广，限于编者水平和能力，书中错漏之处难免，诚恳期望得到同行专家和广大读者的批评指正，编者邮箱：511870618@qq.com。

编　者

2019.6

汽车常用英文缩略语

5G——第五代移动通信技术
ABS——防抱死制动系统
A/C——空调
ACC——自适应巡航系统
ADAS——高级驾驶辅助系统
AEB——自动紧急制动
A/F——空燃比
AFS——汽车自适应前照灯系统
APS——自动泊车系统
APV——多用途车辆
ASR——驱动防滑系统
AT——自动变速器
BAT——蓄电池
BDS——中国北斗卫星导航系统
BEV——纯电动汽车
BLIS——盲点信息系统
BSD——盲区监测系统
CA——曲轴转角（°）
CAN——控制器局域网
CCS——电子巡航系统
CISS——集成性安全核心系统
CKD——全散件组装
CNGV——压缩天然气汽车
CO——一氧化碳
CPU——中央处理器
CVT——无级变速器
DIFF——差速器
DIS——无分电器点火系统
DOD——可变排量技术
DOHC——双顶置凸轮轴
DR——航迹推算
DSC——动态稳定控制系统
DSM——驾驶人状态监控系统
DSRC——专用短程通信技术
EBD——电子控制制动力分配系统
ECD——电控柴油机
ECT——电控（自动）变速器
ECU——发动机电控单元
EDS——电子差速锁
EFI——电控燃油喷射
EGR——排气再循环
ENG——发动机
EI——电子点火
ESC——汽车电子稳定控制系统
ESP——电子稳定程序
ETS——电子驱动力调节系统
EV——蓄电池电动汽车
FCEV——燃料电池汽车
FCW——前向碰撞预警系统
FFV——灵活燃料汽车
FSI——燃料分层喷射
GDI——汽油机缸内直接喷射
GPS——全球卫星定位系统
GPU——图形处理器
HC——碳氢化合物
HEV——混合动力电动汽车
HUD——平视显示系统
ICV——智能网联汽车
INS——惯性导航系统
IOV——车联网
ISC——怠速控制
KS——爆燃传感器
LCA——变道辅助系统
LDW——车道偏离警示系统
LPGV——液化石油气汽车
LSD——防滑差速器锁止控制
LTE-V——长期演进技术－车辆通信
MCE——多循环发动机
MPI——多点汽油喷射系统
MPV——多用途厢式汽车
MT——手动变速器
NO_X——氮氧化物
NVA——夜视辅助系统
OBD——车载自诊断系统
OBD-Ⅱ——第二代车载自诊断系统
O/D——超速档
PC——乘用车、小客车
P、R、N、D、L——（自动变速器）的驻车档、倒档、空档、行车档、低速档
PS——动力转向
RTK——实时动态
RV——休闲车
SDN——乘用（轿）车
SKD——半散件组装
SOHC——单顶置凸轮轴
SPI——单点汽油喷射系统

SPV——专用汽车
SRS——辅助约束系统（安全气囊）
SSS——速度感应式转向系统
SVC——可变压缩比
SUV——运动型多用途汽车
TCS——牵引力控制系统
T/M——变速器
TOHC——顶置双凸轮轴
TPMS——轮胎压力监视系统
TRC、TRAC——牵引力控制系统
TRK——货车
TWC——三元催化转化器
VCM——可变气缸控制发动机
VIN——车辆识别代码
VSA——汽车稳定性辅助系统
VSC——汽车稳定性控制系统
VTEC——可变正时和气门升程电控装置
V2X——车对外界的信息交换
VVT ——可变相位
VDIM——车辆动态集成控制
4WD——4 轮驱动
4WS——4 轮转向

二维码资源

项目	扫码看视频	项目	扫码看视频
1. 汽车外部结构		9. 汽车主要操纵机构使用	
2. 单缸汽油机工作原理		10. 座椅调整与驻车制动器使用	
3. 多缸机工作原理		11. 方向盘与安全带使用	
4. 坡道定点停车和起步		12. 汽车离合器、制动器与加速踏板的使用	
5. 曲线行驶		13. 变速器使用	
6. 侧方位停车		14. 点火开关、转向信号灯和变光拨杆的使用	
7. 直角拐弯		15. 风窗刮水系统和自动洗窗装置的使用	
8. 倒车入库		16. 暖风、通风及空调控制	

目 录

项目 5 神奇奥妙的汽车科技文化 ··························94

项目 6 安全科学的用车文化 ··································· 118

项目 1　寓意深刻的汽车车标文化

学习目标

◇ 理解汽车车标的基本作用

◇ 会辨认世界主要汽车公司的汽车车标

◇ 理解世界主要汽车公司汽车车标的含义

◇ 知道汽车车标的历史演变

汽车车标是汽车的重要标志，蕴含着汽车和企业的形象以及深刻的历史文化，是汽车科技与社会、历史、文化、艺术和心理的融合。汽车厂家对汽车车标都精心设计，精雕细琢。汽车车标经多次修改，千锤百炼，寓意深刻。

任务 1 辨认欧洲汽车车标及其含义

任务导入：说出图 1-1 所示汽车是哪个公司的？车标在哪里？形状特征与含义是什么？讨论车标的意义与设计。

图 1-1 辨认汽车及车标

1.1 奔驰公司汽车车标文化

（1）奔驰车标（图 1-2）及其故事

图 1-2 奔驰车标

奔驰的车标是在两个嵌套的圆之间加上月桂枝树叶，像一顶桂冠，代表优异和成功、荣誉和辉煌，喻示奔驰公司在汽车领域独占鳌头，勇夺“桂冠”。

桂冠在希腊神话故事中，有一段动人的美人变桂树的传说。掌管艺术的太阳神阿波罗正要渡贝涅河时，对美丽而天真烂漫的河神女儿达芙奈一见钟情，如醉如痴。达芙奈是一个自怜自爱、向往自由的清纯少女，为了逃避阿波罗的求爱而奔向月桂树林，变成月桂树。阿波罗悲痛地向达芙奈倾吐自己矢志不渝的爱情：“从现在起，你就是阿波罗最喜欢的树木，我将用你常青的树叶编成桂冠，它将成为勇士们头上的冠冕，成为诗人和凯旋者光荣的象征。”

（2）戴姆勒车标（图 1-3）及其故事

图 1-3 戴姆勒车标

戴姆勒的车标是一个圆环围着一颗三叉星。三叉星形似简化了的汽车方向盘，表示其产品在陆海空领域全方位的机动性，圆环显示其汽车行销全球的发展势头。

历史记载，戴姆勒在 1873 年给妻子的明信片中画了颗三叉星，并特别声明：总有一天，这颗吉星会照耀我毕生的工作。1890 年，这颗星开始用于戴姆勒公司的产品。

（3）梅赛德斯车标（图 1-4）及其故事

1899 年，奥地利驻匈牙利总领事捷里内克（Jellinek）驾驶戴姆勒公司的汽车在法国的“尼斯之旅”世界汽车大赛中获头奖，建议戴姆勒采用他女儿“梅赛德斯（Mercedes）”（图 1-5）的名字作为品牌车标，被戴姆勒接受。车标将一颗大三叉星和四颗小三叉星及“梅赛德斯”置于圆环之中。“梅赛德斯”是温文尔雅的意思。

图 1-4　梅赛德斯车标

图 1-5　梅赛德斯

（4）梅赛德斯 - 奔驰车标（图 1-6）

1926 年，奔驰与戴姆勒两家公司合并，改名为戴姆勒 - 奔驰公司。他们生产的所有汽车都命名为“梅赛德斯 - 奔驰（Mercedes Benz）”，车标由奔驰和戴姆勒车标组合而成。目前，也常用图 1-3 所示的三叉星作为公司车标。

图 1-6　梅赛德斯 - 奔驰车标

（5）迈巴赫车标（图 1-7）

威尔海姆 • 迈巴赫（Wilhelm Maybach，图 1-8）是戴姆勒汽车公司的创始人之一，曾担任总工程师。

迈巴赫品牌车标由两个交叉的 M 围绕在一个球面三角形组成，两个 M 是迈巴赫汽车（Maybach Motorenbau）的缩写。

迈巴赫是戴姆勒 - 奔驰汽车公司的超豪华顶级轿车品牌。

图 1-7　迈巴赫车标

图 1-8　迈巴赫

■ 1.2　宝马公司汽车车标文化

（1）宝马车标（图 1-9）

宝马汽车公司前身是巴伐利亚飞机公司（BMW），所以其车标采用蓝天（蓝色）、白云和飞机螺旋桨（白色）。字母 BMW 为公司名缩写，喻示宝马公司源远流长的历史。既象征该公司过去在航空发动机技术方面的领先地位，又象征该公司的一贯宗旨和目标：在广阔的时空中，以最新的科学技术、最先进的观念，满足顾客的最大愿望，反映了宝马公司蓬勃向上的精神和日新月异的新面貌。

图 1-9　宝马车标

（2）劳斯莱斯车标（图 1-10）及其故事

劳斯莱斯公司的创始人是劳斯和莱斯。100 多年前，英国汽车商查尔斯·劳斯（皇家贵族）与制造起重机和汽车的工程师亨利·莱斯同乘一列火车邂逅，并一见如故。两人达成协议，由莱斯负责生产汽车，劳斯负责营销，并给汽车起名为劳斯莱斯（ROLLS-ROYCE）。其车标双 R 为劳斯与莱斯姓名第一个字母，两个字母交叉，表示你中有我，我中有你，团结奋斗，携手共进。

图 1-10　劳斯莱斯车标

（3）劳斯莱斯飞翔女神车标（图 1-11）

劳斯莱斯车前的“飞翔女神”像的创意取自巴黎卢浮宫艺术走廊的一尊有两千年历史的胜利女神雕像，两臂后伸，身披纱带，表示速度之神。当时的总经理为其写广告词：这是一位优雅无比的女神，她代表着人类的崇高理想和生活的欣狂之魂，将旅途视为至高无上的享受。为此，轰动社会。“飞翔女神”像早期采用 85% 的铜、7.5% 的锌和 7.5% 的锡（质量比）制成，抛光镀银，以后逐步变化，也有的用黄金制成。

图 1-11　劳斯莱斯飞翔女神车标

（4）迷你汽车车标（图 1-12）

1959 年，英国汽车公司推出著名的“迷你”（Mini）型微型汽车，以小巧玲珑、节油著称，备受女性青睐。

图 1-12　迷你汽车车标

1.3　大众公司汽车车标文化

（1）大众车标（图 1-13）

采用德文 Volkeswagens Werk（大众公司）的字头，“V”在上，“W”在下，又像 3 个“V”，表示公司产品“必胜 - 必胜 - 必胜”。大众汽车，顾名思义是为大众生产的汽车。大众车标简捷、鲜明，令人过目不忘。

图 1-13　大众汽车车标

（2）奥迪（Audi）车标（图 1-14）

奥迪汽车公司是大众汽车公司的子公司，最初由霍尔希、旺达勒尔、豪西和迪开达伯留 4 家公司联合组成，公司名字 Audi 是创始人霍尔希以前所办公司的拉丁文名称的字头。车标是 4 个半径相等的连环圆圈，表示当初公司由 4 家公司合并而成，如兄弟手挽手，共创大业，平等、互利、协作，意味着“团结就是力量”。

图 1-14　奥迪汽车车标

（3）兰博基尼（Lamborghini）汽车车标（图 1-15）

兰博基尼的车标是一头蛮劲十足的斗牛，正准备向对手发动猛烈的攻击。据说，公司创始人兰博基尼（属金牛座）就是这种不甘示弱的牛脾气。也体现了兰博基尼汽车大功率、高速的运动型轿车的特点。

图 1-15　兰博基尼汽车车标

（4）宾利（Bentley）汽车车标（图 1-16）

宾利的车标以公司名的第一个字母“B”为主体，生出一对翅膀，似凌空翱翔的雄鹰，喻示着宾利汽车公司在全球范围内的飞跃发展。

图 1-16　宾利汽车车标

（5）保时捷（Porsche）汽车车标（图 1-17）

保时捷的车标采用公司所在地斯图加特市的盾形市徽，上面是保时捷的姓氏“PORSCHE”。车标中间是一匹骏马，表示斯图加特这个地方盛产一种名贵种马，喻示保时捷跑车的出类拔萃。车标的左上方和右下方是鹿角的图案，表示斯图加特曾是狩猎的好地方。车标左上方和右下方的黄色条纹是成熟了的麦子颜色，喻指五谷丰登。车标中的黑色代表肥沃土地，红色象征人们的智慧和对大自然的钟爱，由此组成一幅精湛意深、秀气美丽的田园风景画，展现了保时捷公司辉煌的过去，预示了保时捷公司美好的未来。

图 1-17　保时捷汽车车标

（6）布加迪（Bugatti）汽车车标（图 1-18）

车标中上部字母EB为埃多尔·布加迪(Ettoren Bugatti)英文缩写，周围一圈小圆点象征滚子轴承，底色为红色。

图 1-18　布加迪汽车车标

（7）斯柯达（Skoda）汽车车标（图 1-19）

斯柯达车标中巨大的圆环象征着斯柯达为全世界无可挑剔的产品；鸟翼象征着技术进步的产品行销全世界；向右飞行着的箭头，象征着先进的工艺；中央铺着的绿色，则表达了斯柯达人对资源再生和环境保护的重视。

图 1-19　斯柯达汽车车标

1.4　雷诺公司汽车车标文化

雷诺（Renault）汽车车标（图 1-20）

车标是三个菱形拼成的图案，象征雷诺三兄弟与汽车工业融为一体，表示“雷诺”能在无限的（四维）空间中竞争、生存、发展。

图 1-20　雷诺汽车车标

■ 1.5　标致 - 雪铁龙公司汽车车标文化

（1）标致（PEUGEOT）汽车车标（图 1-21）

车标是一只狮子，是因为标致祖先曾到美洲、非洲探险，在那里发现了惊人的动物——狮子。为此，以狮子作为家族徽章，后来用到汽车上。这尊小狮子后来成为标致汽车公司所在地蒙贝利亚尔省的省徽。

图 1-21　标致汽车车标

狮子历来是雄悍、英武、高贵的象征。古埃及的巨大雕塑“司芬克司”就是狮身人面像，以代表法老的威严和英武。标致车标中的狮子，简洁、明快、刚劲、有力，衬托出标致汽车的力量和节奏。

（2）雪铁龙汽车车标（图 1-22）

雪铁龙的创始人安德烈 • 雪铁龙，1900 年发明了人字齿轮，获得了专利，因此，雪铁龙的车标是两个人字形状，表示人字齿轮，以宣扬其创新，也反映出法国人生性开朗，爱赶时髦，喜欢新颖和漂亮的性格，散发着法国人的浪漫气息。雪铁龙轿车有“法国第一夫人”的美称。

图 1-22　雪铁龙汽车车标

■ 1.6　菲亚特公司汽车车标文化

（1）菲亚特 (FIAT) 汽车车标（图 1-23）

菲亚特车标几经变迁，现在车标内部呈盾形，图中“ FIAT ”为公司全称（Fabbrica Itliana Auto-mobile di Torino）4 个单词的第一个大写字母。“ FIAT ”在英语中具有“法令”“许可”的含义。因此，在客户的心目中，菲亚特轿车具有较高的合法性与可靠性，深得用户的信赖。

菲亚特曾经使用 5 根短柱斜置平行排列的车标。5 条倾斜平行的图案，像飞行在天空中飞机留下的轨迹，越飞越高，象征该公司生产的汽车遍布世界五大洲。

图 1-23　菲亚特汽车车标

（2）阿尔法 • 罗密欧 (Alfa Romeo) 汽车车标（图 1-24）

“ Alfa ”是“ Anonima Lombarda Fabbrica Automobili ”的缩写。

阿尔法 • 罗密欧的车标是中世纪意大利米兰的领主维斯康泰公爵的家徽，也是现在米兰市的市徽。标志中的十字部分来源于十字军从米兰向外远征的故事；右边部分是蛇正在吞食撒拉逊人的图案，传说之一是维斯康泰的祖先曾经击退了使该城人民遭受苦难的“恶龙”。

图 1-24　阿尔法 • 罗密欧汽车车标

（3）法拉利（Ferrari）汽车车标（图 1-25）

车标由字母和图案组成，下面的字母为创始人法拉利（Ferrari）。图案“腾马”原来是红色，后来为纪念意大利飞行员巴拉克（生前最喜欢腾马）作战勇敢，屡建战功，为国捐躯而改为黑腾马。

腾马作为跑车车标和赛车吉祥物，寓意奔腾向前，搏击长空，一定取胜。法拉利跑车的刚劲和难以言喻的经典红头造型相结合，更显法拉利跑车魔鬼般令人晕眩的震撼力。

图 1-25　法拉利汽车车标

（4）玛莎拉蒂（Maserati）汽车车标（图 1-26）

玛莎拉蒂的车标是树叶形的底座置于一个椭圆中，其上放置一件三叉戟。相传这个兵器是罗马神话中海神尼普顿 (Neptune 在希腊神话中则称波赛顿海神）手中的武器。它显示出海神巨大无比的威力。这个车标也是玛莎拉蒂公司所在地意大利博洛尼亚市的市徽。该车标表示玛莎拉蒂牌汽车就像三叉戟一样威力无比，所向披靡。

图 1-26　玛莎拉蒂汽车车标

1.7　欧洲其他汽车车标文化

（1）欧宝（Opel）汽车车标（图 1-27）

欧宝公司创始人是德国人亚当 • 欧宝（Adam Opel）。汽车标志为闪电图案，代表了欧宝公司的技术进步与发展，又像闪电一样划破长空，震撼世界。既喻示欧宝汽车如风驰电掣，力量和速度无与伦比，同时也炫耀它在空气动力学方面的研究成就。

图 1-27　欧宝汽车车标

（2）萨博（Saab）汽车车标（图 1-28）

萨博的车标由文字“SAAB”和头戴皇冠的鹰头飞狮组成，王冠象征着轿车的高贵，狮子为欧洲人崇尚的权力象征。半鹰、半狮的怪兽图案象征着一种警觉，这是瑞典南部两个县流行的一种象征，而萨博汽车和航行器的生产就起源在这里。

图 1-28　萨博汽车车标

（3）沃克斯豪尔汽车车标（图 1-29）

沃克斯豪尔汽车的车标选用了 13 世纪英国沃克斯豪尔地区的土地主使用的狮身鹫首的怪兽，它展开矫健的翅膀，即将腾飞，并显露出锋利的前颚，体现了英国传统文化理念中的征服与霸气。

图 1-29　沃克斯豪尔汽车车标

（4）阿斯顿·马丁汽车车标（图 1-30）

车标是一只展翅飞翔的大鹏，分别加以 ASTON MARTIN 或 LACONDA(拉贡达) 字样。这是因为，阿斯顿·马丁公司原来是与拉贡达公司合并而成，喻示着阿斯顿·马丁公司如大鹏般远大的志向。

图 1-30　阿斯顿·马丁汽车车标

（5）捷豹 (Jaguar) 汽车车标（图 1-31）

捷豹的车标为一只正在跳跃前扑的捷豹雕塑，矫健勇猛，怒目咆哮，盛气凌人，形神兼备，具有时代感与视觉冲击力。它既代表了公司的名称，又表现出向前奔驰的力量与速度，象征该车如美洲虎一样驰骋于世界各地。

图 1-31　捷豹汽车车标

（6）路虎 (Rover) 汽车车标（图 1-32）

路虎全称是兰德·路虎 (Land Rover)，曾译为罗孚。“Rover”英语中包含流浪者、航海者的意思。Rover Mascot (吉祥物) 源自世界上最著名的流浪族——维京人的双关语。所以，路虎汽车车标采用了一艘维京海盗船，张开的红帆象征着公司乘风破浪、所向披靡的大无畏精神。

图 1-32　路虎汽车车标

（7）莲花汽车车标（图 1-33）

车标是由CABC几个英文字母重叠在一起组成的，这是公司创始人柯林·查普曼 (Colin Anthony Bruce Chapman) 名字的缩写。优雅、灵动、恒久、精炼、圣洁的莲花，是莲花汽车的高雅象征。

图 1-33　莲花汽车车标

（8）沃尔沃（VOLVO）汽车车标（图 1-34）

沃尔沃（VOLVO）也译为“富豪”，车标由图标和文字两部分组成。图标画成车轮形状，并有指向右上方的箭头；文字“VOLVO”为拉丁语，是滚滚向前的意思，寓意着沃尔沃汽车的车轮滚滚向前和公司兴旺发达，前途无量。

图 1-34　沃尔沃汽车车标

（9）世爵汽车车标（图 1-35）

车标由一个水平的飞机螺旋桨穿越镌刻公司名称和座右铭的辐轮组成。螺旋桨显示世爵公司制造飞机的历史。“NULLA TENACI INVIA EST VIA”中文意思是“执着强悍、畅行无阻”，体现了公司为车主制造出全球最先进、设计最独特的跑车。

图 1-35　世爵汽车车标

（10）伏尔加汽车车标（图 1-36）

伏尔加制造厂原为高尔基汽车厂（GAZ），过去常将其音译为“嘎斯”汽车。伏尔加的车标是盾牌中有 GAZ 标志和一只梅花鹿，预示生产的汽车像盾牌一样坚固，像梅花鹿一样善于奔跑。

图 1-36　伏尔加汽车车标

任务 2 辨认美洲主要汽车车标及其含义

任务导入：说出图 2-1 所示车标是哪个公司的什么汽车上的车标，并说明其形状特征与含义。

图 2-1 辨认汽车车标

2.1 通用公司汽车车标文化

（1）通用汽车有限公司商标（图 2-2）

商标“GM”用通用公司英文名称（General Motors Corporation）的前两个单词的第一个大写字母组成，蓝底白字，简洁明快。

图 2-2 通用汽车有限公司商标

（2）凯迪拉克车标

早期凯迪拉克公司车标由“冠”和“盾”组成（图 2-3）。其中，“冠”上有 7 颗明珠，象征凯迪拉克的皇家贵族尊贵血统，隐喻汽车高贵、豪华、气派、风度。“盾”象征凯迪拉克军队是一支金戈铁马、英勇善战、攻无不克、无坚不摧的英武之师，隐喻其生产的汽车拥有巨大的市场竞争能力。“盾”被两根深褐色棒四等分，第二和第三部分有两根相互交叉的褐色棒，表示十字军战士在遥远战场上富有骑士般的勇猛。第一和第四部分中各有三只黑色的鸟，这两部分又被黑色棒一分为二，并把三只相同的鸟分开，两只在上，一只在下。按照当时的风俗，没有腿和嘴的鸟，如果以三只同时出现，就表示神圣。这些鸟还表示大胆、热情的基督教武士那智慧、聪敏的头脑及完美的品德。“盾”中的各种颜色也有深刻的含义：红色表示勇猛和赤胆；银色表示婚姻、纯洁、博爱和美德；黄色表示丰收和富有；蓝色表示创新和探险；黑色表示土地。

图 2-3 凯迪拉克汽车车标

21 世纪初，凯迪拉克再次对徽标进行了一系列令人耳目一新的革新，新徽标（图 2-1）色彩明快、轮廓鲜明，突出了凯迪拉克品牌的经典、尊贵和突破精神。与老车标相比，鸟飞走了。

（3）别克（BUICK）汽车车标（图 2-4）

别克车标经过多次变化，目前最新的车标为三把利剑，从左到右红、白、蓝递升，而且高度节节上升，给人一种积极进取、不断攀登的感觉。它表示别克分部采用顶级技术，游刃有余，是无坚不摧、勇于攀登的勇士。

图 2-4 别克汽车车标

（4）雪佛兰（Chevrolet）汽车车标（图 2-5）

雪佛兰车标是抽象化了的蝴蝶领结，象征雪佛兰汽车的大方、气派和风度。

图 2-5 雪佛兰汽车车标

(5) 庞蒂克汽车车标(图 2-6)

车标由“PONTIAC”和带十字形标记的箭头组成。十字形标记表示庞蒂克是通用汽车公司的重要成员，也象征庞蒂克汽车安全可靠。箭头则代表庞蒂克的技术超前和攻关精神。

图 2-6　庞蒂克汽车车标

庞蒂克(PONTIAC)是一个印第安酋长的名字，18 世纪他曾率部在底特律附近抵抗英法殖民者。为纪念他，人们把靠近底特律的一座小城命名为庞蒂克市。

(6) 土星汽车车标(图 2-7)

车标由图形和文字组成。SATURN 是土星的英文名。图形是在红色背景前土星的两条轨迹，给人一种高科技、新观念、超时空的感觉，寓意土星汽车技术先进，设计超前且最具时代魅力。

图 2-7　土星汽车车标

2.2　福特公司汽车车标文化

(1) 福特汽车公司车标(图 2-8)

福特(FORD)是美国福特汽车公司创始人。福特的车标蓝底白字，选用艺术化的“福特”英文字母，形似一只活泼可爱、充满活力的小白兔奔向前方。象征福特汽车奔驰在世界各地，令人爱不释手，也暗示了福特对动物的宠爱。

图 2-8　福特汽车公司车标

(2) 福特・野马・眼镜蛇汽车车标(图 2-9)

车标中的野马源自墨西哥和美国加利福尼亚州出产的一种名贵野马，身强力壮、善于奔跑。车标中的野马形象强劲有力，热情奔放，表示该车的速度极快。加上“眼镜蛇”车标在后，像是“眼镜蛇”追击“野马”，使之不得不急驰，形容跑车速度之快，给人留下极深的印象。

图 2-9　福特・野马・眼镜蛇汽车车标

(3) 林肯 (Lincoln) 汽车车标(图 2-10)

林肯是美国第 16 任总统名字，林肯汽车公司借助总统的名字来树立公司的形象。林肯汽车车标是一个矩形中含有一颗闪闪放光的星辰，表示林肯总统是美国联邦统一和废除奴隶制度的启明星，也喻示林肯轿车光辉灿烂，是顶级轿车。

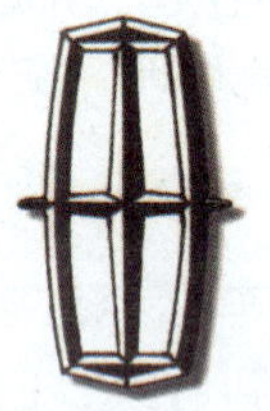

图 2-10　林肯汽车车标

(4) 水星汽车车标(图 2-11)

水星车标取自太阳系中的水星，在一个圆中有三个行星运行轨迹，很容易让人联想到福特汽车具有太空科技和超时空的创造力。

图 2-11　水星汽车车标

2.3 FCA 美国有限责任公司汽车车标文化

（1）克莱斯勒 (Chrysler) 汽车车标（图 2-12）

克莱斯勒的老车标像五角星勋章，体现了克莱斯勒人的远大抱负，正五边形被五星分割成 5 个部分，寓意克莱斯勒的汽车遍布五大洲。

20 世纪 90 年代中期开始使用飞翼车标，增加了一对跃跃欲飞的翅膀，象征着克莱斯勒的欣欣向荣。

2009 年更新车标，将三层羽翼合一，强化了金属质感，中间“Chrysler”字样衬以蓝底，显得更为清爽。

图 2-12　克莱斯勒汽车车标

（2）道奇 (Dodge) 汽车车标（图 2-13）

图形车标是在一个五边形中的一个神气羊头形象，表示“道奇”汽车强壮剽悍，善于决斗，又表示道奇车朴实无华的平民倾向。

图 2-13　道奇汽车车标

（3）普利茅斯 (Plymouth) 汽车车标（图 2-14）

该车标是为了纪念第一批英国移民在 1620 年乘坐“五月花”号船自“Plymouth”港口出发前往北美而设计的。车标中采用了他们所乘坐的帆船——“五月花”号的船形图案。

图 2-14　普利茅斯汽车车标

（4）鹰·吉普（Jeep）汽车车标（图 2-15）

吉普英文是 Jeep。传说中人们把“PPeye”连环画中的一种既不是鸟也不是四脚兽，但知道所有答案的动物称为“吉普”。

吉普车标是雄鹰展翅。鹰在美国被誉为神鸟，也是对著名战斗机飞行员的俚称。古埃及的智慧神和保护神克纳姆就是鹰首人身。用鹰比喻 Jeep 汽车具有雄鹰的优秀品质，能迎风斗险，勇攀技术高峰。

图 2-15　鹰·吉普汽车车标

2.4 特斯拉车标文化

该车标是为纪念发明家尼古拉·特斯拉（Nikola Tesla）而设计的（图 2-16）。T 是 Tesla 名字的首字母缩写。T 还代表电动机的横截面，主体部分代表了电动机转子的一部分，而顶部的第二条线则代表了外围定子的一部分。

图 2-16　特斯拉车标

任务3 辨认亚洲汽车车标及其含义

任务导入：说出图3-1所示车标是哪个公司的什么汽车上的车标，并说明其形状特征与含义。

图3-1 辨认车标

3.1 中国汽车车标文化

（1）一汽集团标志（图3-2）

车标取阿拉伯数字“1”和汉字“汽”巧妙布置，构成一只展翅翱翔的雄鹰。“1”又代表第一，外围椭圆代表全球。寓意第一汽车集团公司展翅高飞，走向世界，勇夺第一的雄心壮志。

一汽货车在车前标有“FAW”，是第一汽车制造厂的英文“First Automobile Workshop”的缩写。

图3-2 一汽集团标志

（2）一汽东风龙车标（图3-3）

1958年5月5日，中国第一辆自己制造的东风牌轿车诞生，车标是条中国龙。龙是古人结合了鱼、鳄、蛇、猪、马、牛等动物，和云雾、雷电、虹霓等自然天象模糊集合而产生的一种神物，至今约有八千年的历史。作为中华民族大融合的参与者和见证物，中国龙的精神也就是团结凝聚的精神。同时，龙又是水神，普降甘霖，龙的精神，也就是造福人类的精神。现在，龙逐渐由神物演变为吉祥物，有腾飞、振奋、开拓、变化等寓意。

图3-3 一汽东风龙车标

（3）一汽红旗车标（图3-4）

红旗轿车是我国最早的自主品牌轿车。车标图案是面红旗，旗杆象征着“龙”，旗面象征着“凤”，是对中华民族最古老的两个部落“龙”“凤”图腾的简化。龙凤结合，表示团结统一的中华民族。腾飞的龙凤代表着东方巨龙的觉醒和美好的未来。

图3-4 一汽红旗车标

（4）东风汽车集团标志（图3-5）

东风汽车集团前身是第二汽车制造厂。二汽的“二”字寓意于双燕之中，喻示双燕舞东风。“风神”在世界大多数国家也视为吉祥和美好。象征着东风牌汽车的车轮不停地旋转，奔驰在祖国大地，奔向全球。

图3-5 东风汽车集团标志

（5）上汽集团标志（图3-6）

SAIC既是上汽集团的简称，也是上汽集团的价值观。

图3-6 上汽集团标志

SAIC 的含义：S-Satisfaction from customer，满足用户需求；A-Advantage through innovation，提高创新能力；I-Internati- onalization in operating 集成全球资源；C-Concentration on people，崇尚人本管理。

（6）荣威汽车车标（图 3-1）

“荣威”中文体现了创新殊荣、威仪四海的价值观。外文命名“Roewe”源自西班牙语 Loewe，蕴含“雄狮”之寓意。以“R”为首意在传达创新与皇家尊贵之意。最后的“WE”暗含“我们”之意，体现众志成城的精神与信念。

徽标整体结构是一个稳固而坚定的盾形，暗喻其产品可信赖的尊崇品质，及上海汽车自主创新、国际化发展的坚强决心与意志。

色彩感观以红、黑、金三个主要色调构成，这是中国最经典、最具内蕴的三个色系，红色代表中国传统的热烈与喜庆，金色代表中国的富贵，黑色则象征威仪和庄重。

两只站立的东方雄狮，气宇轩昂、凛然而不可冒犯，代表着吉祥、威严、庄重。图案的中间是双狮护卫着的华表。华表是中华文化中的经典图腾符号，不仅蕴含了民族的威仪，同时具有高瞻远瞩，祈福社稷繁荣、和谐发展的寓意。

图案下方的符号是字母“RW”的融合，是品牌名称的缩写，“RW”在古埃及语中亦代表狮子。

图案的底部为对称分割的 4 个红黑色块，暗含着阴阳变化的玄机，代表了求新求变、不断创新与超越的企业意志。这也突出了中国传统文化中的对称构造特色。

（7）长安集团标志

长安的标志图形以天体运行轨迹——椭圆为基础（图 3-7a），捕捉“长安”“CHANG AN”中“C”“A”两个关键发音字母作为其造型设计的基本元素，经过抽象、组合、变形而成一个永恒运行的天体、一个攀升的箭头、一个精致的方向盘，又如一辆轻巧的汽车奔驰于阡陌纵横的公路之上。图 3-7b 所示为长安的商用车标志，蓝色背景配合大小方圆，寓意长安汽车畅行天下，注重科技。核心的 V 形有 Victory（胜利）和 Value（价值）之意，寓意长安汽车致力于打造世界一流汽车企业，为消费者和股东创造价值。

a）

b）

图 3-7　长安集团标志

（8）北汽集团标志（图 3-8）

标志“北”指北京，被简化成两个把手，连成一个方向盘，意指敞开大门，融世界，创未来，产品走向世界各地。

图 3-8　北汽集团标志

（9）广汽集团标志（图 3-9）

标志中“G”是广汽集团英文缩写“GAC”的首字母。新标识代表着广汽集团的精湛品质与全球视野，是对“至精 · 志广”企业精神的全新演绎。意味着广汽集团将立足国内、放眼全球，以更博大的胸襟，融合全球科技与人才，创造更大的成就与辉煌，成为卓越的国际化企业集团。

图 3-9　广汽集团标志

（10）奇瑞汽车公司车标（图 3-10）

奇瑞的英文名称是 Chery,“奇”在中文里有“特别的”之意，“瑞”有“吉祥如意”之意，合起来是“特别吉祥如意”的意思。

a） b）

图 3-10 奇瑞汽车公司车标

原车标如图 3-10a 所示。2013 年车标改为图 3-10b，以一个椭圆为主题，由 CAC 三个字母组成，是奇瑞汽车公司（Chery Automobile Company）的缩写。中间的钻石形构图，代表了奇瑞汽车对品质的苛求，并以打造钻石般的品质为企业坚持的目标。蓬勃向上的人字形支撑，则代表了奇瑞汽车执着创新、积极乐观、乐于分享的向上能量，支撑起品质、技术、国际化的奇瑞汽车不断前行。同时，人字形代表字母 A，喻示奇瑞汽车追求卓越和领先的决心和激情。

（11）比亚迪汽车有限公司车标（图 3-11）

比亚迪（BYD）是英文 Build Your Dreams 的首字母，意思是“成就您的梦想”，外围是个椭圆，预示比亚迪汽车走向世界。

图 3-11 比亚迪汽车有限公司车标

（12）华晨金杯汽车车标（图 3-12）

金杯预示公司秉承“汇融天下，精铸金杯，卓越品质，回报社会”的经营理念，为用户提供性能先进、质量可靠、造型美观、经济实用的产品和一流的服务，外框五边形表示汽车走向世界五大洲。

图 3-12 华晨金杯汽车车标

（13）中华汽车车标（图 3-13）

中华牌轿车标志是“中”字外加圆环，组成方向盘，又像个奖杯，威仪中透出华贵典雅的内敛，象征中华牌轿车将跻身世界级汽车之列。

图 3-13 中华汽车车标

（14）吉利汽车车标（图 3-14）

吉利集团标志如图 3-14a 所示。外形如勋章 / 盾牌，给人安全和信赖感，图形内由 6 块宝石组成，蓝色宝石代表了蔚蓝的天空，黑色宝石寓意广阔的大地，象征吉利汽车驰骋天地之间，走遍世界的每个角落。6 方格设计最初源于 6 块腹肌的创意灵感，代表年轻、力量、阳刚和健康，寓意吉利的年轻与积极向上，产品充满动力和活力。

吉利全球鹰车标如图 3-14b 所示，将东方神鸟朱雀幻化，以傲起之姿雄视全世界，象征着源起中国的吉利将如神鸟般傲立国际。设计主体由刚劲有力的曲线构图，象征吉利事业根基牢固、稳如磐石；多层的曲线设计则如叠叠巨浪，一浪高过一浪，象征吉利事业蒸蒸日上、蓬勃发展。

a）

b） c）

图 3-14 吉利汽车车标

吉利老车标如图 3-14c 所示，圆形象征地球，表示吉利汽车面向世界、走向国际化。中间图案是六个六，有多个含意，象征太阳的光芒，象征如意、吉祥，象征一步一个台阶，不断超越，发展无止境。图案内圈蔚蓝，象征广阔的天空，超越无止境，发展无止境。外圈深蓝，象征无垠的宇宙，超越无限，空间无限。

（15）长城车标（图 3-15）

长城汽车有多种车标。图 3-15a 所示是椭圆外形，表示立足中国，走向世界。烽火台形象融入了中国传统文化。剑锋箭头预示敢于亮剑，无坚不摧，充满活力，蒸蒸日上。立体“1”显示快速反应永争第一。

图 3-15b 所示是哈弗车标，英文是“ Haval”，即“自由翱翔”的意思。由红底银色金属字组成，有 have all（无所不能）的含义，红色给人热烈、奔放、激情，整体长方造型，代表着中国品牌。

图 3-15c 所示是魏派车标。在名称方面，WEY 名字来源于长城创始人魏建军的姓氏。旗杆设计灵感来自魏建军的家乡保定古城的直隶总督府门前曾经矗立着全国最高的旗杆，表达了魏建军对故乡的敬意，同时也包含了对品牌的美好愿景、追求和承诺，即树立中国豪华 SUV 的旗帜与标杆。

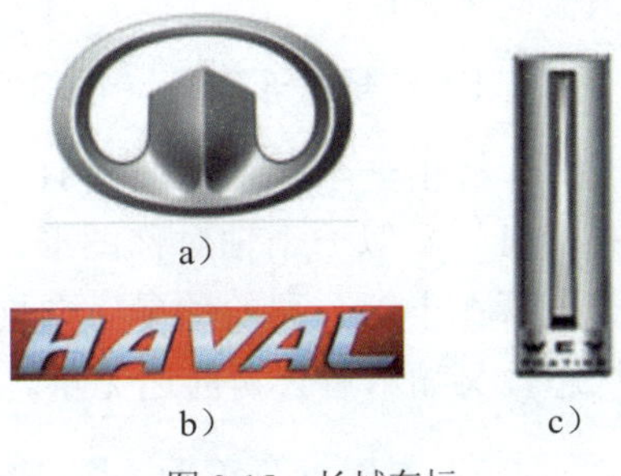

a） b） c）

图 3-15 长城车标

（16）中国重汽汽车车标（图 3-16）

车标由“ CNHTC ”及图案“青砖”组成，“ CNHTC ”是中国重汽（CHINA NATIONAL HEAVY DUTY TRUCK GROUP CO.，LTD）的英文缩写，图案显示公司“三个一、三个高”的“十二五”发展思路。即自卸车争第一、现有产品争一流、新产品销售收入占企业总销售收入的一半，产品品质高、管理水平高、企业效益高。

图 3-16 中国重汽汽车车标

■ 3.2 日本汽车车标文化

（1）丰田汽车公司车标（图 3-17）

公司名称取自创始人丰田喜一郎的姓氏，将三个外形近似的椭圆巧妙地组合在一起，每个椭圆都是以两点为圆心绘制的曲线组成，象征用户的心与汽车厂家的心是连在一起的，具有相互信赖感。而且使图案具有空间感，并将拼音“ TOYOTA ”字母寓于图形车标之中。大椭圆内的两个椭圆垂直交叉组合成一个“ T ”字，代表丰田汽车公司。大椭圆表示地球，中间的“ T ”字与外面的椭圆重叠，使“ T ”字最大限度地占据了椭圆空间，更显突出，喻示丰田汽车面向未来，走向世界。

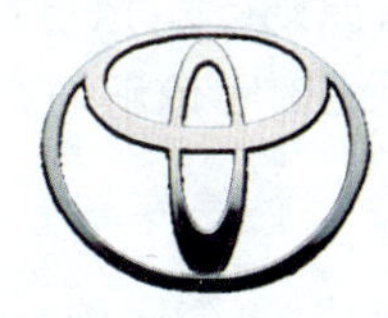

图 3-17 丰田汽车公司车标

（2）雷克萨斯汽车车标（图 3-18）

雷克萨斯（Lexus）原来译为“凌志”，车标是在一个椭圆中镶嵌英文“Lexus”的第一个大写字母 L，喻示该车像一匹黑马，驰骋在世界各地的道路上。因为雷克萨斯 (Lexus) 的读音与英文豪华 (Luxe) 一词相近，使人联想到该车是豪华轿车。

图 3-18　雷克萨斯汽车车标

（3）大发汽车车标（图 3-19）

车标是向上发展的流线型字母“D”，取自于大发拼音“DAIHATSU”的第一个大写字母。车标把大发拼音的“D”图案化，寓意着大发汽车公司“永葆青春活力”，积极向上发展。

图 3-19　大发汽车车标

（4）日野汽车车标（图 3-20）

车标由一个艺术化的“H”和日野拼音组成，艺术化的“H”看似一个轴对称图形，由一主轴连接两端，喻示着日野在丰田公司的领导下向前发展。整个图形成半闭合状态，又喻示着公司前途无量。

图 3-20　日野汽车车标

（5）本田汽车车标（图 3-21）

图案中的“H”是“本田”拼音 HONDA 的第一个字母，采用三弦音箱式设计，体现了本田公司年轻、技术先进、设计新颖的特点，把技术创新、团结向上、经营有力、紧张感和轻松感表现得淋漓尽致。

图 3-21　本田汽车车标

（6）阿库拉汽车车标（图 3-22）

“Acura”意为高速、精密、准确，其车标是英文字母 A 的变形，犹如一把卡钳（专门用于精确测量的工具），体现了企业制造汽车“精确”的主题。

图 3-22　本田阿库拉汽车车标

（7）三菱汽车车标（图 3-23）

三菱的标志是岩崎家族的家族标志“三段菱”和土佐藩家族标志“三柏菱”的结合，后来逐渐演变成今天的三菱钻石标志，以突显其深邃灿烂的菱钻式的造车艺术和公司的三条原则：承担对社会的共同责任、诚实与公平、通过贸易促进国际谅解与合作。

图 3-23　三菱汽车车标

（8）日产汽车车标（图 3-24）

“日产”两个字的日语读音为“NISSAN”，是日本产业公司的简称。其车标是将 NISSAN 放在一个火红的太阳

图 3-24　日产汽车车标

上，简明扼要地表明了公司的名称，突出了所在国家的形象。这在汽车车标文化中独树一帜，其含义是以人和汽车的明天为目标。

（9）铃木汽车车标（图 3-25）

车标是用铃木道雄姓氏的发音“SUZUKI”和其中第一个字母“S”设计而成，给人以力量的感觉，象征着发展中的“铃木”。

图 3-25 铃木汽车车标

（10）斯巴鲁汽车车标（图 3-26）

斯巴鲁汽车的标志采用六连星的昴宿星座的形式，象征组成其母公司富士重工各分公司。

图 3-26 斯巴鲁汽车车标

（11）五十铃汽车车标（图 3-27）

五十铃（ISUZU）公司现使用双柱车标，左边那根柱子象征着和用户并肩前进的五十铃公司，右边那根柱子象征着与世界各国合作发展的五十铃公司。

图 3-27 五十铃汽车车标

3.3 韩国汽车车标文化

（1）现代汽车车标（图 3-28）

车标是在椭圆中的斜体字“H”，H 是现代汽车公司名 Hyundai 的第一个大写字母。椭圆既代表汽车的方向盘，又可以看作是地球，与其间的 H 结合在一起，代表了现代汽车遍布全世界，体现了现代汽车公司在世界腾飞这一理念，象征现代汽车公司在和谐与稳定中发展。

图 3-28 现代汽车车标

（2）起亚汽车车标（图 3-29）

起亚的名字源自汉语，“起”代表起来，“亚”代表在亚洲。因此，起亚的意思就是“起于东方”或“起于亚洲”，走向世界。

图 3-29 起亚汽车车标

（3）大宇汽车车标（图 3-30）

车标是正在开放的花朵组成的椭圆，像高速公路大“动脉”向未来无限延伸。椭圆代表世界；中部 5 个蓝色的实体条纹和之间的 6 条白色条纹，表示大宇在众多领域无限发展的潜力；蓝色代表年青、活泼；白色代表同心协力和牺牲精神。整个标志表现了大宇家族的未来和发展意志，充满智慧、创造、挑战、牺牲的企业精神，表现出大宇集团的“儒家”风范。

图 3-30 大宇汽车车标

3.4 印度汽车车标文化

塔塔集团车标（图 3-31）

由集团名称 TATA 和图案组成，用 T 字母形成高速公路图案，喻示 TATA 汽车走向世界。

图 3-31 塔塔集团车标

3.5 马来西亚汽车公司车标文化

马来西亚宝腾汽车公司车标如图 3-32 所示。在盾牌上镶嵌一个马来虎侧面图案，突显宝腾汽车的强劲与威风；PROTON 是马来西亚文 Perusahaan Otomobil Nasional（国家轿车项目）的简写。

图 3-32 宝腾汽车公司车标

项目小结

1. 汽车车标是汽车的重要标志，蕴含着汽车和企业的形象以及深刻的历史文化，是汽车科技与社会、历史、文化、艺术和心理的融合。汽车厂家对汽车车标都精心设计，精雕细琢。汽车车标经多次修改，千锤百炼，寓意深刻。
2. 本项目介绍了欧洲的戴姆勒 - 奔驰、宝马、大众、雷诺、标致 - 雪铁龙、菲亚特、阿斯顿 • 马丁、伏尔加和世爵，美国的通用、福特、克莱斯勒、特斯拉，及亚洲中国、日本、韩国、印度、马来西亚等国主要汽车集团公司的车标。

技能训练与知识测评

1. 辨认身边所看见的汽车车标及其含意，必要时可上网检索。
2. 车标的意义是什么？如何设计？请为您的奋斗目标设计一个 LOGO，并进行交流。

项目2　源远流长的汽车发明文化

学习目标

◇ 知道非机动车的发明史

◇ 掌握中国古代对汽车发明的历史贡献

◇ 了解蒸汽汽车的发明史

◇ 掌握内燃机汽车发明史

◇ 了解汽车车身的发展史

◇ 了解电动汽车的发展史

◇ 了解未来汽车的发展趋势

汽车为人类立下了不朽的功勋，但汽车的发明和发展，却经历了漫长的年代，经过了无数发明家、科学家的努力，决非一人所为、一日之功。人类在对“代步工具”的探索历程中，尽管经历了无数的失败，但那种坚韧的创造精神和严谨的科学态度，是永远值得后人敬仰和学习的。

任务 4 非机动车发明史检索

任务导入：说出图 4-1 中车的名称、由来和形状特征。

图 4-1 辨认古代发明

4.1 人畜运输

（1）人力运输

人类起源至公元前 5000 年。

没有运输工具，全靠手提、头顶、肩扛、背负完成（图 4-2）。

（2）畜力运输

公元前 5000 年至公元前 4000 年，人类驯服马、牛来驮运物品（图 4-3）。

北欧已经使用鹿拉雪橇（图 4-4）。

肩扛

头顶

图 4-2 人力运输方式

图 4-3 畜力运输

图 4-4 原始雪橇架

4.2 古代战车

（1）车轮的发明（图 4-5）

公元前 4000 年左右，美索不达米亚（Mesopotamia，古巴比伦所在，今叙利亚东部和伊拉克境内，世界四大文明地区之一）文明发明了车轮，使滑动摩擦变为滚动摩擦。

图 4-5 车轮的发明和演变

（2）非机动车诞生

公元前 3300 年，古巴比伦的苏美尔出现战车（图 4-6）。

图 4-6 苏美尔战车

（3）轩辕黄帝（图 4-7）

公元前 2697 年，传说轩辕黄帝造车。轩是古代一种有帷幕而前顶较高的车，辕是车的基本构件，是指车前驾牲畜的两根横木。

（4）中国的设置——“车正”

公元前 2207～公元前 1766 年，我国出现了辁（指没有轮辐的车轮，图 4-8。木制车轮上固定了横木，可防止木纹裂开）和各种有辐条的车轮。设立了“车正”，即车辆总管。《左传》记载，奚仲（黄帝的四世孙）曾做过夏王朝“车正”（图 4-9）。

图 4-7 轩辕黄帝

图 4-8 没有轮辐的车轮

图 4-9 奚仲“车正”

（5）象形文字——“车”

公元前 1000 多年前我国的甲骨卜辞中，已出现象形文字“车”（图 4-10、图 4-11）。我们从“車”字本身的形象不难看出，它由车轮、车轴、车棚组成。

（6）春秋时代战车

公元前 770～公元前 249 年的春秋时代，我国出现古代战车，图 4-12 是春秋时代战车复原图，图 4-13 是湖北襄阳枣阳市九连墩墓地发掘的战国时期规模最大的车马坑。

图 4-10 甲骨文

图 4-11 金文

图 4-12 我国春秋时代战车

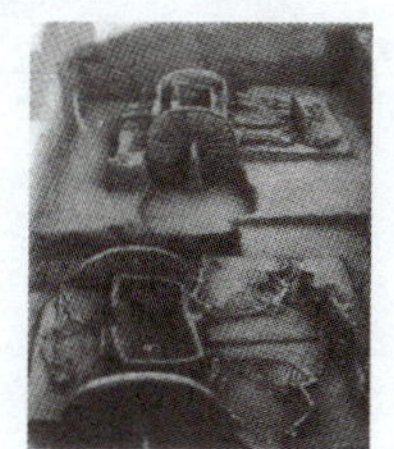
图 4-13 战国时期车马坑

（7）秦始皇陵铜车马（图 4-1）

公元前 248～公元前 207 年制造，车长 3.17m，由 30000 多个零件组装而成。用了铸造、镶嵌、焊接、铆接、子母扣连接等十几种工艺手法。全部可以自由开合，所有窗板均镂空铸成菱形花纹小孔，用来调节空气，具有通风保温的作用。马络头装饰的缨络采用青铜拔丝法，直径只有 0.3 ～ 0.5mm。代表了我国当时铸造技术、金属加工和组装工艺的高超水平。

公元 13 世纪左右，中国高超的马车制造技术通过丝绸之路传到欧洲。

（8）记里鼓车与指南车

公元前 206 ～公元 220 年（汉代）出现，由马钧发明。

记里鼓车（图 4-14）利用齿轮原理，由车轮带动大小不同的一组齿轮，使车轮走满一里时，其中一个齿轮刚好转动一圈，该轮轴拨动车上木人打鼓或击钟，报告行程，被誉为汽车里程表和减速装置的先驱。

指南车（图 4-15）的车上立一个木人伸臂南指，只要开始行车的时候木人的手臂向南指，此后不管车向东或向西转弯，由于齿轮系的作用，木人的手臂始终指向南方。详细原理大家可以通过网络检索。

（9）独轮车

公元前 1 世纪，中国人发明了独轮手推车（图 4-16、图 4-17）。而西方到公元 11 世纪才使用独轮车，比中国晚了 1200 年。独轮车能在极其狭小的路面上行驶，比用肩膀挑担省力。你知道省力多少吗？

公元 3 世纪，三国时代的诸葛亮发明“木牛流马”，用其在崎岖的栈道上运送军粮，且“人不大劳，牛不饮食”。

图 4-14　记里鼓车

图 4-15　指南车

图 4-16　独轮车

图 4-17　独轮车运输

4.3　近代马车

公共马车

图 4-18 所示是 19 世纪美国康科德城公共马车。

马车的历史极为久远，从公元前 700 多年一直到 19 世纪汽车诞生之前，马车就是城市的主要交通工具。

图 4-18　公共马车

任务 5 机动车发明史检索

任务导入：检索图 5-1 中汽车的名称、发明时间和基本参数。

图 5-1　检索汽车

■5.1　机动车初探

（1）设想汽车

公元 7 世纪，我国唐代天文学家僧一行（原名张遂，683—727，见图 5-2），第一个提出“激铜轮自转之法，加以火蒸汽运，名曰汽车”。他是世界上设想汽车的第一人。

（2）发条车

15 世纪，意大利文化巨人达・芬奇（Leonardo Da Vinci，图 5-3），开始设计发条汽车（图 5-4）。他是汽车、飞机、潜水艇、自行车、蒸汽机等机械的初始设计者。

（3）赫丘的发条车（图 5-5）

1649 年，德国的钟表匠汉斯・赫丘根据达・芬奇的设计图试制成功一辆依靠发条驱动的四轮车，行驶速度达 1.6km/h，每走 230m 要上一次发条。在当时这是一件稀世珍宝，被瑞典王子卡尔・古斯塔夫用重金购得。

（4）双桅风力帆车（图 5-6）

1600 年，荷兰物理学家西蒙・斯蒂芬制造。他把木轮装到船上，凭借风力驱动帆车行进，行驶速度达 24km/h。但是没有风，车就不能行驶。况且，风和道路的方向会不断变化，因此这是一辆“不听话的汽车”。

图 5-2　僧一行

图 5-3　达・芬奇

图 5-4　达・芬奇设计的发条汽车

图 5-5　赫丘的发条车

图 5-6　双桅风力帆车

5.2 蒸汽汽车发明史

（1）冲动式汽轮机和蒸汽射流原理

1629 年，意大利工程师布兰卡（Branca）发明了利用蒸汽冲击风轮旋转的机器，这是冲动式汽轮机的雏形（图 5-7）。

1663 年，英国大科学家牛顿（Isaac Newton）（图 5-8）提出按“蒸汽射流”原理制造蒸汽汽车。

（2）蒸汽射流式的蒸汽汽车

1668 年，比利时传教士南怀仁（康熙皇帝的数学老师）在北京成功制造出一辆蒸汽射流式的蒸汽汽车（图 5-9）。车身中安装一个煤炉，加热水，利用一定温度和压力的水蒸气的喷射作用，推动叶轮旋转，从而带动车轴转动，推动汽车前进。

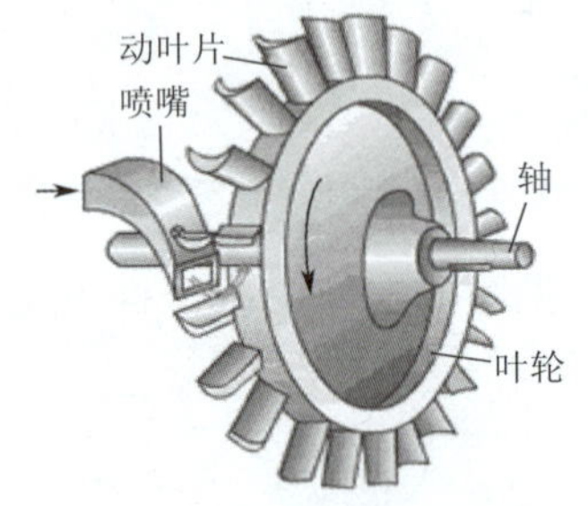

图 5-7　冲动式汽轮机原理

图 5-8　牛顿

图 5-9　蒸汽汽车

（3）纽柯门蒸汽机

1712 年，英国工程师纽柯门（Thomas Newcommen）综合前人试验，成功制造出第一台实用的大气式蒸汽机（图 5-10）。蒸汽通入气缸后推动活塞上行，接着在气缸内部喷水使它冷凝，造成气缸内部真空，气缸外的大气压力推动活塞向下，再通过杠杆、链条等机构带动水泵活塞提升做功。这种机械热效率低，燃料消耗量大，在欧洲流行 60 年，主要用于矿井排水。

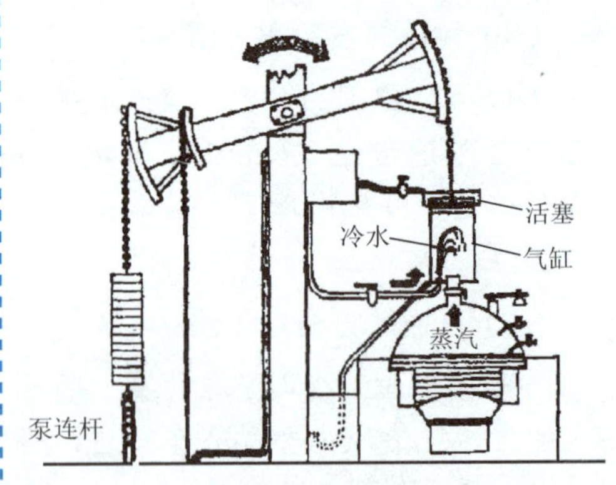

图 5-10　纽柯门蒸汽机

（4）瓦特蒸汽机

1765 年，英国的詹姆斯·瓦特（James Watt）（图 5-11）在修理纽柯门蒸汽机时，发现气缸一会儿被加热，一会儿又被冷却，白白浪费了很多热量，于是研制成功分离冷凝器的单动式蒸汽机，让气缸始终是热的，负责做功，让另一个容器始终是冷的，负责使蒸汽冷凝，这比纽柯门的蒸汽机节约煤 75%，1769 年取得专利。之后，瓦特又研究制造了蒸汽机

图 5-11　瓦特

的曲柄连杆机构、行星齿轮机构、四连杆机构、配气机构、飞轮、离心调速器、压力表等，历经 20 余年不懈研究，取得了多个专利。1781 年瓦特的双作用式蒸汽机（图 5-12、图 5-13）广泛运用于火车、轮船、采矿、冶金等行业，极大地推动了世界各国生产力发展。恩格斯评论“蒸汽机是第一个真正国际性的发明”。为了纪念这位伟大的发明家，人们把功率的国际标准单位定为“瓦特”(W)。

图 5-12　瓦特发明的蒸汽机

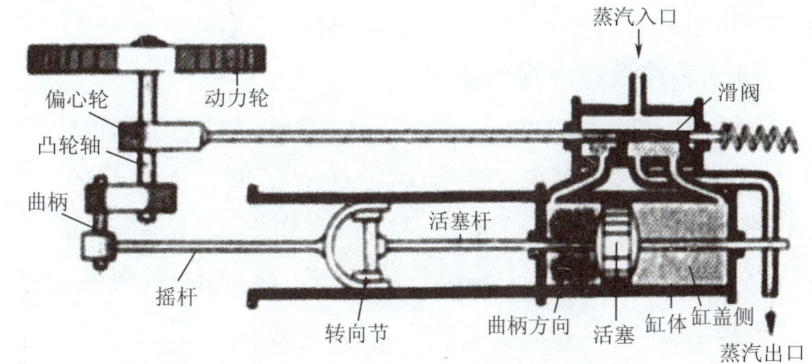

图 5-13　双作用式蒸汽机

（5）第一辆蒸汽三轮汽车

1769 年，法国炮兵大尉卡格诺（N. J. Cugnot）奉命研制大炮的牵引车，研制出第一辆蒸汽三轮汽车（图 5-14），被命名为“卡布奥雷”，车长 7.32m，车高 2.2m，前轮直径 1.28m，后轮直径 1.50m。该车前面支撑着一个梨形大锅炉，后边有两个气缸，锅炉产生的蒸汽送进气缸，推动气缸里面的活塞上下运动，再通过曲柄把动力传给前轮前进，时速为 3.5 ～ 3.9km/h。试车时，由于下坡操纵不灵，撞到兵工厂墙上，成为世界上第一起机动车车祸。

图 5-14　第一辆蒸汽三轮汽车

（6）水陆两用蒸汽汽车

1805 年，美国的爱文思（Oliver Evans）制造了水陆两用蒸汽汽车（图 5-15），并申请了专利。该车下面有 4 个轮子，后面还有一个蹼轮。在陆地靠车轮行走，在水里靠蹼轮驱动，成为现代水陆两用汽车（图 5-16）的先驱。

图 5-15　水陆两用蒸汽汽车

图 5-16　现代水陆两用汽车

（7）蒸汽火车

1814 年，英国人史蒂芬逊（G. Stephenson）制造了蒸汽火车（图 5-17）。因为蒸汽机在前进时不断从烟囱里冒出火来，所以人们称它为“火车”，它能拖动 30t 多的货物。

图 5-17　蒸汽火车

（8）第一辆正式运营的蒸汽公共汽车

1825年，英国的嘉内（G·Gurney）公爵制造了世界上第一辆正式运营的蒸汽公共汽车（图5-18），18座，车速为19km/h。该车的发动机后置，后轴驱动，前轴采用了巧妙的专用转向轴设计，使前面两个轮不承担车重，转向可以轻松自如。

图5-18 第一辆蒸汽公共汽车

（9）苏格兰蒸汽汽车公司

1833年4月，英国人汉考克（Walter Hancock）用制造的“企业”号蒸汽汽车（图5-19），成立了世界上最早的公共汽车运输公司——“苏格兰蒸汽汽车公司”，进行固定线路收费的公共汽车运输服务。该车可承载14名乘客，时速可达32km。

图5-19 “企业”号蒸汽汽车

（10）英国政府的“红旗条例”

1861年，由于蒸汽汽车存在的缺点和保守势力的反对，英国政府通过了一项《机动车道路法案》，规定蒸汽车辆的时速在乡村不得超过16km，在城镇不得超过8km。4年以后，这种时速限制就缩小到乡村时速不超过6.4km，城镇不超过3.2km。并且，一辆车须有两名驾驶员，手执红旗的车务员（“红旗条例”由此得名）必须走在车前20m处警告行人注意安全（图5-20），并负责限制车速。严禁驾驶员鸣笛放汽，以免惊吓马匹。与马车“狭路相逢”时，要为马车让路。

图5-20 英国政府的“红旗条例”

5.3 内燃机发明史

（1）火药机

17世纪80年代，荷兰物理学家、天文学家、数学家惠更斯（Christiaan Huygens，图5-21）设计出一台火药机（图5-22），靠少量的火药在气缸里燃烧来提升活塞。当气体冷却时，大气压力便再次将活塞向下推，靠此来提起重物做功，被认为是内燃机的鼻祖。由于火药危险性大，火药机没有成功，但为后来的内燃机的问世创造了条件。

图5-21 惠更斯

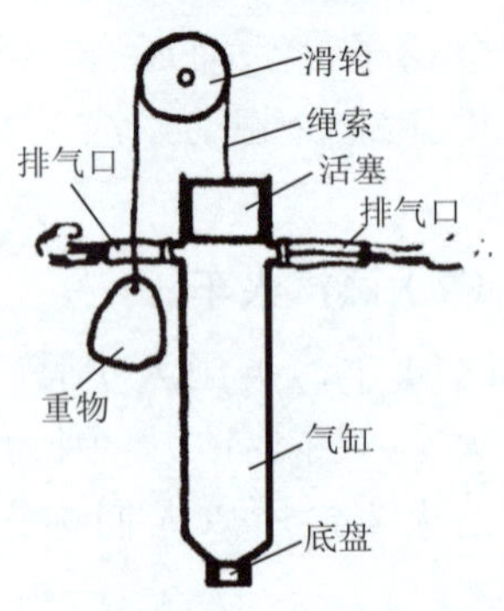

图5-22 火药机

（2）煤气机

1860年法国工程师雷诺尔（E. Lenoir，图5-23）制

成了用电火花点燃煤气和空气混合气的煤气机（图 5-24），结构类似蒸汽机，由水平放置的一个气缸和双侧做功的活塞组成，用滑阀开闭控制进气和排气，没有压缩，热效率只有 3%，产量达 300 ～ 400 台。

图 5-23　雷诺尔

（3）四冲程原理和自由活塞发动机

1862 年，法国工程师罗彻斯（A. E. B de Rochas）提出了著名的内燃机四冲程理论，即活塞在气缸中上下移动 4 次，完成进气、压缩、做功、排气一个循环，可以有效提高热效率。1862 年 1 月 16 日他的发明获得法国专利。100 多年来的往复式汽车发动机，都是采用该四冲程原理。

图 5-24　煤气机

1866 年，德国发明家奥托（N. Otto）和兰根（E. Langen）合作制造了大气发动机，也称自由活塞发动机（图 5-25）。

图 5-25　自由活塞发动机

（4）奥托四冲程内燃机

1876 年，奥托（Otto）制成了一台往复活塞式、单缸、卧式、3.2kW 的四冲程煤气内燃机（图 5-26），压缩比为 2.66，热效率达到 14%，比没有压缩行程的发动机提高了 3 倍，有力证明了科学技术是第一生产力这个真理，也结束了 200 年来人们寻找小型汽车动力的历史。

图 5-26　奥托内燃机

（5）奥托四冲程内燃机专利与放弃

奥托（图 5-27）四冲程发动机于 1877 年 8 月 4 日获得德国专利，专利号 532。新型内燃机在 1878 年巴黎万国博览会上赢得了工程技术界的普遍称赞，认为它是“自瓦特以来在动力方面取得的最大成就”。然而，奥托却在 1886 年放弃自己所获得的四冲程发动机专利，提出任何人都可根据需要随意制作。这是因为，他看到了法国工程师罗彻斯写的一本小册子，在他发明四冲程内燃机之前就已经比较完整地提出了四冲程内燃机的原理。奥托的高尚品德博得了人们的高度赞誉。同时，大家认为第一个研制出这种内燃机的人是奥托，因此后来人们仍然一直把点燃式发动机四冲程循环称为奥托循环。

图 5-27　奥托

（6）第一台四冲程往复式汽油机

1883 年 8 月 15 日，德国的汽油机发明家戈特里布 • 戴姆勒（G. Daimler，图 5-28）与威廉姆 • 迈巴赫（Wilhelm • Maybach，图 5-29）合作，成功制造出世界上第一台四

图 5-28　戴姆勒

冲程往复式汽油机。此发动机上安装了迈巴赫设计的化油器，还用白炽灯管解决了点火问题。它的特点是轻型和高速。当时，其他内燃机的转速不超过200r/min，它却一跃达到800～1000r/min。这种汽油机的特点是功率大、质量轻、体积小、转速快和效率高，特别适用于交通工具。

图 5-29　迈巴赫

（7）世界上第一台摩托车

1885年，戴姆勒与迈巴赫又研制出世界上第一台风冷立式单缸二冲程汽油机，功率809W，1885年4月3日获得专利。由于外形缘故，该专利又被称为“老爷钟”（Grandfather Clock）。之后，他们又把它装在两轮自行车上，制成世界上第一台摩托车（图5-30），于1885年8月25日获得德国专利，成为世界摩托车的鼻祖，而迈巴赫成为第一位摩托车手。该摩托车采用橡木车架，真皮座垫，木制车轮，带传动，利用压带轮控制带转动，一级齿轮变速，最高车速可达11.2km/h。

图 5-30　戴姆勒摩托车

（8）狄塞尔发明柴油机

1890年，德国工程师鲁道夫·狄塞尔（Rudolf Diesel，图5-31）第一个提出压燃式内燃机原理。1892年2月27日取得了专利（图5-32），1894年造出样机（图5-33），1898年投入商业性生产，热效率达26%，比汽油机高得多。这是一项震惊世界的卓越发明，狄塞尔为此获得了“人类最伟大的发明”金银纪念币奖（图5-34）。

遗憾的是狄塞尔晚年穷困潦倒，债务重重，1913年9月27日突然失踪。人们为了纪念这位伟大发明者，将柴油机称为“狄塞尔发动机”。

图 5-31　狄塞尔

图 5-32　狄塞尔柴油机专利

图 5-33　狄塞尔柴油机

图 5-34　“人类最伟大的发明”金银纪念币奖章

5.4　内燃机汽车发明史

（1）世界上第一辆三轮汽车

1886年1月29日，德国工程师卡尔·本茨（Karl Benz，图5-35）将其研制的汽油机装在一辆三轮车上，成为世界上第一辆三轮汽车（图5-1），并申请了专利，

图 5-35　卡尔·本茨

专利号为 DRP 37435（图 5-36），专利名称“气态发动机车”，类别属于空气及气态动力机械类。为此，这一天被后人称为现代汽车诞生日，本茨也被誉为“汽车之父”。

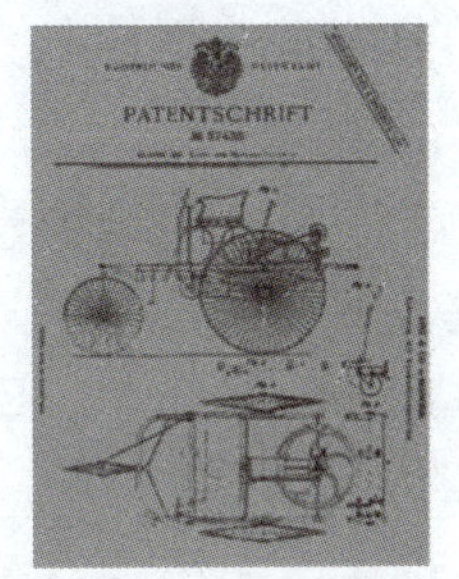

图 5-36　第一辆汽车专利

该汽车装用单缸卧式水冷四冲程汽油机，排量 0.954L、发动机转速 300r/min、功率 660W，蓄电池与高压线圈点火，有散热器，发动机放在后面车架上。车身采用金属管架，辐条式橡胶车轮，前面一个小轮，靠操纵杆控制方向，首次采用齿轮齿条转向器。后面两个大轮，装有世界上最早的差动齿轮装置（差速器），还装有变速器和制动器，在车架和车轴之间，还首次装有弹簧悬架，使乘坐舒适。该车已经具备了现代汽车的一些基本特点，最高车速达 16km/h。

（2）世界上第一辆四轮汽车

1886 年，德国发明家戴姆勒（G. Daimler）成功制造了第一辆四轮汽车（图 5-37），后人把他与本茨同称为“汽车之父”。

图 5-37　世界上第一辆四轮汽车

该汽车采用单缸四冲程水冷汽油机，排量 0.46L，功率 1.1kW，转速 650r/min，发动机后置。后轮驱动，前轮转向杆转向，最高车速达 14.4km/h。

■5.5　车身变化史

（1）马车形车身

从 19 世纪末到 20 世纪初，早期生产的汽车外形基本上沿用了马车的造型。因此，当时人们把汽车称为“无马的马车”。

图 5-38 所示是标致工厂 1891 年为摩洛哥王族生产的马车形汽车，图 5-39 是 1901 ～ 1905 年在美国最畅销的奥兹莫比尔弯挡板马车形汽车。

图 5-38　标致马车形汽车

图 5-39　奥兹莫比尔弯挡板马车形汽车

（2）箱形车身

为了提高发动机的功率和汽车的速度，发动机的尺寸越变越大，在座位下面已经无法容纳，只好布置在汽车的最前面。这使得汽车的形状变成发动机舱和客舱两个方正部分，像个箱子，这就是箱形汽车造型。

图 5-40 是戴姆勒汽车公司 1901 年推出的梅赛德斯箱形汽车，图 5-41 是福特汽车公司 1908 年推出的生产量达 1546 万辆的 T 型箱形汽车。

图 5-40　梅赛德斯箱形汽车

（3）甲壳虫形汽车

随着车速日益提高，箱形车身空气阻力大的缺点日益突表。汽车空气动力学的研究表明，汽车风阻随汽车速度呈平方增长，当车速超过100km/h后，汽车发动机功率大部分消耗在空气阻力上。而流线型车身可以大大降低风阻。

1934年，德国著名汽车设计大师费迪南德·保时捷（Ferdinand Porsche，图5-42）仿照甲壳虫外形设计汽车，人们称这种车为“甲壳虫”汽车。1935年制造出第一辆样车，1939年正式投产。由于其流线型设计，风阻小，而且外观时尚（图5-43、图5-44），价格便宜，共生产2150多万辆，创汽车单产世界纪录。

图5-41　T型箱形汽车

图5-42　保时捷

图5-43　最早的甲壳虫汽车

图5-44　当代的甲壳虫汽车

（4）船形汽车

福特汽车公司1949年推出具有历史意义的V8型汽车，明显地分为发动机舱、乘客舱、行李舱三个部分，中部突起，就像是一条船，人们称之为船形汽车（图5-45），这也是现代三厢式（Three Box Type）轿车的先河。

福特船形汽车的出现，成为当时压倒一切的轰动事件，在经销商正式销售前便收到了130万张订单，从20世纪50年代至今，船形汽车已成为世界上数量最多的一种车型。

图5-45　船形汽车

（5）鱼形汽车

船形汽车的尾部过分地伸长，形成了阶梯状，高速行驶时会产生较强的空气涡流，因此影响了车速的提高。为克服这个缺点，设计者将汽车后窗倾斜，形成斜背式，类似鱼形，所以称为鱼形汽车。

最初的鱼形汽车是1952年美国通用汽车公司生产的别克牌小汽车（图5-46），图5-47是1960年款的雪铁龙DS19鱼形汽车。

（6）楔形汽车

鱼形汽车缺点是汽车后窗倾斜大、面积大，强度有所下降，而且汽车在高速行驶时易产生很大的升力。有的汽车在尾部安装了一个翘起的“鸭尾”，也可以克服部分升力（图5-48）。

图5-46　别克牌小汽车

图5-47　雪铁龙DS19鱼形汽车

图5-48　楔形汽车

（7）现代汽车造型特点

现代汽车造型是机械工程学、人机工程学、空气动力学和现代化制造方法的有机结合。作为轿车，其车身造型风格渐变圆润饱满（图 5-49），车身的各个构件尽量靠近车身表面，三厢车明显的阶梯感已弱化。

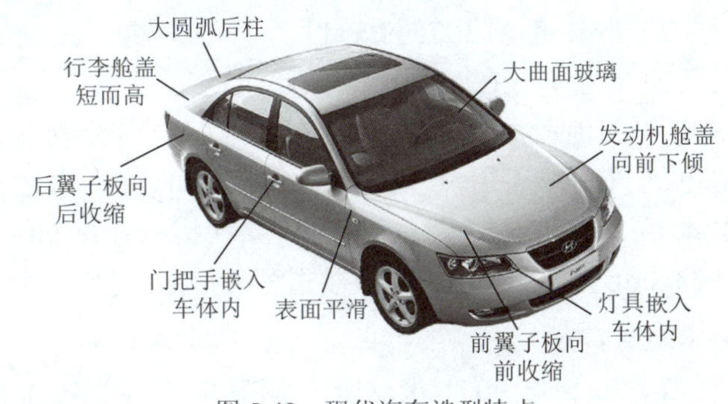

图 5-49　现代汽车造型特点

■5.6　电动汽车发明史

电动汽车是以电能驱动的汽车，其主要特点就是环保和节能。电动汽车的发明更早于内燃机汽车。

1834 年，美国人托马斯 • 达文波特（Thomas Davenport）制造出第一辆直流电机驱动的电动车，并于 1837 年获得专利。

1839 年，苏格兰人罗伯特 • 安德森（Robert Anderson）使用了不可充电电池制造了第一辆纯电动汽车。

1859 年，法国人普朗特（Gaston Plante）发明了蓄电池。

1881 年诞生了世界上第一辆铅酸蓄电池电动三轮汽车（图 5-50），发明人为法国工程师古斯塔夫 • 特鲁夫（Gustave Trouve）。

图 5-50　世界上第一辆铅酸蓄电池电动三轮汽车

1899 年，世界首辆车速超过 100km/h 的汽车就是电动汽车，速度为 105.88km/h，是由比利时工程师卡米乐 • 热纳茨（Camille Jenatzy）设计的名为“从不满意”（La Jamais Contente）的铝制车身汽车（图 5-51），炮弹外形，现在保存在法国贡批尼（Compiegne）博物馆中。

图 5-51　1899 年电动汽车

电动汽车在历史上有过三个黄金发展期。

1）1885 年到 1915 年。这一期间，由于车用内燃机技术还相当落后，行驶里程短，故障多，维修困难，远远不及电动车。电动车具有体积小、重量轻、成本低、耗电省、操作维修简便等优点，被普遍认可。在 1900 年左右，有 40% 的美国汽车采用蒸汽机，38% 的汽车采用电力驱动，22% 的汽车使用汽油动力，电动汽车销量在 1912 年达到了顶峰（图 5-52）。

图 5-52　美国电动汽车

2）1967 年到 1975 年。世界石油危机，促使各国开发新能源汽车，在一些国家掀起了研究电动汽车的热潮。1967 年美国通用汽车公司与福特汽车公司分别研发了新型电动汽车，通用汽车在底特律附近的兰辛市建成 EV1 电动汽车（图 5-53）总装厂；雪铁龙（Citroen）、标致（Peugeot）则将现有车型改装成小型电动汽车，全球掀起了电动车热潮。

图 5-53　通用汽车公司 EV1 电动汽车

3）20 世纪 90 年代以来。随着世界环保、节能的迫切需要，电动车的研发有了质的飞跃，而最为关键的是在关键部件——电池上的突破。人们改变了一直使用铅酸蓄电池的习惯，在电动车上应用镍氢电池、锂离子电池等，从而确保汽车拥有足够的动力和续驶能力，加上大幅降低成本，使得电动车得以迅速发展。2019 年全球电动汽车销量达到 221 万辆，相比 2018 年增长 10%。与传统燃油车市场的“凄风苦雨”相比，电动汽车市场高速增长，一枝独秀。我国 2019 年新能源汽车销量达 117.7 万辆，占世界的一半多，图 5-54 为我国的比亚迪 e6 纯电动汽车。

图 5-54　比亚迪 e6 纯电动汽车

5.7　未来汽车发展趋势

预测汽车未来发展趋势，离不开人类与社会需求和当时科技发展水平以及当地的相关条件，作者认为全球汽车总体发展趋势应该是低碳化、电动化、轻量化、网联化、智能化和个性化。

（1）低碳化

随着全球汽车保有量的迅速增加，汽车排放造成的大气污染急待解决，2016 年，全球 175 个国家共同签署了《巴黎协定》，对汽车有害排放做出了严格要求，目前已经有许多国家提出了燃油汽车退出市场的时间表。代之而起的是各种低排放的汽车，其中尤以纯电动汽车和燃料电池汽车备受推崇，其共同的特点就是零排放。对于传统的燃油汽车，则提出越来越严的排放要求，最终迫使其退出汽车市场。

（2）电动化

燃油汽车所使用的燃油是不可再生能源，为了解决汽车能源短缺和排气污染问题，汽车电动化是必然趋势，使用电力驱动汽车，其电力来源广泛，可再生，污染少，同时驱动电机效率高，性能好，结构简单，操作维修方便。近年来急速增加的电动汽车已经证明了这点。

（3）轻量化

汽车的轻量化，就是在保证汽车的强度和安全性能的前提下，尽可能地降低汽车的整备质量，从而提高汽车的动力性，减少能源消耗，降低排气污染。实验证明，汽车质量降

低一半，传统燃料消耗也会降低将近一半。如宝马 i3 所采用的碳纤维材料，导致车体有效减重 180kg。

（4）网联化

车联网（Internet of Vehicles）是由车辆位置、速度和路线等信息构成的巨大交互网络（图 5-55）。通过全球定位系统（GPS）、射频识别（RFID）、传感器、摄像头图像处理等装置，车辆可以完成自身环境和状态信息的采集；通过互联网技术，将所有车辆的各种信息传输汇聚到中央处理器，通过计算机分析和处理，计算出不同车辆的最佳路线，及时汇报路况和安排信号灯周期。网联汽车还可以评估驾驶员行为，避免交通事故的出现，可以进行维修预测等。

（5）智能化

智能化是指事物在网络、大数据、物联网和人工智能等技术的支持下，所具有的能自动满足人的各种需求的属性。无人驾驶汽车（图 5-56）就是一种智能化的事物，它是集环境感知、规划决策、多等级辅助驾驶等功能于一体的综合系统。研究表明，在智能汽车的初级阶段，通过先进智能驾驶辅助技术有助于减少 50% ～ 80% 的道路交通安全事故。而在智能汽车的无人驾驶阶段，甚至可以完全避免交通事故，把人从紧张的驾驶过程中解放出来，提高了舒适性。同时，智能网联汽车还可以有效地加强车辆、道路和使用者三者之间的联系，形成一种保障安全、提高效率、改善环境、节约能源的综合运输系统。据美国电气和电子工程师协会（IEEE）预测，21 世纪中叶前，无人驾驶汽车将占据全球汽车保有量的 75%，可能颠覆当前的汽车交通运输产业运作模式。

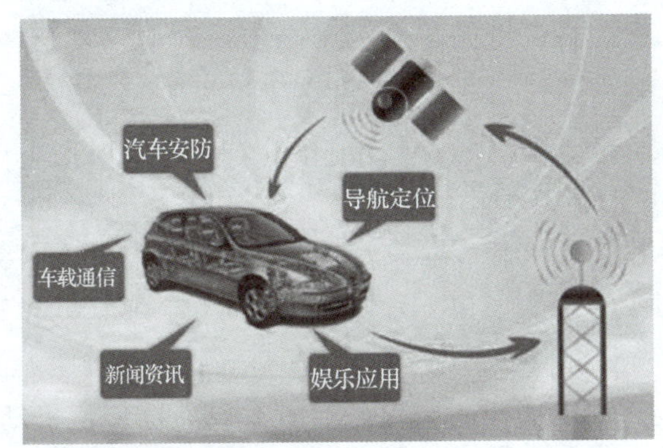

图 5-55　车联网示意图

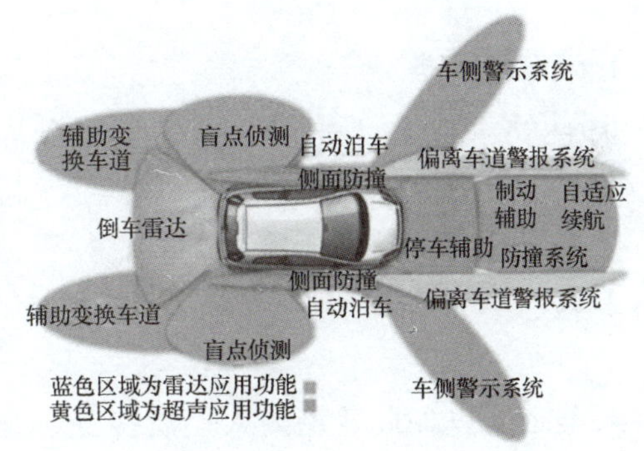

图 5-56　无人驾驶汽车

（6）个性化

个性化就是在大众化的基础上增加独特、另类、拥有自己特质的需要。随着人们物质生活水平的提高及审美观念的加强，对汽车的要求也不再是简单的代步工具，不同的人会提出不同的要求，如个性化的汽车外观、颜色、内饰、仪表板的用户界面、生物识别功能、移动空间、娱乐和生活及驾驶性能等，导致汽车企业根据用户的设定要求，进行个性化设计与生产，提供个性化服务。

项目小结

1. 汽车发明是社会进步和科技发展的必然产物，它经历了人畜运输、非机动车、蒸汽汽车到内燃机汽车的长期发展完善过程。
2. 中国发明了秦始皇陵铜车马、记里鼓车、指南车与独轮车等，为世界汽车的发明和发展做出了伟大贡献。
3. 1886 年 1 月 29 日，德国工程师本茨成功地为自己发明的三轮汽车申请了专利，这一天被后人称为现代汽车诞生日。同年，德国人戴姆勒制成第一辆四轮汽车，与本茨同称为“汽车之父”。
4. 汽车外形经历了马车形、箱形、甲壳虫形、船形、鱼形、楔形和现代汽车等变化。
5. 电动汽车是以电能驱动的汽车，其主要特点就是环保和节能。1881 年诞生了世界上第一辆铅酸蓄电池电动三轮汽车，发明人为法国工程师特鲁夫。
6. 汽车总体发展趋势是低碳化、电动化、轻量化、网联化、智能化和个性化。

技能训练与知识测评

1. 中国为世界汽车发明做出了哪些伟大贡献？
2. 现代汽车诞生日是什么时间？被称为“汽车之父”的是谁？
3. 从汽车的发明史，你可以得到什么启示？
4. 检索资料，预测未来汽车的发展趋势。

附录 1　汽车与人类社会

1. 汽车与人类

从 1886 年德国人卡尔・本茨发明世界上第一辆汽车到现在 100 多年间，汽车以惊人的速度得到了迅速的普及与发展，已经深入到亿万家庭中。2019 年世界汽车保有量已达 11 亿辆，平均汽车拥有量达 148 辆 / 每千人，美国平均达 837 辆 / 每千人，我国平均为 185 辆 / 每千人。2019 年世界汽车年销量达 9030 万辆，我国销量达 2577 万辆，连续 11 年蝉联世界第一。

汽车之所以如此普遍为人们所接受，是因为汽车的突出优点所致。汽车具有高速、机动、舒适、使用方便等优点。作为一种人们代步的交通工具，汽车可以“全面铺开”和“门对门”服务，车速可达 180km/h 以上，快速到达目的地，极大地方便了人们的生活，提高了生活品位，这是其他交通工具所无法比拟的，如目前美国每年客运量的 80% 以上由汽车承担；作为一种运输工具，汽车大大提高了劳动生产率，英国货运量的 70% 由汽车承担；汽车经过适当改装，可以变为消防车、救险车，垃圾车、应急车、清扫车、扫雪车、罐式车等，大大扩展其用途，因此备受人们青睐。

2. 汽车产业

汽车发展的意义远不在其本身，它将带动与汽车相关的行业同步发展（图 5-57），形成一个庞大的汽车产业，有效地促进国民经济发展，因此许多国家都把汽车产业作为国家支柱产

业。我国早在 2004 年 6 月颁布实施的《汽车产业发展政策》中，就提出在 2010 年前将我国的汽车产业发展成为国民经济的支柱产业。

3. 汽车产业可以创造巨大的产值

汽车是世界上唯一的一种零件以万计、产量以千万计、保有量以亿计、售价以万元计的商品，其创造的经济价值很高，能够有力地拉动一个国家的国民经济的综合发展，如日本经济高速发展的 15 年间，汽车工业产值增长了 57 倍，从而带动国民经济增长了 36 倍。

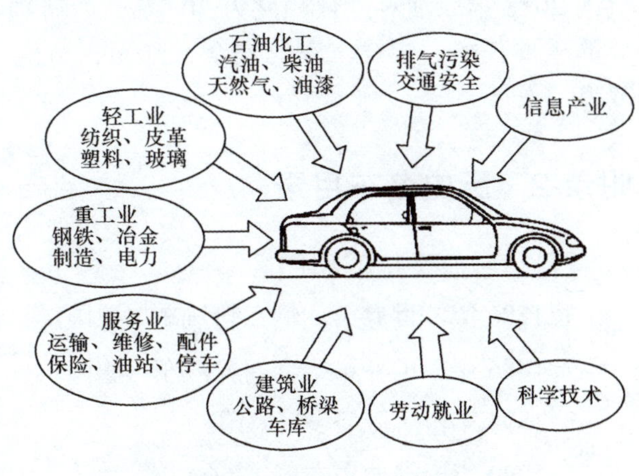

图 5-57　汽车产业的作用

汽车工业的发展，带动了与其相关的材料工业、石油化工、道路桥梁和汽车服务业的全面发展，有资料报道，每年汽车行业约消耗世界钢铁总产量的约 24%、铝产量的约 25%、橡胶产量的约 50%、塑料产量的约 10%、石油产量的约 46%，从而带动整个产业链的发展。有统计分析指出，汽车产业是一个 1∶10 的产业，汽车产业 1 个单位的产出，可以带动整个国民经济总体增加 10 个单位的产出，可见汽车产业对社会、对人类的巨大贡献。

4. 汽车产业可以提供大量的就业机会

由于汽车产业链长，除各相关产业需要大量第一线设计、制造人员外，汽车后服务（销售、维修、配件、油站、停车、银行、保险、理赔、学校、交通管理等）更需要大量人员投入，提供了大量就业机会。目前世界主要汽车生产国汽车产业提供的就业机会，约占全国总就业机会的 20%，在美国及西欧，每 6 个就业岗位就有一个与汽车相关。有专家预测，到 2030 年，我国汽车相关产业从业人数将达 1 亿人以上。

5. 推动社会进步与发展

一部汽车，上万个零部件，集声、光、机、电、热、电子、化工、美工于一身，是一种高科技产品，其巨大的市场潜力，使它成为各种高新技术争相应用的强大载体。同时汽车产业是现代企业科学管理的集中体现，是大批量、高效率、专业化、标准化产业的代表，有力推动了社会进步与发展。

汽车的普及，进一步优化了交通，促进了城市和农村道路建设，缩小了城乡差别，目前世界城市化水平已经接近 50%，其中发达国家已经达到 70% ～ 80%。汽车的普及，改善了人们的生活，提高了工作效率，为社会的进步立下了汗马功劳。

6. 汽车公害

事物都是一分为二的，在看到汽车对人类的巨大贡献的同时，也应该看到它的负面影响。世界卫生组织发布的《2015 年全球道路安全现状报告》指出，每年有约 125 万人死于道路交通事故，上万人受伤，财产损失严重；全世界 11 亿辆汽车，尾气有害排放已占大气污染源的 85%，严重污染了大气，危害人们的身体健康。汽车使用的燃料，约占全球石油消耗的 57%，我国2018年原油对外依赖度为70.9%。如何趋利避害，是人类的共同目标，也是汽车技术发展的重要任务。围绕汽车的安全、降污、节能这个主题，汽车正在向电动化、智能化、零排放方向发展。

附录2 历史名车目录

【具体名车欣赏见课件】

1. 1886年，世界第一辆三轮汽车（德国）
2. 1886年，世界第一辆四轮汽车（德国）
3. 1894年，奔驰碧罗（德国）
4. 1899年，杜迪奥布彤13（法国）
5. 1902年，奥兹莫比尔（美国）
6. 1905年，凯迪拉克Osceola（美国）
7. 1909年，托马斯L（美国）
8. 1911年，福特T型（美国）
9. 1912年，奔驰14（德国）
10. 1913年，雷诺DJ（法国）
11. 1918年，凯迪拉克57Victoria（美国）
12. 1918年，雪佛兰490系列（美国）
13. 1924年，奥斯汀SEVEN（英国）
14. 1925年，布加特35B（法国）
15. 1925年，雪铁龙5CV-C3（法国）
16. 1927年，凯迪拉克（美国）
17. 1931年，辉腾V16Sport（德国）
18. 1933年，克莱斯勒（美国）
19. 1934年，雪佛兰MasterDA系列（美国）
20. 1935年，凯迪拉克Fleetwood（美国）
21. 1936年，菲亚特500A（意大利）
22. 1936年，丰田AA型（日本）
23. 1936年，劳斯莱斯幻影Ⅲ轿车（英国）
24. 1936年，跑车ASUTORA（意大利）
25. 1937年，SS杰戈娃（英国）
26. 1938年，大众38（德国）
27. 1938年，凯迪拉克60系列（美国）
28. 1939年，多啦纠D8-120（法国）
29. 1939年，福特林肯，罗斯福总统坐驾（美国）
30. 1941年，凯迪拉克60（美国）
31. 1950年，福特林肯，艾森豪维尔总统坐驾（美国）
32. 1953年，克莱斯勒，艾森豪维尔总统坐驾（美国）
33. 1955年，丰田皇冠RS型（日本）
34. 1955年，凯迪拉克LaSalle II（美国）
35. 1959年，凯迪拉克DeVille（美国）
36. 1959年，凯迪拉克（美国）
37. 1960年，日产Austin A50型（日本）
38. 1961年，林肯大陆（美国）
39. 1963年，兰博基尼350 GTV（意大利）
40. 1964年，本田S500AS280型（日本）
41. 1964年，凯迪拉克（美国）
42. 1965年，丰田800UP15跑车（日本）
43. 1965年，丰田皇冠SMS41-S（日本）
44. 1966年，兰博基尼400 GT（意大利）
45. 1967年，丰田世纪VG20型（日本）
46. 1967年，兰博基尼（意大利）
47. 1967年，林肯大陆轿车（美国）
48. 1968年，兰博基尼（意大利）
49. 1969年，丰田皇冠MS51（日本）
50. 1970年，兰博基尼（意大利）

51. 1971 年，兰博基尼（意大利）
52. 1972 年，凯迪拉克（美国）
53. 1974 年，兰博基尼（意大利）
54. 1975 年，凯迪拉克（美国）
55. 1976 年，红旗轿车（中国）
56. 1976 年，兰博基尼（意大利）
57. 1978 年，兰博基尼（意大利）
58. 1982 年，兰博基尼（意大利）
59. 1983 年，凯迪拉克（美国）
60. 1985 年，红旗轿车（中国）
61. 1986 年，凯迪拉克（美国）
62. 1987 年，兰博基尼（意大利）
63. 1989 年，兰博基尼（意大利）
64. 1990 年，兰博基尼（意大利）
65. 1992 年，宝马 7 系（德国）
66. 1993 年，奔驰 Mercedes（德国）
67. 1993 年，凯迪拉克（美国）
68. 1995 年，兰博基尼（意大利）
69. 1999 年，红旗轿车（中国）
70. 1999 年，兰博基尼（意大利）

项目3　充满哲理的汽车工业发展史

学习目标

◇ 了解世界汽车工业发展的历史

◇ 了解中国汽车工业发展的历史

◇ 学会分析汽车发展的重要哲理

汽车诞生于德国，却成长于法国，成熟于美国，兴旺于欧洲，挑战于亚洲，充满了神奇色彩，而又遵循着深刻的经济社会发展哲理。

任务 6 世界汽车工业发展史检索

任务导入：德国与法国地图见图 6-1，为什么汽车诞生于德国，却成长于法国?

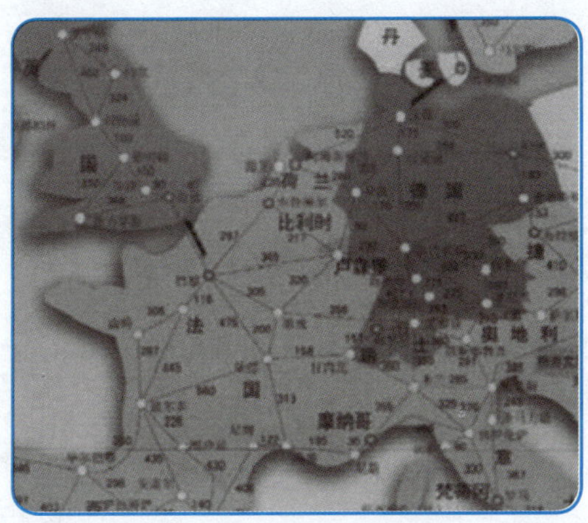

图 6-1　德国与法国地图

6.1　汽车诞生于德国（1876—1890）

（1）现代汽车发动机的发明来自德国

1876 年，德国发明家奥托（Otto）制成了四冲程往复活塞式内燃机，为现代内燃机汽车的发明奠定了基础。

1892 年，德国工程师狄塞尔（Diesel）发明了柴油机，取得了专利。

（2）现代汽车的发明来自德国

1886 年，德国工程师本茨（Benz）发明了世界上第一辆三轮汽车。

1886 年，德国发明家戴姆勒（Daimler）制造了世界上第一辆四轮汽车。

（3）世界最早的汽车制造公司来自德国

1883 年 10 月，本茨成立了奔驰合伙公司——奔驰汽车和莱茵燃气发动机厂。

1890 年，德国戴姆勒汽车公司创立。1901 年，第一辆梅赛德斯轿车（图 6-2）诞生，年产量 96 辆。

1894 年，奔驰汽车公司开始生产威罗（Velo）牌汽车（图 6-3），至 1899 年累计生产了 1200 辆。

图 6-2　第一辆梅赛德斯轿车

图 6-3　威罗（Velo）牌汽车

■6.2 汽车成长于法国（1891—1907）

（1）法国的社会经济环境

德国刚独立，经济不如法国，人们购买力低，公路差。

法国经济实力雄厚，修建公路网，举行汽车赛（图 6-4）并进行宣传。

奔驰和戴姆勒公司把大部分生产线移植到法国。

从 1891 年起，法国占据了汽车制造的领先地位。

图 6-4 法国举行汽车赛

（2）较早出现了著名的汽车及其配件公司（图 6-5）

1889 年，米其林公司成立。

1896 年，法国标致汽车公司正式成立。

1898 年，法国雷诺汽车公司成立。

图 6-5 法国著名的汽车及其配件公司

（3）法国人善于学习和创新

1889 年，法国的标致公司成功研制了齿轮变速器和差速器。图 6-7 是该公司 1891 年安装有 4 速变速器的标致III型汽车。

1891 年，法国 P & L 公司采用了前置发动机后轮驱动的标准形式（图 6-6），开发出摩擦式离合器，改善了汽车行驶性能，被全世界广泛仿效。

图 6-6 1891 年 P & L 公司生产的汽车

1895 年，法国人米其林兄弟发明充气式橡胶轮胎，为汽车的性能提高做出了重要贡献。

1898 年，法国雷诺汽车公司采用了箱式变速器，将万向节首先应用在汽车传动系统中，还发明了锥齿轮式主减速器。

图 6-7 标致III型汽车

1902 年，鼓式制动器专利由法国人雷诺获得。法国采用了流传至今的后桥半独立式悬架，使汽车的性能得到进一步的提高。

（4）法国的汽车产量增长较快

1900 年标致汽车公司第 1000 辆汽车下线。图 6-8 是 1900 年生产的标致 28 型汽车，该车速度已达 35km/h。

1904 年，法国汽车厂达 350 家，年产量达 17000 辆。

图 6-8 标致 28 型汽车

■6.3 汽车成熟于美国（1908—1946）

（1）美国的社会经济发展

美国人口众多，地大物博。

独立战争结束了殖民统治，南北战争扫除了奴隶制度，随着社会经济的发展，美国对汽车的需求量越来越大。

（2）美国三大汽车公司创立

1903 年，美国福特汽车公司成立。

1908 年，美国通用汽车公司成立。

1925 年，美国克莱斯勒汽车公司成立。

（3）福特汽车公司成功开发 T 型车

1908 年，福特汽车公司成功开发了举世闻名的 T 型车（图 6-9），该车发动机为 4 缸、15kW、2.884L、1600r/min，可燃烧劣质油，发动机可拆卸，用于抽水、锯木等作业。整车尺寸小，重量轻，易修理，经济实用，无华而不实之物。《福特传》称“这种车只有骨头和肌肉，没有一点脂肪”。每辆 T 型车售价最终降到 265 美元，一个工人工作不到四个月就可以买一辆 T 型车，因此深受人们欢迎，供不应求。

图 6-9 福特 T 型车

T 型车至 1927 年共生产 1546 万辆，创下当时汽车单产世界纪录。从 1908—1920 年，全世界汽车保有量的 50% 是 T 型车，为“装在汽车轮子上的美国”立下了不朽功勋。福特也被誉为美国“汽车大王”。图 6-10 是当时美国街头 T 型车盛况。

图 6-10 T 型车盛况

（4）福特汽车公司的流水生产线

1913 年建成了世界上第一条汽车流水生产线（图 6-11），创造了日产汽车 10877 辆的世界纪录，每辆 T 型汽车的组装时间由原来的 12h 28min 缩短至 10s，生产效率提高了 4488 倍，创造了世界汽车生产史上的奇迹。

图 6-11 T 型汽车流水生产线

（5）通用汽车公司组建现代化集团公司

通用汽车公司（图 6-12）先后兼并凯迪拉克、别克、雪佛兰、庞蒂克、欧宝、莲花等 30 多个汽车公司，进行集团化生产管理。政策集中制定，分散执行，分工协作，跨国综合经营。先后推出数十款品牌汽车，在全球 30 多个国家建立了汽车制造业务，1928 年后，一直是美国和世界最大汽车公司。

图 6-12 美国通用汽车公司总部

（6）克莱斯勒汽车公司汽车品牌

克莱斯勒不断创新，推出闻名于世的汽车品牌及独特的工程理念。率先采用液压式制动系统；开发了气流型小汽车（图 6-13），高压缩比发动机。作为世界上越野车的开山鼻祖，其 Jeep 系列的越野车（图 6-14）和运动型多功能车（SUV）已奔驰在 100 多个国家，超过 900 万辆。首创的厢式旅行车车型，已畅销全世界，超过 1100 万辆。

图 6-13　气流型小汽车

图 6-14　Jeep 系列越野车

（7）美国汽车产量与普及

1918 年，美国登记客车数超过 500 万辆，居世界第一。

1920 年，美国每 7 个人就拥有一辆汽车，普及率居世界第一。

1939 年，美国汽车产量达到 750 万辆，居世界第一。

6.4　汽车兴旺于欧洲（1947—1975）

（1）第二次世界大战结束后欧洲著名汽车公司重振雄风

欧洲著名汽车公司有德国大众、戴姆勒 - 奔驰、宝马、保时捷等公司，法国标致、雪铁龙、雷诺等公司，意大利菲亚特、法拉利、阿尔法 - 罗密欧、兰博基尼等公司，英国劳斯莱斯、摩根、莲花、罗孚等公司，瑞典沃尔沃等公司。第二次世界大战结束后，各公司都在战争的废墟上大力重建汽车工业，为欧洲汽车兴旺做出重要贡献。

（2）欧洲微型汽车开发取得重大成功

针对美国车型体积大、油耗高、价格贵等缺点，欧洲汽车厂商开发了多姿多彩的微型汽车，符合第二次世界大战后欧洲的经济条件和人们需要。

法国雷诺汽车公司 1946 年开发了著名的 4 缸 0.760L 排量的 4CV 微型汽车（图 6-15），十分畅销，1954 年 4CV 的产量达到 50 万辆。

图 6-15　4CV 微型汽车

法国雪铁龙公司于 1948 年开发了 0.375L 排量的 2CV（Deux Chevaux Vehicle，意思是指两匹马拉的车）微型汽车，俗称丑小鸭（图 6-16）。但它丑而不陋，功能多，乘车空间宽敞、舒适。车窗、车头盖、翼子板等都能随意拆解，车顶的布篷则可以后卷，被誉为“四个轮子一把伞”。维修容易，价格便宜，推出后风靡世界市场数十年。1949 年至 1990 年累计产量 500 余万辆。

图 6-16　雪铁龙 2CV 微型汽车

意大利菲亚特公司 1955 年开发了 0.479～0.597L 排量的 500 微型汽车（图 6-17），尽管输出仅为 9.6～15.4kW，极速却能达到 85～105km/h。从 1955 年到 1972 年，一共

生产了 360 多万台，与大众甲壳虫、英国的“迷你”、雪铁龙 2CV 被推举为欧洲四大民用经典车之一。

（3）英国罗孚公司“迷你”微型汽车

1959 年，英国罗孚公司开发了“迷你”（Mini）型微型汽车（图 6-18），该车长 3.05m、宽 1.41m、高 1.35m。质量 608kg，发动机 0.8L 排量、25kW。前轮驱动，溜背式的车尾和小得不能再小的铝合金车轮，动感十足，乘坐舒适。这一设计理念还被人们称为汽车技术发展史上的六大里程碑之一。当时售价为 790 美元，深受欢迎，40 年来售出超过 500 万辆，成为英国历史上单一品牌车型产量最大的车型。

（4）高尔夫牌轿车生产量超过 3000 多万辆

德国大众汽车公司 1973 年开发出高尔夫 (Golf) 牌轿车（图 6-19）。采用水冷四缸发动机，1.1L 排量，前轮驱动，轻量化底盘，两厢，溜背式造型。内部空间宽敞，最高车速达到 140km/h，后来换装了 1.5L 发动机，极速上升到 160km/h。由于性能良好，价格比较低廉，深受人们欢迎。在德国，几乎每个家庭都购买一辆高尔夫轿车。迄今为止，高尔夫已生产第七代（图 6-20），生产量超过 3000 多万辆，超过甲壳虫，创下了历史纪录。

（5）欧洲汽车产量猛增

第二次世界大战结束后，仅西欧汽车产量就由战前的 80 万辆猛增到 750 多万辆，增长了近 10 倍。

1966 年，欧洲汽车产量突破 1000 万辆，超过北美汽车产量。

1973 年，欧洲汽车产量 1500 万辆，世界汽车工业中心由美国转回欧洲。

图 6-17　菲亚特 500 微型汽车

图 6-18　Mini 型微型汽车

图 6-19　第一代高尔夫轿车

图 6-20　第七代高尔夫汽车

■6.5　汽车挑战于亚洲（1976—2019）

（1）亚洲著名汽车公司

亚洲著名汽车公司有日本丰田、日产、本田、马自达、铃木、三菱、五十铃等汽车公司，韩国现代、起亚、大宇等汽车公司，中国一汽、东风、上汽等汽车集团，印度塔塔等汽车公司。

（2）日本汽车工业崛起

日本政府制定汽车保护和发展政策，在银行贷款和税收方面对汽车制造公司实行优惠，鼓励汽车大量出口。

丰田汽车公司创始人丰田喜一郎（图 6-21）及其继承人创造了风靡全球的“丰田生产方式”（TPS），也称精益生产方式 (LP)，被世界各国企业界所仿效。

图 6-21　丰田喜一郎

正确决策，不断创新。开发出皇冠（图 6-22）、雷克萨斯（图 6-23）、佳美等著名品牌，获得极大成功。

图 6-22　2004 年第 12 代皇冠

1980 年日本汽车产量达 1104 万辆，占世界汽车总产量 30% 以上。1980—1993 年，2006—2007 年，日本汽车年产量均居世界第一。

图 6-23　2001 年雷克萨斯汽车

（3）韩国汽车工业崛起

韩国政府对汽车工业实行指导和扶持政策。20 世纪 70 年代政府实行“汽车国产化”政策，80 年代又实施出口导向战略。汽车工业沿着 KD 装配→零部件国产化→自主开发的发展道路，成功地实现技术跨越，创出伊兰特（Elantra）(图 6-24)、雅绅特（Accent）等一批汽车品牌。2019 年，汽车产量达 792 万辆，全球排名第三位。

图 6-24　伊兰特轿车

（4）中国汽车工业崛起

国家重视汽车工业。1985 年，我国在“七五”规划中，已把汽车工业列为国家支柱产业。

改革开放政策，引进了发达国家的汽车制造先进技术和管理经验，促进了我国汽车工业的重组和快速发展，形成了一汽、东风、上汽三大汽车集团和北汽、广汽等六大骨干轿车企业，出现了红旗（图 6-25）、奇瑞、吉利等自主品牌汽车。

我国汽车产量快速增长（图 6-26），从 2009 年至今的汽车产量一直居世界第一。

图 6-25　红旗轿车

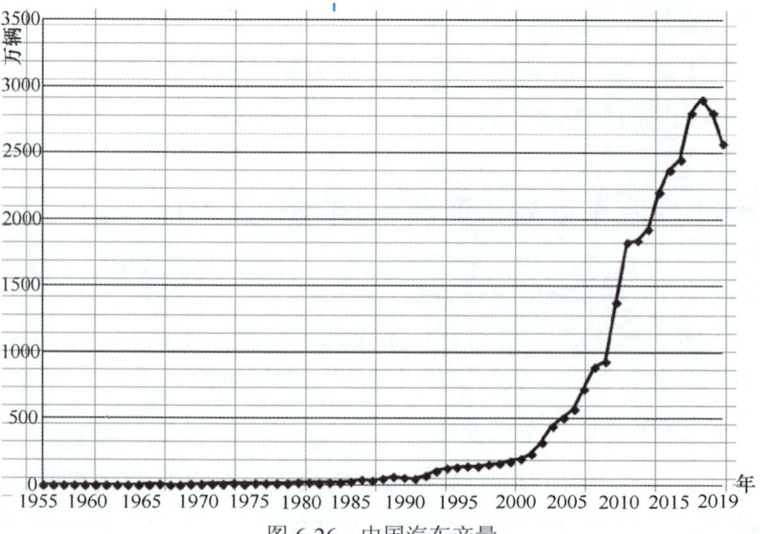

图 6-26　中国汽车产量

任务 7 中国汽车工业发展史检索

任务导入：分析图 6-26 中曲线有何特点？检索中国汽车产量为什么呈现如此变化？

7.1 艰苦创业（1953—1992）

（1）创建第一汽车制造厂

第一汽车制造厂于 1953 年 7 月在长春破土动工（图 7-1）。

1956 年 7 月生产出第一辆解放牌载重汽车（图 7-2）。

1958 年 5 月生产出第一辆东风牌轿车（图 7-3），8 月生产出第一辆“红旗”牌轿车。

图 7-1 第一汽车制造厂（长春）

图 7-2 第一辆解放牌汽车

图 7-3 第一辆东风牌轿车

（2）创建第二汽车制造厂

第二汽车制造厂于 1967 年 4 月在湖北十堰动工兴建（图 7-4）。

1975 年 6 月东风牌 EQ240 2.5t 越野车投产，1978 年 7 月东风 5t 载货车（图 7-5）投产。

图 7-4 第二汽车制造厂（十堰）

（3）两次“汽车热”

我国先后形成了两次“汽车热”，全国各省市自治区都办起了汽车厂，1976 年全国汽车生产厂家增加到 53 家，改装厂增加到 166 家，每个厂平均产量不足千辆。大多数汽车厂产品重复、“小而全”、质量差。产品类型主要是中型货车，出现“缺重少轻，轿车基本空白”的局面。

图 7-5 东风牌载货汽车

（4）调整与改革

1985 年，中央在“七五”规划中，把汽车工业列为国家支柱产业。

1987 年，我国政府确定了重点发展轿车工业的战略决策。

产品升级换代。1987 年，解放 CA141 汽车（图 7-6）批量生产，结束了生产解放 CA10B 汽车 30 年一贯制的

图 7-6 解放 CA141 汽车

历史。

增加重型汽车生产（图 7-7）。

加强轻型（含微型）汽车生产（图 7-8、图 7-9）。

建设轿车工业。1985 年，上海大众公司成立（图 7-10），与德国大众合资生产桑塔纳系列轿车，拉开了大量生产轿车的序幕。其后，一汽大众（图 7-11）、二汽雪铁龙、广州本田等中外合资轿车项目纷纷启动，填补了我国轿车基本空白的局面。

1992 年，历经 40 年，汽车产量突破 100 万辆。

图 7-7 斯达 - 斯太尔重型汽车

图 7-8 江铃轻卡

图 7-9 长安之星微型汽车

图 7-10 上海大众公司成立

图 7-11 一汽大众公司签约

7.2 改革开放与改组兼并（1993—2000）

1）1994 年，国务院颁布《汽车工业产业政策》，提出汽车产业“到 2010 年成为国民经济的支柱产业”的奋斗目标。

2）改革开放进一步深入。截至 2000 年，我国先后与大众、通用等十多家国际大汽车集团公司合资。

3）改组兼并，扩大规模经营。一汽组建第一汽车集团公司（图 7-12）。二汽组建东风汽车集团公司（图 7-13）。上汽与德、美、日、英、法和意大利等国家合资。

4）1998 年，国内 14 家企业集团（公司）生产汽车 148.5 万辆，占全国当年汽车产量的 91.21%，初步形成了汽车产业的组织结构优化调整。至 2000 年，历经 8 年，我国汽车年产量翻一翻，达到 207.7 万辆，全球排名第 8 位。

图 7-12 一汽总部大楼

图 7-13 东风总部大楼

7.3 汽车产量跨越式增长（2001—2009）

1）中国汽车年产量连续 8 年实现跨越式增长（图 7-14），年均增长速度高达 25%。

2）2004 年，国家新《汽车产业发展政策》发布。

3）2009 年国家出台《汽车产业振兴规划》，汽车年产量达 1379 万辆，居世界第一。

4）国内汽车企业进一步改组兼并，强强联合。十大汽车企业销售量占全国汽车销售总量的 87%。

5）汽车新产品、新技术大量推出，自主品牌汽车市场份额扩大，每年都有几十到上百款新车投放市场，2009 年推出 100 多款轿车新车型。

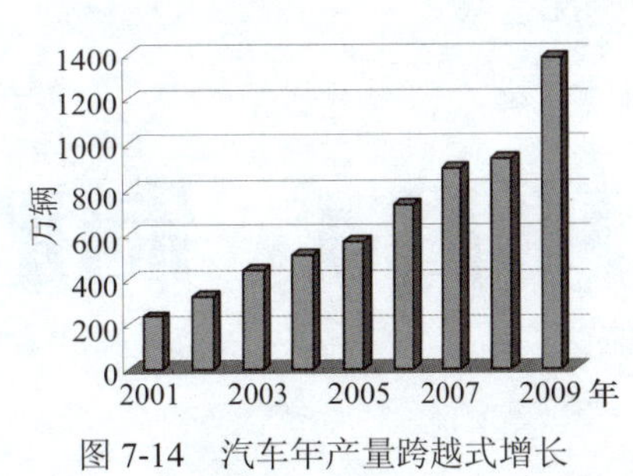

图 7-14　汽车年产量跨越式增长

■7.4　稳步发展（2010—2019）

1）这 10 年汽车产销量稳中有增，平均增长 5%，2018~2019 年呈现负增长趋势（图 6-26）。

2）汽车产业集中度进一步提高。2019 年销量前十名的企业集团销售汽车占汽车销售总量的 90.4%。

3）新能源汽车发展迅速，2010~2018 年新能源汽车保有量年均增加 50 万辆（图 7-15）。

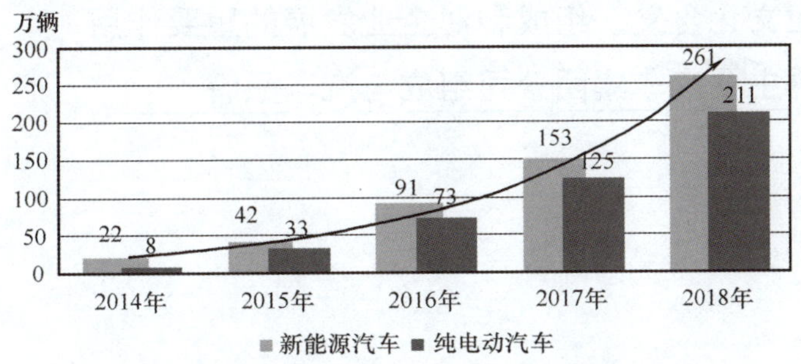

图 7-15　近 5 年我国新能源汽车保有量

项目小结

1. 汽车诞生于德国，成长于法国，成熟于美国，兴旺于欧洲，挑战于亚洲。
2. 中国汽车工业发展经历艰苦创业、改革开放与改组兼并、汽车产量跨越式增长和稳步发展 4 个历史阶段。2019 年，我国汽车销量达 2577 万辆，连续第 11 年居世界第一位。

技能训练与知识测评

1. 从世界汽车工业的发展历史，你得到什么启示？
2. 从中国汽车工业的发展历史，你得到些什么经验和教训？

项目4 制胜法宝的汽车企业文化

学习目标

◇ 了解世界主要汽车集团公司发展简史

◇ 了解世界主要汽车集团公司发展经验和企业文化

◇ 掌握企业文化含义、组成和对企业发展的重要作用

◇ 了解世界主要汽车集团公司组成与汽车品牌

历史潮流滚滚向前，汹涌澎湃，多少汽车企业被大浪淘沙，退出历史舞台。只有遵循历史规律，掌握制胜法宝，与时俱进，坚韧不拔，才有希望到达胜利彼岸。

任务 8 美国主要汽车公司发展历程探究

任务导入：见图 8-1，杜兰特是通用公司创始人，为何导致公司濒临倒闭？

图 8-1 威廉·杜兰特

8.1 通用汽车公司

1. 公司现状

公司总部（图 8-2）位于美国汽车城底特律。

2019 年汽车产量 774.4 万辆，居世界第四。

公司汽车分部及其汽车品牌见表 8-1。

图 8-2 通用公司总部

表 8-1 通用公司汽车分部及其汽车品牌

品牌	车标	品牌	车标	品牌	车标
凯迪拉克（Cadillac）		别克（Buick）	BUICK	雪佛兰（Chevrolet）	
吉姆西（GMC）	GMC	土星（Saturn）		悍马（Hummer）	HUMMER
通用大宇（Daewoo）	GM DAEWOO	庞蒂克（Pontiac）	PONTIAC		

2. 公司发展简史

1904 年，美国最大的马车制造商杜兰特买下了别克（Buick）汽车公司，成立了通用公司（图 8-3）。

1908 年，收购了奥兹莫比尔（Oldsmobile）汽车公司。

1909 年，收购了奥克兰汽车公司［1932 年更名为庞蒂克（Pontiac）汽车公司］，并购了凯迪拉克（Cadillac）等

图 8-3 杜兰特买下了别克汽车公司并成立通用公司

汽车公司。

1910 年，过快的发展，使公司产生财政危机，杜兰特被免职。

1915 年，杜兰特创立了雪佛兰汽车公司。通过秘密收购通用汽车公司的股票，1917 年再次获得了通用汽车公司的控制权，重新担任公司总裁。

1917—1920 年，杜兰特又先后购进了 17 家小汽车公司，4 年规模扩大了 8 倍，但各分公司各自为政，产品重复，一系列的失误，导致通用公司濒临倒闭。通用汽车公司被杜邦公司收购，皮埃尔 · 杜邦担任总裁（图 8-4），杜兰特再次被免职。

图 8-4　皮埃尔 · 杜邦 (Pierre DuPont)

1923 年，著名“经营之神”阿尔弗雷德 · 斯隆 (Alfred Sloan)（图 8-5）担任公司总经理，建立了集中制定政策和分散管理模式，提出“为每一个消费者和每一种用途生产一种车”的产品策略，推出新雪佛兰轿车与福特公司相竞争，取得极大成功。1928 年成为世界上最大的汽车公司，其国内市场占有率达到 43%。斯隆担任通用汽车公司总裁长达 23 年，为通用汽车公司的发展做出了卓越的贡献，也为全球开创了大集团公司现代管理的先河。

图 8-5　阿尔弗雷德 · 斯隆

1925 年，并购了沃克斯豪尔汽车有限公司。

1929 年，收购欧宝公司。

1939—1945 年，第二次世界大战期间，公司接受了大量军事订货，从而大大地壮大了公司的经济实力。

20 世纪 50 年代末到 90 年代，投资 700 亿美元进行设备和产品更新。

1984 年公司从业人员达 81.3 万人，1993 年世界 500 强排第 1 名，被誉为“世界汽车巨人”。

2009 年 6 月 1 日，通用汽车申请破产保护。7 月 10 日更名为通用汽车有限公司，结束破产保护。

2010 年 2 月，通用将萨博汽车品牌卖给荷兰世爵汽车公司。

2010 年 2 月 29 日，与法国标致雪铁龙结成联盟。

2017 年 3 月 6 日，将通用汽车旗下的欧宝 / 沃克斯豪尔公司和通用汽车金融欧洲业务转让与标致雪铁龙集团。

3. 企业文化

对客户热忱，持续改进，诚信正直，团队合作，创造性，对个体的尊重和责任感。通用公司企业文化宣传册封面见图 8-6。

图 8-6　通用公司企业文化宣传册封面

4. 公司部分分部与历史名车

（1）凯迪拉克（Cadillac）

公司创始人：美国人亨利·利兰德（Henry Leland）（图 8-7）。

公司特色：以生产豪华汽车著称。

公司历史名车见图 8-8 ～图 8-14。

图 8-7　亨利·利兰德

图 8-8　1905 年凯迪拉克 Osceola，四缸发动机，5 座，木质车身，铝皮包裹

图 8-9　1914 年装有 V8 发动机的凯迪拉克

图 8-10　1927 年凯迪拉克拉赛尔（La Salle）汽车

图 8-11　1931 年装载 V16 大排量发动机的凯迪拉克跑车

图 8-12　1949 年凯迪拉克 Rhineback，尾部设计是一个时代的象征

图 8-13　1959 年凯迪拉克 Eldorado

图 8-14　1989 款的凯迪拉克弗利特伍德（Fleetwood）礼仪车，长 12.19m

（2）别克（Buick）

公司创始人：美国人大卫·别克（David Dunbar Buick）（图 8-15）。

公司特色：主要设计制造中档家庭轿车，其销量位于通用公司第三位。

公司历史名车见图 8-16 ～图 8-19。

图 8-15　大卫·别克

图 8-16　1936 年别克 Roadmaster

图 8-17　1951 年别克 Le Sabre 概念车，风靡一时的“高尾鳍”设计

图 8-18　1959 年别克旗舰车 Electra

图 8-19　1996—2005 年别克林荫大道（Park Avenue）

（3）雪佛兰（Chevrolet）

公司创始人：通用公司创始人威廉·杜兰特和瑞士赛车手、 工程师路易斯·雪佛兰（Louis Chevrolet）（图 8-20）。

公司特色：主产经济型轿车及中、高级跑车。其产品被称为“地道美国车”。

历史名车见图 8-21 ～图 8-23。

图 8-20　路易斯·雪佛兰

图 8-21　1917 年雪佛兰“490”轿车，售价 490 美元，开创了产品高性价比和大众化的新篇章

图 8-22　1934 年雪佛兰 Suburban Carryall，是今天运动型多用途汽车（SUV）的鼻祖，率先采用独立悬架系统，极大提高了行驶的舒适性

图 8-23　1977 年雪佛兰凯普瑞（Caprice），荣获《汽车趋势》杂志的“年度最佳小轿车”大奖，成为美国最热销的小轿车

8.2　福特汽车公司

1. 公司现状

公司总部（图 8-24）位于美国汽车城底特律。

2019 年汽车产量：490.1 万辆，居世界第七。

公司汽车分部及其汽车品牌见表 8-2。

图 8-24　福特汽车公司总部

表 8-2　福特汽车公司主要汽车品牌

品　　牌	车　　标	品　　牌	车　　标	品　　牌	车　　标	品　　牌	车　　标
福特（Ford）		林肯（Lincoln）		水星（Mercury）		马自达（Mazda）	

2. 公司发展简史

1903 年，亨利·福特（图 8-25）和 11 个股东用 28000 美元共同创立福特汽车公司。

1908 年，福特汽车公司成功开发了举世闻名的 T 型车（图 5-41），共生产 1546 万辆，创下当时汽车单产世界纪录。

1913 年建成了世界上第一条汽车流水生产线（图 6-11）。

1922 年福特汽车公司收购了“林肯”（Lincoln）品牌。

图 8-25　亨利·福特

1927 年，由于福特固步自封，坚持单一车型，无视富裕了的美国人民要求，没有进一步推出新的车型，使汽车市场占有率从最高时期的 70% 下降到不足 20%，T 型车被迫停产，福特全国各地的工厂关闭半年。历史证明，逆水行舟，不进则退。

1935 年自创水星品牌。

1949 年，推出福特 49 型汽车（图 8-26），拥有独立前悬架和可开启的新型后角窗。车身与翼子板的融合是一种创新。

图 8-26　福特 49 型汽车

1955 年，福特雷鸟（Thurderbird）汽车（图 8-27）诞生，它是美国历史上迄今为止最成功的小型运动车。

图 8-27　福特雷鸟汽车

1964 年，推出轮廓鲜明的四座福特野马 (Mustang)，成了美国的“宠儿”。时至今日，它在人们的心中还是魅力不减（图 8-28）。

图 8-28　2003 年福特野马汽车

1987 年，收购阿斯顿 • 马丁（Aston Martin）公司。2007 年，转售给 Prodrive 公司车队老板大卫 - 理查兹。

1989 年，收购捷豹（Jaguar）汽车公司。2008 年，捷豹品牌被印度塔塔集团收购。

1991 年，推出既省油又标新立异的福特特使（Taurus）型汽车，为汽车的空气动力设计潮流奠定了基础，在 1992 年至 1996 年期间雄踞“全美最畅销汽车”的宝座（图 8-29）。

图 8-29　1993 年福特特使汽车

1993 年推出福特首辆家庭型全球车福特蒙迪欧（图 8-30）。

图 8-30　1993 年福特蒙迪欧汽车

1996 年，收购马自达（Mazda）的股份扩大到 33.4%，成为马自达最大的股东。

1999 年，收购沃尔沃（Volvo）轿车业务。2010 年 3 月 28 日，吉利收购沃尔沃轿车 100% 的股权。

2000 年，从宝马手中收购路虎（Land Rover）品牌，2008 年，路虎品牌被印度塔塔集团收购。

2001 年 4 月，福特公司参股中国长安集团。

3. 企业文化

以生产为导向，具有全球化想法、注重顾客需求、持续追求成长，深信“领导者是老师”，关爱员工，全方位培训，精益求精（图 8-31）。

图 8-31　福特公司企业文化

■ 8.3 FCA 美国有限责任公司

1. 企业现状

该公司前身是美国克莱斯勒汽车公司，2014 年被菲亚特集团收购。

公司汽车分部及其汽车品牌见表 8-3。

表 8-3 公司汽车分部及其汽车品牌

品　　牌	车　　标	品　　牌	车　　标
克莱斯勒（Chrysler）		道奇（Dodge）	
鹰吉普（Jeep）		普利茅斯（Plymouth）	

2. 公司发展简史

1925 年，公司成立，创始人瓦尔特·克莱斯勒（Walter Chrysler，图 8-32）。同年，买下马克斯韦尔汽车公司。

图 8-32 克莱斯勒

1928 年，成立普利茅斯（Plymouth）部，生产低档经济轿车。

1928 年 7 月，收购了道奇（Dodge）汽车公司。

1987 年，兼并美国汽车公司（AMC），成立鹰·吉普部（Eagle Jeep）。

1998 年 5 月 7 日，与奔驰公司合并成立了戴姆勒 - 克莱斯勒汽车公司。

图 8-33 克莱斯勒 300C 汽车

2007 年 5 月 14 日，戴姆勒 - 克莱斯勒汽车公司将克莱斯勒公司 80.1% 的股权出售给美国瑟伯勒斯（Cerberus）资本管理公司，并单独成立克莱斯勒控股公司（Chrysler Holding LLC）。

2014 年 1 月 21 日，菲亚特收购克莱斯勒 100% 股权。

3. 企业文化

独有的创新精神，独特的设计理念，独出一格的表现风格，复古和现代的完美结合，代表着一种生活方式，一种品位，一种潮流。

4. 公司部分分部与历史名车

（1）克莱斯勒 (Chrysler)

公司历史名车见图 8-33 ～图 8-35。

图 8-34 克莱斯勒交叉火力汽车

（2）道奇 (Dodge)

公司创始人：道奇兄弟（图 8-36）。

公司历史名车见图 8-37。

（3）吉普（Jeep）

1987 年，克莱斯勒公司收购了美国汽车公司（AMC），成立鹰 • 吉普部。该部生产的切诺基（Grand Cherokee）（图 8-38）性能优越。

图 8-35　克莱斯勒大捷龙汽车

图 8-36　道奇兄弟

图 8-37　道奇蝰蛇汽车

图 8-38　切诺基

■ 8.4　特斯拉公司

1. 企业现状

特斯拉（Tesla）是一家美国电动汽车及能源公司，生产电动汽车、太阳能板及储能设备。总部位于美国加利福尼亚州硅谷的帕罗奥多（Palo Alto），由马丁 • 艾伯哈德（Martin Eberhard）和马克 • 塔彭宁（Marc Tarpenning）（图 8-39）共同创立。将公司命名为“特斯拉汽车（Tesla Motors）”，以纪念物理学家尼古拉 • 特斯拉（Nikola Tesla）。2018 年入围世界品牌 500 强，位列第 81。

2. 公司发展简史

2003 年 7 月 1 日，特斯拉汽车公司成立。

2004 年，埃隆 • 马斯克（Elon Musk）进入公司并领导了 A 轮融资。

2008 年，发布第一款两门运动型跑车 Roadster。

2012 年，发布第二款汽车产品，四门纯电动豪华轿跑车 Model S。

2015 年 9 月，第三款汽车产品，豪华纯电动 SUV Model X 开始交付。

2016 年 4 月 1 日，发布第四款汽车产品 Model 3（图 8-40），2017 年 7 月交付使用。续驶里程 346km。

2016 年 11 月 17 日，收购美国太阳能发电系统供应商 SolarCity。

图 8-39　马丁 • 艾伯哈德（右）和马克 • 塔彭宁（左）

图 8-40　特斯拉 Model 3

2017 年 2 月 1 日，特斯拉汽车公司改名为特斯拉公司。

2018 年 10 月 17 日，特斯拉上海超级工厂在临港地区落地。

2019 年 5 月 31 日，特斯拉 Model 3 开始预定。

3. 企业文化

特斯拉的愿景是“加速全球向可持续能源的转变”，努力为每一个普通消费者提供其消费能力范围内的纯电动车辆。

任务 9 欧洲主要汽车公司发展历程探究

任务导入：检索德国奔驰公司发展历史，并分析其至今仍存在的原因。

9.1 戴姆勒 - 奔驰汽车公司

1. 企业现状

公司总部位于德国斯图加特市。

公司特色：以生产高质量、高性能豪华汽车闻名中外，也是世界上最著名的大客车和重型载货汽车生产厂家。与我国北汽集团等多家企业合资。

主要汽车品牌有梅赛德斯 - 奔驰，分为 5 个系列共几十个品种。轿车分 A、B、C、E 和 S 级（图 9-1）。还有迈巴赫、精灵（Smart）（图 9-2）等。

2019 年全球汽车销量为 334 万辆。

图 9-1 奔驰 S600L 汽车

图 9-2 奔驰 Smart 汽车

2. 公司发展简史

1883 年，奔驰汽车公司成立。

1890 年，戴姆勒汽车公司成立。

1926 年，奔驰与戴姆勒两家公司合并，改名为戴姆勒 - 奔驰公司。

1938 年，公司推出了根据空气动力学设计的“梅赛德斯 - 奔驰”320 轿车（图 9-3）。

图 9-3 梅赛德斯 - 奔驰

1954 年，推出 300 SL“鸥翼”式汽车。图 9-4 为 1956 年产品，折叠式硬篷，铝制的轻型车身，率先使用世界最先进的电子汽油喷射发动机，独特的操纵控制系统等。

图 9-4 奔驰 300 SL 轿车

1969 年，戴姆勒 - 奔驰汽车公司推出了 C111 汪克尔发动机汽车（图 9-5），功率达 206kW。

图 9-5　C111 汪克尔发动机汽车

1972 年，公司开发了一款全新的豪华车 280SE（图 9-6）。并且正式命名为 S 系列车。

图 9-6　奔驰 280SE

1998 年，戴姆勒 - 奔驰汽车公司与克莱斯勒汽车公司合并，成立戴姆勒 - 克莱斯勒汽车公司。

2007 年，戴姆勒 - 奔驰和克莱斯勒集团分开各自独立经营。

2018 年 2 月 23 日，中国吉利集团收购了戴姆勒公司 9.69% 股份，成为戴姆勒集团的最大股东。

3. 企业文化

企业精神：公平、尽责。

经营理念：传统理念、快乐感理念、共同责任理念。

价值观念：传统价值（安全、优质、舒适、可靠）、潮流价值、社会价值。

产品策略：以客户定产品。

9.2　宝马汽车公司

1. 企业现状

公司总部位于德国慕尼黑市（图 9-7）。2019 年全球汽车销量为 252 万辆。

公司特色：以生产高性能豪华汽车闻名世界，与我国华晨公司等企业合资。

宝马汽车公司主要汽车品牌有宝马、劳斯莱斯、迷你、奥斯汀等，见表 9-1。

图 9-7　宝马总部

表 9-1　宝马汽车公司主要汽车品牌

品　牌	车　标	品　牌	车　标
宝马（BMW）	BMW	劳斯莱斯（ROLLS ROYCE）	ROLLS RR ROYCE
迷你（Mini）	MINI	奥斯汀（Austin）	AUSTIN ROVER

2. 公司发展简史

1916 年，宝马汽车公司前身——巴伐利亚飞机制造厂成立，创始人名吉斯坦 · 奥托（Gustan Otto），其父是鼎鼎大名的四冲程内燃机的发明家奥托（Otto）。1917 年，公司更名为宝马（BMW）公司。

1928 年，BMW 推出首辆汽车。

1933 年，推出 BMW 303 型高性能双门四座轿车。

1939 年，推出宝马 328 型跑车（图 9-8），极速高达 160km/h，是当时速度最快的跑车。

1977 年，推出世界著名的宝马 7 系列豪华汽车。

1998 年，购买劳斯莱斯车标和标志，从 2003 年开始生产劳斯莱斯牌轿车。

1999 年，推出最新宝马 8 系列豪华汽车（图 9-9）。

2005 年，推出宝马 H2R 燃料电池汽车（图 9-10），最高速度为 302.4km/h，0—100km/h 加速时间 6s 左右。

图 9-8　1939 年宝马 328 型跑车

图 9-9　宝马 8 系列

图 9-10　宝马燃料电池汽车

3. 企业文化

企业的宗旨及目标：成为顶级品牌的汽车制造商。

经营方针：立足全球市场，以市场为中心，对社会和公民负责。

管理策略：柔性管理，相互尊重，超越国家和文化边界，团队合作。

宝马公司企业文化宣传册封面见图 9-11。

图 9-11　宝马公司企业文化宣传册封面

4. 公司部分分部与历史名车

（1）宝马（BMW）

汽车品牌有宝马 3、5、7 和 8 系列豪华小轿车。

（2）劳斯莱斯（ROLLS-ROYCE）

1906 年，劳斯莱斯汽车公司成立。创始人是英国汽车商劳斯（ROLLS）和英国汽车工程师莱斯（ROYCE）（图 9-12）。劳斯莱斯汽车以外形独特、古香古色、性能优越著称于世，是当今世界最豪华、最尊贵的汽车，被誉为帝王之车。被英国多位女王选用，故也被誉为“女王车”。图 9-13 所示为 2003 年的劳斯莱斯幻影。

图 9-12　劳斯与莱斯

图 9-13　劳斯莱斯幻影

■ 9.3 大众汽车公司

1. 企业现状

公司总部位于德国汽车城沃尔夫斯堡（图 9-14）。

图 9-14 大众公司总部

大众公司是欧洲最大的汽车生产集团，世界四大汽车集团之一。2019 年汽车产量 1097.5 万辆，居世界第一。

目前拥有九大汽车品牌，见表 9-2。

表 9-2 大众汽车集团主要汽车品牌

品　牌	车　标	品　牌	车　标	品　牌	车　标
大众（Volkswagen）		奥迪（Audi）		兰博基尼（Lamborghini）	
宾利（Bentley）		保时捷（Porsche）		西亚特（Seat）	
斯柯达（Skoda）		布加迪（Bugatti）		斯堪尼亚（Scania）	

2. 公司发展简史

1938 年大众公司成立。

1933 年投产的“甲壳虫”大众化汽车（图 9-15），至 1978 年停产共生产 2150 万辆，打破了福特 T 型车的世界纪录。

图 9-15 甲壳虫汽车

1964 年，收购德国的奥迪汽车公司。

1973 年，开发出高尔夫（Golf）牌轿车（图 9-16），迄今已生产第七代，生产量超过 3000 多万辆，创单一车型世界冠军。

图 9-16 高尔夫汽车

1983 年，收购了西亚特的大部分股份，使西亚特成为大众汽车公司的子公司。

1991 年，收购斯柯达。

1998 年收购了布加迪、兰博基尼、宾利、劳斯莱斯（2002 年 12 月 31 日后归宝马公司），成为欧洲第一大汽车公司。

2008 年，收购瑞典的斯堪尼亚汽车公司。

2009 年 5 月 7 日，大众并购保时捷汽车公司。

3. 企业文化

尊重民主、自由；注重诚信、遵守法律；博爱、平等、勤俭、节制；以人为本，注重提高员工素质，开发人力资源；追求卓越，质量第一。

德国大众汽车公司企业文化见图 9-17。

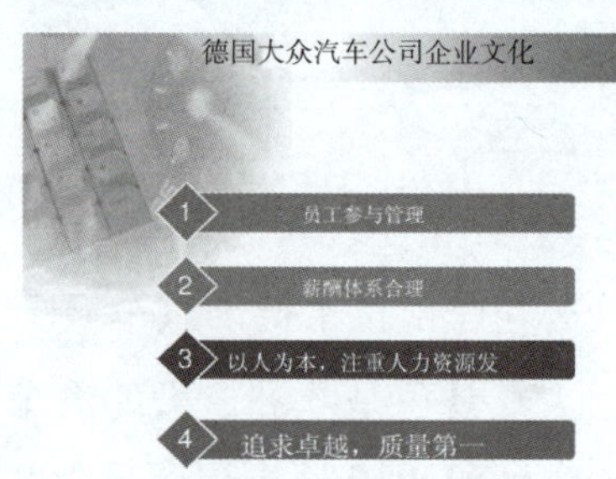

图 9-17　大众汽车公司企业文化

4. 公司部分分部与历史名车

（1）大众汽车品牌

主要有甲壳虫（Beetles）、波罗（Polo）、高尔夫（Golf）、帕萨特（Passat）、捷达（Jetta）、桑塔纳（Santana）等，畅销全世界。

图 9-18　路波柴油机轿车

路波（Lupo，图 9-18）：1998 年推出的小型家庭用车，最著名的车型是 1.2L 柴油机轿车，百公里仅耗油约 3L，誉满全球，被称为“3L 路波”。

图 9-19　桑塔纳轿车

桑塔纳（Santana，图 9-19）：美国有一个峪名叫桑塔纳山谷，以盛产名贵葡萄而享誉世界。并且，该山谷还经常刮起一股类似“科罗拉多”旋风，因此当地人就把这种旋风叫做“桑塔纳”。

辉腾（Phaeton）是大众汽车公司 2002 年新推出的顶级旗舰产品。图 9-20 是 2007 年款配 V6 TDI 发动机的汽车，满足欧 V 标准。

图 9-20　2007 款大众辉腾汽车

（2）奥迪（Audi）

1910 年，由奥迪（Audi）等 4 家公司联合成立，1964 年被大众汽车公司收购，目前是大众汽车公司最大的子公司。总部设在德国的英戈尔施塔特。

公司主要产品有 A 系列（A1、A3、A4、A5、A6、A7、A8 和 Q、R、RS、TT 和纯电动车等系列。奥迪 A4（图 9-21）是 1994 年 10 月投产的一种中高档轿车，其销售量在德国一直位居中型轿车销售排行榜的首位。

图 9-21　奥迪 A4 轿车

（3）宾利（Bentley）

公司建于 1919 年。创始人是英国沃尔特·欧文·宾利（Walter Owen Bently，图 9-22），业内同事都称他为“WO 先生”。

图 9-22　宾利

1931 年，被劳斯莱斯公司收购，1999 年成为大众集团的一个品牌，生产豪华轿车。

宾利汽车一直以千锤百炼的工艺和完美无瑕的品质占据着豪华汽车的巅峰。手工精制，每辆车要花上 16 ～ 20 星期才能完成，绝大部分的工匠都有 20 年以上的丰富经验。仅每台汽车的喷漆程序就要经过 120 个独立步骤，所有车身油漆都经过 15 次喷漆处理，出厂前的最后打蜡及抛光程序就得专人以人工打磨整整 10h 才能完成，品质严谨程度堪称世界汽车生产商之冠。

历史名车如图 9-23、图 9-24 所示。

图 9-23　1929 年宾利 Blower

图 9-24　宾利皇室御驾

（4）兰博基尼（Lamborghini）

创建于 1963 年，创始人是意大利弗鲁西欧·兰博基尼（Ferruccio Lamborghini，图 9-25）。总部设在跑车之都莫德拉附近的圣·亚哥大（Sant Agata）。1998 年被大众公司下的奥迪子公司收购。

图 9-25　兰博基尼

20 世纪 70 年代由著名的博通设计公司设计了造型独特的运动车，车身只有 1m 高，车门是鸥翼式的。每一种车型都是件艺术珍品。部分名车如图 9-26～图 9-31 所示。

图 9-26　1967 年兰博基尼 Marzal

图 9-27　1970 年兰博基尼 Miura P400 S

图 9-28　兰博基尼 V12 巨兽 Murcielago

图 9-29　1982 年 Countach5000S 跑车

图 9-30　1993 年兰博基尼鬼怪 VT

图 9-31　2001 年兰博基尼 Diablo VT 6.0 SE

（5）保时捷（Porsche）

公司创始人费迪南德·保时捷（Porsche），又译作费迪南德·波尔舍（图 9-32）。1900 年，推出第一辆双座电动跑车罗纳尔 - 保时捷（Lohner-Porsche，图 9-33），轰动世界。1931 年 3 月 6 日，在斯图加特建立了一家设计公司，专门开发汽车、飞机及轮船的发动机，以生产赛车闻名于世。其赛车多次在世界汽车比赛得奖，保时捷 911 是迄今为止世界上最畅销的一款赛车。

公司历史名车如图 9-34 ～图 9-39 所示。

图 9-32　保时捷

图 9-33　第一辆电动跑车罗纳尔 - 保时捷

图 9-34　1948 年推出保时捷 356

图 9-35　1963 年推出保时捷 911

图 9-36　1970 年推出保时捷 917

图 9-37　1974 年推出保时捷 981 Turbo

图 9-38　1982 年推出保时捷 956

图 9-39　2010 年保时捷 911 Turbo 旗舰车跑车

（6）斯柯达（Skoda）

捷克斯柯达汽车公司是第一次世界大战后由创建于 1895 年的 L&K 公司和斯柯达·佩尔森 (Skoda Pilsen) 集团合并而成的。公司总部位于首都布拉格北部的姆拉达·博雷斯拉夫（Mlada Boleslav，中文意为“年轻的城市”），现在是捷克汽车城。

1924 年，斯柯达生产豪华车型 Hispano Suiza（图 9-40），是当时世界上最贵的汽车，它的底盘价格比当时的劳斯莱斯还贵。

1991 年，斯柯达公司被德国大众集团并购。以生产高性价比、坚实耐用、高安全性、优良的操控性及舒适性兼备的汽车而备受广大消费者的青睐。

图 9-40　斯柯达 Hispano Suiza

（7）布加迪 (Bugatti)

创建于 1909 年，创始人是埃多尔 • 布加迪 (Ettoren Bugatti)。艺术家出身的布加迪为了追求机器与艺术的完美结合，不计血本地制作了不少著名跑车，创造过多次汽车车速的世界纪录，轰动世界车坛。

1998 年被大众公司收购。2004 年推出的布加迪 EB16.4 Veyron（威龙，图 9-41），打破当时世界汽车工业的多项纪录，最高车速 405.7km/h，0—100km/h 加速时间为 2.9s。每辆售价约 120 万美元，是当时世界上最贵的车。

布加迪 T 系列轿车和 ID、EB 系列跑车都是精品之作，有的只限生产几辆，有的打破世界车速纪录。部分精品见图 9-42、图 9-43。

图 9-41　2004 年布加迪威龙

图 9-42　1938 年布加迪 Type 57 SC Atlantic Coupe

图 9-43　1990 ID90 Concept

（8）西亚特（Seat）

西亚特是西班牙最大的汽车公司，1950 年成立于巴塞罗那。1990 年，西亚特成为大众汽车公司的子公司。

汽车品牌有伊比萨（Ibiza，昵称“小斗牛士”）及西亚特 Tribu、Cupra（图 9-44）等。

（9）斯堪尼亚（Scania）公司

1）基本情况：斯堪尼亚（Scania）公司创办于 1891 年，1969 年与萨博 (Saab) 合并成立萨博 - 斯堪尼亚有限公司，2008 年，被大众公司收购。

斯堪尼亚公司是世界领先的重型货车和大型客车以及工业发动机制造商之一，全球拥有 30000 名雇员。

2）公司车标（图 9-45）：斯堪尼亚公司车标是狮身鹰面兽。在古代神话中，狮身鹰面兽一直都是最强大的动物的象征，是各种神氏的坐骑，象征力量、速度、敏捷和勇气。喻示公司生产的汽车性能优越。

3）汽车品牌：公司以生产重型货车和大型客车闻名，其新款 R 系列重型货车荣膺“2010 年度货车”大奖；2007 年，推出未来客车，燃用乙醇燃料。

图 9-44　西亚特 Cupra 汽车

图 9-45　斯堪尼亚公司车标

9.4 雷诺 - 日产 - 三菱联盟

1. 企业现状

公司总部位于法国巴黎附近的比昂古（图 9-46）。

2019 年汽车产量为 1015.5 万辆，居世界第三。

雷诺 - 日产 - 三菱联盟主要汽车品牌见表 9-3。

图 9-46　雷诺汽车集团总部

表 9-3　雷诺 - 日产 - 三菱联盟主要汽车品牌

品　牌	车　标	品　牌	车　标	品　牌	车　标
雷诺（Renault）		日产（Nissan）		英菲尼迪（Infiniti）	
三星（3-Star）		达契亚（Dacia）		三菱（Mitsubishi）	

2. 公司发展简史

法国雷诺汽车公司成立于 1898 年，创始人为路易斯 • 雷诺（Louis Renault）（图 9-47）和他的两个兄弟。

1946 年开发了著名的 4CV 微型汽车，十分畅销，获得巨大的成功。

1972 年推出雷诺 5 型，采用掀背式后门和模块化后排座椅设计，成为法国最畅销的轿车，生产 540 万辆以上（图 9-48）。

1999 年 3 月，法国雷诺汽车公司通过收购股份成为日产的第一大股东，又先后兼并韩国三星汽车公司和罗马尼亚达西亚汽车公司，日产汽车公司则购买雷诺公司部分股份，形成雷诺 - 日产汽车联盟。

2016 年 5 月，日产汽车公司收购三菱公司 34% 股权，形成雷诺 - 日产 - 三菱联盟。

图 9-47　路易斯 • 雷诺

图 9-48　雷诺 5 型汽车

3. 企业文化

热情而富创新精神，Drive the Change（驾驭变革），决策机制明确，开拓出汽车设计与使用的新途径，可持续发展动力理念。

4. 雷诺 - 日产 - 三菱联盟部分历史名车

部分历史名车见图 9-49 ～图 9-51。

图 9-49　雷诺梅甘娜 CC

图 9-50　日产公爵

图 9-51　日产蓝鸟

9.5　标致 - 雪铁龙汽车集团

1. 企业现状

标致 - 雪铁龙集团简称 PSA 集团，是法国最大的汽车集团公司。公司总部在巴黎（图 9-52）。

2019 年汽车销量 350 万辆，居世界第十一。

PAS 集团目前与中国的东风汽车集团、长安汽车公司等建有合资关系。

PSA 集团主要汽车品牌见表 9-4。

图 9-52　标致 - 雪铁龙集团总部

表 9-4　PSA 集团主要汽车品牌

品　牌	车　标	品　牌	车　标
标致（Peugeot）		欧宝（Opel）	
雪铁龙（Citroen）		沃克斯豪尔（Vauxhall）	

2. 集团发展简史

1890 年，标致汽车公司成立，创始人阿尔芒・标致 (Armand Peugeot)（图 9-53）。

图 9-53　阿尔芒・标致

1929 年标致 201（图 9-54）推出。它是世界上第一批采用前轮独立悬架的车型。

1976 年标致公司兼并了雪铁龙公司，组成标致 - 雪铁龙汽车集团。法国雪铁龙公司 1915 年成立，创始人安德烈・雪铁龙（A. Citroen，图 9-55）。

1983 年标致 205（图 9-56）运动型车面世，被誉为“神车”，生产了大约 530 万辆，树立了国际品牌的形象。

图 9-54　标致 201

1998 年，推出标致 206（图 9-57、图 9-58），共获得包括德国和日本在内的 20 多个“年度车型”奖项，被评为 2001 和 2002 年欧洲最佳销量车型。

2017 年 8 月 1 日，PSA 集团从通用汽车公司收购了欧宝和沃克斯豪尔汽车品牌。

欧宝公司创建于 1863 年，创始人德国人亚当 • 欧宝（Adam Opel）（图 9-59）1899 年开始生产汽车，1914 年成为德国最大的汽车生产厂家。

沃克斯豪尔（Vauxhall）公司创建于 1857 年，创始人英国人亚历山大 • 威尔逊，1903 年开始制造汽车。

图 9-55　雪铁龙

图 9-56　标致 205

图 9-57　标致 206

图 9-58　标致 206CC

3. 企业文化

与消费者建立信任与稳定关系，通过产品（美感、活力、创新）及服务（个性化与灵活性）作为纽带，呈现给消费者可靠的、物有所值的产品。

4. 标致 - 雪铁龙集团部分名车

部分名车见图 9-60 ～图 9-65。

图 9-59　亚当 • 欧宝

图 9-60　标致 307

图 9-61　标致 607

图 9-62　雪铁龙 C6

图 9-63　雪铁龙毕加索

图 9-64　1924 年欧宝绿蛙（Laubfrosch）

图 9-65　沃克斯豪尔 DX

■ 9.6 菲亚特 - 克莱斯勒汽车集团（FCA 集团）

1. 企业现状

FCA 集团总部位于意大利都灵市（图 9-66）。

2019 年菲亚特 - 克莱斯勒集团汽车产量 441.8 万辆，世界排名第九。

与我国南京跃进汽车集团、广汽集团等有合资公司。

菲亚特汽车集团主要汽车品牌见表 9-5。

图 9-66 菲亚特公司总部

表 9-5 菲亚特汽车集团主要汽车品牌

品 牌	车 标	品 牌	车 标	品 牌	车 标
菲亚特（Fiat）		阿尔法·罗密欧（Alfa Romeo）		法拉利（Ferrari）	
克莱斯勒（Chrysler）		道奇（Dodge）		吉普（Jeep）	
蓝旗亚（Lancia）		玛莎拉蒂（Maserati）		阿巴斯（Abarth）	

2. 公司发展简史

1899 年，乔瓦尼·阿涅利（图 9-67）创建了意大利都灵汽车制造厂，菲亚特（FIAT）是该公司缩写的译音，总部设在意大利都灵市。

1911 年，制造出菲亚特 300（图 9-68），发动机功率 213kW，最高速度达 290km / h，创造了当时世界纪录。

1957 年，推出菲亚特 500 汽车，配有空气冷却的双缸发动机，产量达到了 368 万辆。

1967 年，推出菲亚特 124（图 9-69），是欧洲最出色的家庭汽车之一，共生产了 400 万辆。

1969 年，菲亚特兼并了蓝旗亚汽车厂并购买了法拉利车厂 50% 的股份。

1971 年，收购阿巴斯（Abarth）汽车公司。

1980 年，菲亚特生产熊猫（Panda）微型轿车，创立了小型多功能车的概念。目前，该车仍在生产之中，

图 9-67 乔瓦尼·阿涅利

图 9-68 菲亚特 300 汽车

图 9-69 菲亚特 124 汽车

图 9-70 是 2007 款熊猫汽车。

1986 年，收购了阿尔法·罗密欧。

1993 年，收购了玛莎拉蒂。

1996 年 4 月，推出面向世界的派力奥（Palio）系列轿车，产量已经超过了 100 万辆（图 9-71）。

2014 年 1 月，菲亚特并购克莱斯勒 100% 股权。

图 9-70　菲亚特熊猫汽车

图 9-71　菲亚特派力奥汽车

3. 企业文化

核心价值观：知责思为，共创同享。

企业使命：创艺术精品，享美好生活。

企业愿景：以品质提升价值，构建卓越汽车企业。

企业精神：激情、思索、合作、行动、实效。

4. 菲亚特集团分部及名车

（1）菲亚特（Fiat）

汽车品牌主要有熊猫（Panda）、派力奥（Palio）、西耶那（Siena）、派力奥周末款（Palio W.E.）、马力昂（Marea）、鹏托（Abarth）、多能（Multipla）、多宝（Doblo）等。

（2）阿尔法·罗密欧（Alfa Romeo）

1910 年，阿尔法·罗密欧公司创建，总部设在意大利米兰。

1924 年，推出 P2 车型（图 9-72），在第一届世界赛车锦标赛上勇夺桂冠。

1986 年，并入菲亚特集团。

1998 年，156 车型（图 9-73）被评为年度汽车。

2000 年，147 车型面世（图 9-74），并一举夺得 2001 年度汽车桂冠。

图 9-72　阿尔法·罗密欧 P2 汽车

图 9-73　阿尔法·罗密欧 156 汽车

图 9-74　阿尔法·罗密欧 147 汽车

（3）法拉利（Ferrari）

1929 年，世界赛车冠军、汽车设计大师、意大利人——恩佐·法拉利（图 9-75）创建了法拉利汽车公司。

1947 年，第一辆法拉利赛车 125 Sport（图 9-76）赢得了罗马大奖赛的胜利。

1969 年被菲亚特集团收购。

图 9-75　法拉利

2007 年，推出法拉利 F2007（图 9-77）。

图 9-76　第一辆法拉利赛车

法拉利汽车大部分采用手工制造，年产量只有 4000 辆左右，发动机最高转速可达 7000 ~ 10000r/min，功率超过 368kW，最高车速可达 300km/h。每一辆法拉利汽车，都可以说是一件绝妙的艺术品。著名的超级跑车有 1962 年 250 GTO、1984 年 288 GTO、1988—1992 年 F40（图 9-78）、1995—1997 年 F50、1996 年 F50 GT、2003—2005 年 Enzo（图 9-79）等。

图 9-77　法拉利 F2007

图 9-78　法拉利 F40

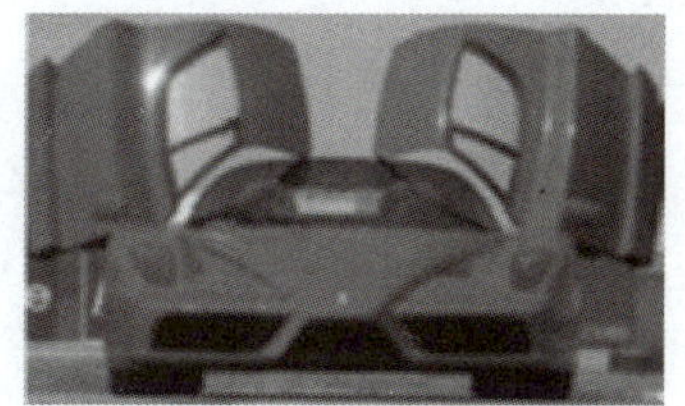

图 9-79　法拉利 Enzo

（4）玛莎拉蒂 (Maserati)

1914 年，玛莎拉蒂（Maserati）家族六兄弟于意大利的科隆纳创建了玛莎拉蒂汽车公司，专门生产运动车。

1926 年，自行设计制造出第一辆玛莎拉蒂 Tipo 26 汽车（图 9-80）参加竞赛。

图 9-80　玛莎拉蒂 Tipo 26

1957 年玛莎拉蒂 250F（图 9-81）取得了第五个冠军称号。30 余年的参赛历史，玛莎拉蒂取得了近 500 场比赛的胜利，共取得了 23 个冠军称号。

1968 年，玛莎拉蒂公司又相继开发了一些经典车型，如鸟笼（Birdcage）系列（图 9-82、图 9-83）等。

1993 年，被菲亚特集团收购。

图 9-81　玛莎拉蒂 250F

图 9-82　玛莎拉蒂鸟笼概念车

图 9-83　2004 款玛莎拉蒂 Quattroporte

（5）阿巴斯（Abarth）

1950 年阿巴斯公司在意大利成立。创始人是奥地利的卡尔·阿巴斯（Karl Abarth）(图 9-84)。

图 9-84　卡尔·阿巴斯

20 世纪 60 年代，设计制作 F1 赛车与跑车，并在大量比赛中取得胜利。

1971 年被菲亚特汽车公司收购。为菲亚特 Abart 设计的赛车总共赢得了 21 项世界拉力赛冠军。主要汽车品牌有 Abarth 500、1000、1300、1600，SIMCA 2000 GT（图 9-85）等。

图 9-85　阿巴斯 SIMCA 2000 GT 汽车

（6）蓝旗亚 (Lancia)

1906 年，赛车手维琴佐·蓝旗亚在都灵创办蓝旗亚公司。1918 年，推出双排 8 缸发动机和 V 型 12 缸发动机。1969 年，菲亚特兼并了蓝旗亚公司。主要汽车品牌有蓝旗亚 Ypsilon、Thesis 等。

（7）克莱斯勒（汽车品牌见 8.3 节）

9.7　欧洲其他汽车公司简介

1. 阿斯顿·马丁（Aston Martin）汽车公司

（1）公司概况

1913 年，由英国人莱昂内尔·马丁（Lionel Martin）和罗伯特·班福特（Robert Bamford）(图 9-86）共同创建。

图 9-86　莱昂内尔·马丁 (左) 和罗伯特·班福特（右）

1923 年，公司改名为阿斯顿·马丁。因为马丁曾驾驶自己制造的赛车在阿斯顿·克林顿山举行的山地汽车赛中获胜，为了纪念胜利而将公司和产品改名。

1947 年，公司卖给了英国拖拉机制造商戴维·布朗 (David Brown)。第二年，DB1（图 9-87）车型投产。

图 9-87　阿斯顿·马丁 DB1 汽车

1987 年福特收购了其 75% 股份，1994 年成为福特公司的全资子公司。

2007 年 3 月，福特将其转售给英国 Prodrive 公司。

（2）汽车品牌

阿斯顿·马丁以生产敞篷旅行车、赛车和限量生产的跑车而闻名于世，一直是造型别致、精工细作、性能卓越的运动跑车的代名词。著名车型有 DB 系列、飞鼠 (Vantage)、Vanquish（图 9-88)、ONE-77 等。

图 9-88　2012 年阿斯顿·马丁旗舰车

2. 俄罗斯高尔基汽车集团

（1）公司概况

1930 年 5 月，苏联自行建造高尔基汽车厂（简称 GAZ 嘎斯，后改为伏尔加汽车制造厂）。

1932 年，高尔基汽车厂生产出第一批自己的产品——嘎斯 AA 型载货汽车。

1956 年 10 月 15 日，第一批伏尔加牌嘎斯 -21 型轿车（图 9-89）诞生，并正式以俄罗斯的母亲河——伏尔加河的名字命名。

1958 年伏尔加轿车在布鲁塞尔国际工业展上夺得最高奖，并出口到 75 个国家。

2005 年组建了高尔基汽车集团，集团包括高尔基汽车厂股份公司以及其一系列子公司、高尔基轿车厂有限责任公司、巴甫洛夫斯克公共汽车厂有限责任公司、柴油汽车股份公司等。

（2）汽车品牌

主要汽车品牌有伏尔加、拉达等。

图 9-89　嘎斯 -21 型轿车

3. 荷兰世爵汽车公司

（1）公司概况

1980 年，荷兰商人雅克布斯（JACOBUS）和亨德里克·让·世派克（HENDRIK-JAN·SPIJKER）兄弟创立公司，制造四轮马车。公司总部在阿姆斯特丹。

1900 年，为了庆祝威廉敏娜女王加冕，制造了著名的黄金马车（图 9-90）。

图 9-90　1900 年黄金马车

1903 年 12 月，制造出世界上第一辆六缸四驱并带四轮制动的世爵 60 马力汽车（图 9-91）。

1907 年，推出了世爵 14/18HP 旅行车。在从北京到巴黎的著名拉力赛中荣获亚军。

图 9-91　1903 年六缸四驱并带四轮制动汽车

1914 年，世爵公司与荷兰飞机制造股份公司合并。

1925 年，世爵公司因为各种原因停止了汽车的生产，销声匿迹了 75 年。

2000 年生产出 C8SPYDER 跑车，获得了“专业少量汽车生产商优秀技术大奖”。

2005 年 9 月 12 日，世爵 C8 Spyder 被美国 *duPont Registry* 杂志评为全球最独一无二、最富激情的汽车品牌。

2010 年 2 月 1 日，世爵公司从美国通用汽车公司购得萨博（Saab）汽车品牌。

（2）汽车品牌

有世爵（Spyder）和萨博（Saab）品牌。

1）世爵品牌：主要有 C8 系列（图 9-92、图 9-93）。

图 9-92　世爵 C8 Laviolette 汽车

2）萨博（Saab）：也称绅宝，它是瑞典飞机公司和斯堪尼亚汽车公司合并而成，1937 年成立，1946 年开始转产汽车。1990 年被美国通用公司收购 50% 股权，2000 年收购 100% 股权。2009 年 12 月，北京汽车集团收购萨博 9-3、9-5 平台等核心技术。2010 年 2 月 1 日，通用将萨博汽车以 4 亿美元卖给世爵汽车公司。

萨博公司特色：以生产安全性能较好的豪华轿车和涡轮增压发动机而闻名于世。目前主要汽车品牌有 Saab 9-3、Saab 9-5 等。

萨博历史名车见图 9-94、图 9-95。

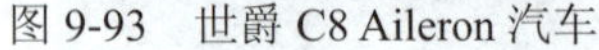

图 9-93　世爵 C8 Aileron 汽车

图 9-94　1946 年第一辆定型车 Saab 9-2

图 9-95　1998 年 Saab 9-3 运动型轿车

任务 10　亚洲主要汽车公司发展历程探究

任务导入：检索丰田汽车公司发展历程，其管理经验有何可借鉴的?

10.1　丰田汽车公司

1. 企业现状

丰田总部位于日本爱知县丰田市（图 10-1）。

2019 年汽车产量 1074.2 万辆，世界排名第二。

主要汽车品牌见表 10-1。

图 10-1　丰田公司总部

表 10-1　丰田汽车公司主要汽车品牌

品　　牌	车　　标	品　　牌	车　　标	品　　牌	车　　标
丰田（Toyota）		大发 (Daihatsu)		日野 (Hino)	

2. 公司发展简史

1937 年，丰田汽车工业公司诞生，创始人丰田喜一郎（图 10-2）。

1954 年，丰田部分工厂开始试行“精益管理法”。

1955 年，生产出第一辆皇冠轿车（图 10-3）。

1974 年，花冠车成为世界产量第一的汽车（图 10-4）。

1997 年，普锐斯（PRIUS，混合动力汽车）投产上市。

2000 年，四川丰田汽车有限公司建成投产。

2002 年，与中国第一汽车集团公司合资。

2004 年，广州丰田汽车有限公司成立。

图 10-2 丰田喜一郎

3. 企业文化

客户第一，服务至上，通过生产汽车为建立富有的社会做贡献。事业在于人，同心协力，开拓挑战、持续改善、尊重员工、相亲相爱，心存感激。

丰田式生产管理体系见图 10-5。

图 10-3 1955 年皇冠轿车

图 10-4 1974 年花冠轿车

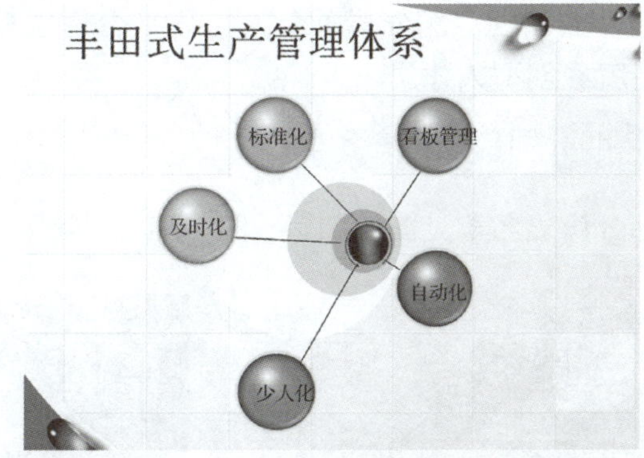

图 10-5 丰田式生产管理体系

4. 部分历史名车

部分历史名车见图 10-6 ～图 10-9。

图 10-6 丰田 PRIUS 轿车

图 10-7 雷克萨斯 LS400 轿车

图 10-8 2008 款凯美瑞轿车

图 10-9 2006 款丰田世纪 5.0

10.2 本田汽车公司

1. 企业现状

本田总部位于日本东京（图 10-10）。

2019 年汽车产量 482.2 万辆，世界排名第八。

本田公司与我国广汽集团等企业合资生产雅阁等品牌汽车。

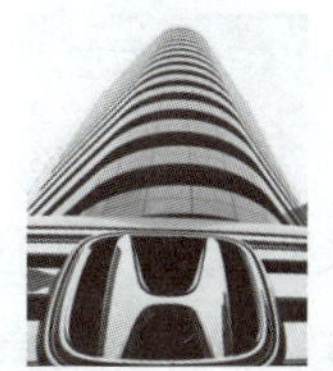

图 10-10 本田总部

2. 公司发展简史

1948 年，本田宗一郎（图 10-11）创建了本田公司。

图 10-11　本田宗一郎

1962 年，本田研制出了划时代的轻便轿车“N360”。

1971 年，开发了低公害的 CVCC 汽车（图 10-12）。

图 10-12　本田 CVCC 汽车

1982 年 11 月，第一辆雅阁（Accord）轿车在美国工厂下线。

1986 年，本田在美国推出讴歌（Acura）品牌。

2006 年 9 月，广州本田第二工厂投产。

3. 企业文化

独立行事、快速行动，大胆地在全球战略、产品概念以及可持续使用的资源等方面坚持走自己的道路。顾客满意第一的原则，充分尊重个人，公平合理授权，自由竞争，造就独创型人才。

4. 公司部分历史名车

部分历史名车见图 10-13 ～图 10-15。

图 10-13　第八代本田雅阁

图 10-14　燃料电池汽车

图 10-15　讴歌汽车

10.3　现代汽车公司

1. 企业现状

现代汽车集团总部位于韩国首尔（图 10-16）。

图 10-16　现代汽车集团总部

2019 年汽车产量 719 万辆，世界排名第五。

与我国东风汽车集团、北汽集团合资生产汽车。

2. 公司发展简史

公司成立于 1967 年，创始人郑周永（图 10-17）。

图 10-17　郑周永

1998 年收购韩国起亚（KIA）汽车公司，组成现代汽车集团，成为韩国最大的汽车公司。

从建立工厂到独立开发汽车只用了 18 年，走出了一条在国家支持下借助外国大公司自我发展壮大的成功之路。

3. 企业文化

以创新思维和无限挑战精神开创崭新未来，从而实现人类社会梦想。顾客至上，追求全球化、沟通与合作。尊重人才。

4. 公司部分汽车品牌

主要车型有雅绅特（Accent）、索纳塔（Sonata）（图 10-18）、伊兰特（Elantra）等。

图 10-18　索纳塔汽车

10.4　上汽集团

上汽集团全称是上海汽车集团股份有限公司。

1. 企业现状

上汽集团总部位于上海市（图 10-19）。

图 10-19　上汽集团总部

上汽集团所属主要整车企业包括上汽乘用车公司、上汽通用、上汽大众、上汽通用五菱、南京依维柯、上汽依维柯红岩、申沃客车等企业。

2019 年整车销售 623.8 万辆，位居全国第一位，世界第七。

2. 公司发展简史

1957 年 9 月，上海汽车装修厂试制成功第一辆 58 型越野车（图 10-20）。

图 10-20　58 型越野车

1964 年，生产上海牌轿车（图 10-21）。

图 10-21　上海牌轿车

1985 年，上海大众汽车有限公司成立（图 10-22）。

图 10-22　上海大众汽车有限公司成立

1995 年，上海汽车工业总公司更名为上海汽车工业（集团）总公司。生产桑塔纳 2000 型汽车（图 10-23）。

1997 年，上海通用汽车有限公司成立。

1998 年，上汽集团仪征汽车有限公司成立。

2002 年，上汽通用五菱汽车股份有限公司成立。

2004 年，上汽集团参股沈阳金杯和山东大宇汽车公司。收购韩国双龙汽车公司 48.92% 的股份。

2006 年，发布了首款自主品牌中高档轿车荣威（Roewe）750。

2007 年，上汽依维柯红岩商用车有限公司与上汽菲亚特红岩动力总成有限公司在重庆成立。

3. 企业文化

满足用户需求、提高创新能力、集成全球资源、崇尚人本管理、尊崇品质、自主创新、具有核心竞争能力和国际经营能力。

4. 公司部分汽车品牌

上汽集团主要汽车品牌和车型见表 10-2 和图 10-24 ～图 10-26。

图 10-23 桑塔纳 2000 型汽车

表 10-2 上汽集团主要汽车品牌和车型

品 牌	车 标	主要车型
上汽荣威	ROEWE	iMAX8、RX 系列、i6 系列、i5 系列、各型新能源车
上汽 R		MARVEL R、ER6、ES33
上汽名爵	MG	各型 MG 轿车和新能源车
上汽大众	上汽大众 SAIC VOLKSWAGEN	大众品牌：Polo、桑塔纳家族、Lavida 家族、凌渡、帕萨特、辉昂、途观、途昂、途岳、途铠、途安、威然、朗逸、ID.4 X、ID.6 X 等系列 斯柯达品牌：RAPID 家族、明锐、速派、柯迪亚克家族、柯珞克、柯米克家族等系列
上汽通用	GM 上汽通用汽车 SAIC-GM	别克品牌：昂科旗、昂科威、昂科拉、君越、君威、威朗、阅朗、英朗、凯越、GL6、GL8 系列、艾维亚系列、微蓝新能源系列 雪佛兰品牌：科鲁兹、迈锐宝、沃兰多、科沃兹、探界者、创酷、科迈罗、开拓者、创界、畅巡 凯迪拉克品牌：CT4、CT5、CT6、XT4、XT5
上汽通用五菱	GM 上汽通用五菱 SGMW	宝骏品牌、五菱品牌的各种系列的微客车、微货车
上汽大通	上汽大通 MAXUS	各型轻客、SUV、皮卡、房车、新能源车、专用车等
申沃客车		城市客车系列、公路客车系列、校车系列
上汽依维柯红岩	上汽依维柯红岩 SAIC-IVECO HONGYAN	红岩杰狮、红岩金刚、红岩杰豹、红岩杰卡
南京依维柯	NAVECO 南京依维柯	欧胜、欧风、新得意、欧霸、各型专用车、新能源厢式车

图 10-24 上海荣威 750 轿车

图 10-25 桑塔纳 3000 超越者

图 10-26 上海通用别克

■ 10.5 一汽集团

一汽集团全称是中国第一汽车集团有限公司。

1. 企业现状

一汽集团总部位于吉林省长春市（图 10-27）。

图 10-27 一汽集团总部

拥有一汽红旗、一汽解放、一汽轿车、一汽大众、一汽丰田等 19 家全资子公司和 14 家控股子公司。

2019 年整车销售 346.4 万辆，位居全国第三位。

2. 公司发展简史

1953 年 7 月 15 日，第一汽车制造厂在长春破土动工（图 10-28），中国汽车工业从此起步。

图 10-28 第一汽车制造厂奠基

1956 年 7 月 15 日，第一辆国产解放牌汽车诞生。

1958 年 5 月，生产出第一辆红旗牌轿车（图 10-29）。

图 10-29 第一辆红旗牌轿车

1982 年组建第一汽车集团公司。

1991 年，与德国大众汽车公司合资成立一汽大众汽车有限公司（图 10-30）。

图 10-30 一汽大众汽车公司成立

2003 年 9 月，与天津汽车工业（集团）有限公司和日本丰田汽车公司合作组建天津一汽丰田股份有限公司。

2004 年 7 月 20 日，一汽海马汽车有限公司成立。

2006 年 1 月 17 日，一汽客车 (成都) 有限公司成立揭牌。

2009 年 8 月 30 日，一汽通用轻型商用汽车公司挂牌成立。

3. 企业文化

第一汽车、第一伙伴，学习、创新、抗争、自强，用户第一，人赢则赢，让中国每个家庭都拥有自己的汽车。

4. 公司部分汽车品牌

一汽集团主要汽车品牌和车型见表 10-3 和图 10-31 ～图 10-33 所示。

表 10-3 一汽集团主要汽车品牌和车型

品 牌	车 标	主 要 车 型
一汽红旗	红旗	L5、新 H7、新 H5
一汽解放	一汽解放	牵引车系列、载货车系列、自卸车系列、天然气牵引车、天然气自卸车、各型专用汽车
一汽轿车	一汽轿车	奔腾品牌：B30、X40、B50；马自达品牌：CX-4、阿特兹
一汽大众	一汽-大众	大众品牌：捷达、宝来、高尔夫、速腾、迈腾、CC、C-TREK 蔚领 奥迪品牌：A1、A3、A4L、A5、A6L、A7、A8L、Q3、Q5、Q7、TT、R8、RS
一汽丰田	一汽-丰田	皇冠、卡罗拉、威驰、奕泽、普拉多、荣放、卡罗拉双擎、柯斯达(中型客车)

图 10-31 红旗 H7

图 10-32 奔腾 X80

图 10-33 解放 J6 商用车

10.6 东风集团

东风集团全称是东风汽车集团股份有限公司。

1. 企业现状

东风汽车集团总部位于湖北省武汉市（图 10-34）。

图 10-34 东风汽车集团总部

目前拥有 21 家附属公司，主要有东风乘用车、东风商用车、东风雪铁龙、东风本田、东风日产、东风悦达起亚、东风雷诺、东风裕隆等公司。

2019 年整车销售 360.9 万辆，位居全国第二位。

2. 公司发展简史

1967 年 4 月 1 日，第二汽车制造厂于湖北十堰动工兴建（图 10-35）。

图 10-35 第二汽车制造厂兴建

1975 年 7 月 1 日，二汽第一个基本车型 EQ204 2.5t

投产（图 10-36）。

1981 年，东风汽车集团成立。

1993 年，郑州日产汽车公司成立。

1998 年 7 月 1 日，东风本田发动机有限公司成立。

1999 年 7 月 15 日，东风汽车股份有限公司创立。

2001 年 11 月 27 日，东风、悦达、起亚三方在北京签署合作协议。

2003 年 1 月 23 日，神龙汽车有限公司（DPCA）在武汉正式宣告成立（图 10-37）。

2004 年 10 月 12 日，东风汽车集团股份有限公司成立。

2013 年 12 月 2 日，东风与雷诺合资。

图 10-36　EQ204 汽车投产

图 10-37　神龙汽车有限公司成立

3. 企业文化

学习、创新、超越，关怀每一个人，关爱每一部车。对股东、对客户、对员工、对国家和社会、对合作伙伴、对环境等负责，建设一个永续发展的百年东风，一个面向世界的国际化东风，一个在开放中自主发展的东风。

4. 公司部分汽车品牌

东风汽车集团主要汽车品牌和车型见表 10-4 和图 10-38 ～图 10-41。

表 10-4　东风汽车集团主要汽车品牌和车型

品　牌	车　标	主要车型
东风商用车	东风商用车 DONGFENG TRUCKS	天龙系列牵引车、天锦系列载货车、重型工程车、各种专用车、校车系列、城市客车系列、公路客车系列
东风标致	PEUGEOT 东风标致	2008、301、308、3008、408、4008、5008
东风日产	NISSAN 东风日产	蓝鸟、天籁、楼兰、轩逸、西玛、贵士、GT-R、途乐、370Z、阳光、逍客、奇骏、骐达、骊威、玛驰、途达
东风英菲尼迪	IFINI	Q50L、QX50
东风风神	东风风神	AX7、L60、AX3、A60、A30、E70
东风风行	东风风行	菱智 M5、菱智 V3、菱智 M3、风行 CM7、景逸 X3、景逸 X5、景逸 S50
东风风光	东风风光	580、S560、330、330S、S370、ix5

（续）

品　　牌	车　　标	主要车型
东风雪铁龙	CITROËN 东风雪铁龙	C3-XR、C4 世嘉、C4L、C4 AIRCROSS、爱丽舍、C5
东风本田	东风 HONDA	艾力绅、思铂睿、XR-V、哥瑞、杰德、CR-V、思域
东风悦达起亚	KIA 东风悦达·起亚	K2、K3、K5、福瑞迪、奕跑、KX7 尊跑、智跑
东风裕隆纳智捷	LUXGEN	纳 5、优 6、U5、大 7
东风雷诺	RENAULT	科雷嘉、科雷傲

图 10-38　东风天龙

图 10-39　东风多利卡货车

图 10-40　东风小霸王货车

图 10-41　东风风神 S30

10.7　长安集团

长安集团全称是中国长安汽车集团股份有限公司。

1. 公司现状

目前拥有 20 家二级企业、10 个生产基地，31 个整车及发动机工厂。2019 年汽车销售量 176 万辆，国内排名第六。

2. 公司发展简史

1958 年，原长安厂生产出国内第一辆吉普车。

1983 年，第一辆长安牌微型汽车诞生。

1993 年，与日本铃木公司等合资建立长安铃木汽车有限公司（2018 年 8 月，铃木解除与长安集团合资关系，退出中国市场）。

1998 年，长安汽车（集团）有限责任公司成立。

2001 年，与福特汽车公司合资成立长安福特汽车有限公司。

2009 年 7 月 1 日，成立中国长安汽车集团股份有限公司。

2018 年 8 月 23 日，铃木解除与长安集团合资关系，退出中国市场。

3. 企业文化

以“引领汽车文明、造福人类生活”为使命，以“打造世界一流汽车企业”为愿景，“全球视野、品牌至上、市场牵引、科技驱动、管理精益，全员参与，高效执行”。

4. 长安汽车集团主要汽车品牌和车型

长安汽车集团主要汽车品牌和车型见表 10-5 和图 10-42、图 10-43。

表 10-5 长安汽车集团主要汽车品牌和车型

品　牌	车　标	主要车型
长安汽车	长安汽车	乘用车：逸动、睿骋、悦翔、奔奔、CS75、CS35、CX70 等 商用车：长安之星、长安星卡等 轻型车：睿行、长安神骐等
长安福特	Ford 进无止境	福克斯、翼虎、翼搏、蒙迪欧
长安铃木	长安铃木	天语、雨燕、奥拓等系列
长安马自达	mazda 长安马自达	马自达 CX-5、昂克赛拉、马自达 3 星骋、马自达 2 等系列
长安标致雪铁龙	CAPSA 长安标致雪铁龙	DS5、DS 5LS、DS 6 等
陆风汽车	陆风汽车 LANDWIND	陆风系列
哈飞汽车	哈飞汽车集团 HAFEI AUTOMOBILE GROUP	中意、民意、骏意、路尊等

图 10-42　奔奔 mini2012

图 10-43　新长安之星

10.8 北汽集团

北汽集团的全称是北京汽车集团股份有限公司。

1. 公司现状

下属企业和公司有 20 多个，整车制造企业包括北汽福田、北京现代、北京奔驰、北京汽车制造厂有限公司等。2019 年汽车销售量 226.1 万辆，国内排名第四。

2. 公司发展简史

1953 年，创建第一汽车附件厂。

1958 年，改名北京汽车制造厂。

1965 年，开发生产我国第一代 BJ212 越野汽车。

1973 年 7 月 30 日，北京市汽车工业公司成立。

1983 年 5 月 5 日，与美国汽车公司（AMC）合资成立北京吉普汽车有限公司（BJC）。

1996 年 8 月 28 日，全国 99 家企业出资组建了北汽福田公司（FOTON）。

2001 年，组建北京汽车制造厂有限公司（简称“BAW”）。

2002 年 6 月 4 日，与日本三菱汽车公司签署了在中国生产帕杰罗 Sport 车型的协议。

2002 年 10 月 18 日，与韩国现代自动车株式会社共同出资成立北京现代汽车有限公司。

2005 年 8 月 8 日，北京奔驰 - 戴姆勒 • 克莱斯勒汽车有限公司（简称 BBDC）成立。

3. 企业文化

行有道，达天下。为追求幸福出行与高效运输的人们提供科技、安全、品质。环保的全面解决方案。

4. 北汽集团主要汽车品牌和车型

北汽集团主要汽车品牌和车型见表 10-6 和图 10-44 ～图 10-47。

表 10-6　北汽集团主要汽车品牌和车型

品　牌	车　标	主要车型
北京汽车	北京汽车 BAIC MOTOR	北京系列：BJ20、BJ40、BJ40PLUS、BJ80 绅宝系列：X25、X35、X65、D50、智行
北汽新能源	BAIC BJEV 北汽新能源	EC3、EC220、EU5、EU 快换版、EX360
北汽福田	FOTON 福田汽车	载货汽车：奥铃、欧马可、欧曼、瑞沃、时代 乘用车：伽途、拓陆者、萨瓦纳、风景、图雅诺、蒙派克 其他：欧辉客车、普罗科环境装备车、雷萨工程机械车
北京昌河	昌河汽车 CHANGHE	Q7、Q25、Q35、A6、M60、旺威 407EV
北京现代	北京现代	ix25、ix35、瑞纳、领动、悦纳、伊兰特、悦动、名图、索纳塔、途胜、胜达等
北京奔驰	Mercedes-Benz 北京奔驰	奔驰 C 级、E 级、GLC、GLA
福建奔驰	Fujian Benz 福建奔驰	V-Class、威霆、凌特
北汽银翔	北汽银翔 BAIC YINXIANG	速幻系列：S 系列（S2、S3L、S5、S6、S7）、H 系列（H2、H3、H3F、H6） KENBO 系列：205、206、TD-205

图 10-44 欧曼重型卡车

图 10-45 北汽 EU5 新能源汽车

图 10-46 北京 BJ40 汽车

图 10-47 绅宝 D80 汽车

10.9 广汽集团

广汽集团全称是广州汽车集团股份有限公司。

1. 公司现状

目前集团旗下拥有广汽乘用车、广汽本田、广汽丰田、广汽三菱、广汽菲克、广汽吉奥、广汽日野、广汽客车等数十家知名企业。2019 年汽车销售量 206.2 万辆，排名国内第五。

2. 公司发展简史

1986 年 9 月，中法合资广州标致汽车公司投产。

1997 年 6 月，广州汽车集团有限公司成立。

1998 年 4 月 28 日，广州本田汽车有限公司成立。

2000 年 6 月 8 日，广州汽车工业集团有限公司成立。

2004 年 9 月 1 日，与丰田汽车公司合资的广州丰田发动机有限公司正式成立。

2005 年 6 月 28 日，广州汽车集团股份有限公司创立。

2007 年 12 月 24 日，与日野合资组建了广汽日野汽车有限公司。

2009 年 5 月 21 日，广汽集团与湖南长丰集团联合组建广汽长丰汽车股份有限公司。

2010 年 3 月 9 日，广汽菲亚特汽车有限公司成立。

2012 年 10 月 12 日，广汽三菱汽车有限公司成立。

2014 年 8 月，广汽比亚迪新能源客车有限公司成立。

2018 年 4 月，广汽蔚来新能源汽车科技有限公司成立。

3. 企业文化

企业愿景：成为客户信赖、员工幸福、社会期待的世界一流企业，为人类美好移动生活持续创造价值。

企业理念：人为本、信为道、创为先。

运营方针：尊重人性，崇尚沟通；诚信合作，开放共享；创新驱动，务实高效。

文化口号：创无止境，心有未来。

4. 广汽集团主要汽车品牌和车型

广汽集团主要汽车品牌和车型见表 10-7 和图 10-48 ～图 10-50。

表 10-7 广汽集团主要汽车品牌和车型

品 牌	车 标	主 要 车 型
广汽传祺	广汽传祺 GAC MOTOR	M8、M6、GS3、GS4、GS5、GS8、GA4、GA6、GA8、影豹
广汽埃安	广汽埃安 GAC AION	S、LS、V、Y
广汽本田	广汽 HONDA	雅阁、凌派、飞度、奥德赛、冠道、皓影、缤智、VE-1
广汽讴歌	广汽 ACURA	CDX、RDX
广汽丰田	广汽丰田	C-HR、凯美瑞、致享、致炫、雷凌、汉兰达、埃尔法、iA5、威兰达
广汽菲克	广汽菲克 GAC FCA	Jeep 品牌（大指挥官、指南者、自由侠、自由光）
广汽三菱	广汽三菱	欧蓝德、劲炫、奕歌、祺智
广汽蔚来	HYCAN 合创	HYCAN007
广汽比亚迪	广汽比亚迪	城市新能源客车
广汽日野	广汽日野	轿运车系列、厢式车系列、牵引车系列、危化品车

图 10-48 广汽传祺轿车

图 10-49 本田雅阁轿车

图 10-50 广汽丰田凯美瑞轿车

10.10 奇瑞公司

奇瑞公司全称是奇瑞汽车股份有限公司。

1. 公司现状

连续 16 年蝉联中国乘用车出口第一位，产品出口到 80 余个国家和地区，在国内外建有 14 个生产基地，实现了全面覆盖亚、欧、非、南美和北美五大洲的汽车市场。2018 年，奇瑞公司第 3 次获得中国“最佳海外形象企业”荣誉称号。坚持自主创新，累计获得专利 11032 件。2019 年汽车销量 74.5 万辆，全国排名第十。

2. 公司发展简史

1997 年 1 月 8 日，由安徽省和芜湖市的五个投资公司共同投资组建了奇瑞汽车有限公司。

1999 年 12 月 18 日，首台奇瑞轿车成功下线。

2000 年 12 月 24 日，更名为上汽集团奇瑞汽车有限公司。

2004 年 9 月，更名为奇瑞汽车有限公司。

2007 年 6 月，与美国量子公司合资成立奇瑞量子汽车有限公司。

2007 年 8 月 6 日，与菲亚特汽车集团合资生产乘用车。

2008 年 5 月 21 日，改名为奇瑞汽车股份有限公司。

2012 年 10 月，发改委核准通过奇瑞捷豹路虎合资公司项目。

3. 企业文化

客户至上，以人为本，自主创新，开放包容。

4. 奇瑞集团主要汽车品牌和车型

奇瑞集团主要汽车品牌和车型见表 10-8 和图 10-51 ～图 10-53。

表 10-8 奇瑞集团主要汽车品牌和车型

品　　牌	车　　标	主 要 车 型
奇瑞	CHERY	艾瑞泽系列（艾瑞泽 GX、艾瑞泽 5、艾瑞泽 7e、新艾瑞泽 7）、瑞虎系列（瑞虎 8、瑞虎 5x、瑞虎 7、瑞虎 3x、瑞虎 3）、QQ
奇瑞捷豹路虎	JAGUAR LAND ROVER	路虎揽胜极光、路虎发现神行、捷豹 XFL、捷豹 XEL、捷豹 E-PACE
观致	QOROS 观致汽车	观致 3、观致 5

图 10-51　奇瑞新 QQ

图 10-52　艾瑞泽 7e

图 10-53　瑞虎 8

10.11　比亚迪公司

比亚迪公司全称是比亚迪股份有限公司。

1. 公司现状

目前在全球已经建成 30 多个生产基地，产品销往 50 多个国家 200 多个城市。2019 年销售汽车 45.1 万辆，其中新能源汽车 21.9 万辆，全球销量第一。

2. 公司发展简史

1995 年 2 月，比亚迪公司成立，总裁王传福。

2003 年 1 月 22 日，比亚迪收购西安秦川汽车有限责任公司，成立比亚迪汽车有限公司。

2005 年 4 月 16 日，比亚迪首款新车 F3 下线。

2006 年 6 月，比亚迪纯电动轿车 F3e 研发成功，实现零污染、零排放、零噪声，技术处于世界领先地位。

2008 年 9 月 27 日，股神巴菲特 18 亿港元入股比亚迪股份。

2010 年 5 月 21 日，比亚迪戴姆勒新技术有限公司成立。

2015 年 9 月，比亚迪获得“联合国能源特别奖”。

3. 企业文化

专业优质、勤奋专注、热情真诚、主动贴心、成就梦想。

4. 主要汽车品牌

主要汽车品牌见表 10-9 和图 10-54 ～图 10-56。

表 10-9　比亚迪公司主要汽车品牌和车型

品　牌		主要车型
电动汽车	电动汽车	秦 EV450、全新一代唐 DM、全新一代宋 DM、全新一代宋 EV500、元 EV360
	纯电动出租车	e6、e5 450
	纯电动客车	K9、K8、K7、K6、K8S、机场摆渡车、C6、C7、C8
	纯电动货车及专用车	T3、T4、T5、T7、T10、Q1、T8SA、T8B、T8A
传统汽车	轿车	F3 2018 款、F0、速锐 2018、全新一代唐、全新一代宋、元、S7、M6

图 10-54　比亚迪元 EV360

图 10-55　秦

图 10-56　比亚迪 e6

10.12　华晨集团

华晨集团的全称是华晨汽车集团控股有限公司。

1. 公司现状

目前，华晨汽车集团旗下拥有 4 个上市公司（华晨中国汽车控股有限公司、上海申华控股股份有限公司、金杯汽车股份有限公司、新晨中国动力控股有限公司），100 多家全资、控股和参股公司。2019 年汽车销量 80.1 万辆，全国排名第九。

2. 公司发展简史

1991 年 7 月 22 日，华晨汽车集团与一汽金杯汽车有限公司投资组建沈阳金杯客车制造有限公司。

2001 年，华晨收购一汽在金杯汽车的股份。

2002 年 9 月，华晨汽车集团控股有限公司成立。

2003 年 3 月 27 日，华晨与德国宝马合资项目在北京签约。

2008 年 1 月 31 日，2008 款新配置 BMW 325i 上市。

2017 年 12 月 15 日，华晨雷诺金杯有限公司成立。

3. 企业文化

企业文化见图 10-57。

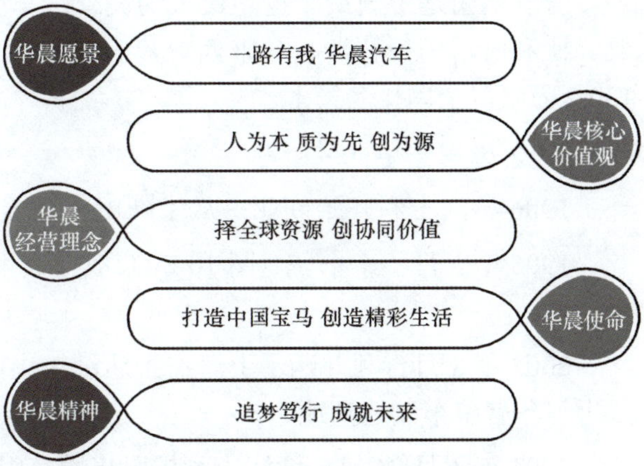

华晨愿景：一路有我 华晨汽车
华晨核心价值观：人为本 质为先 创为源
华晨经营理念：择全球资源 创协同价值
华晨使命：打造中国宝马 创造精彩生活
华晨精神：追梦笃行 成就未来

图 10-57　华晨汽车集团企业文化

4. 主要汽车品牌

华晨汽车集团主要汽车品牌和车型见表 10-10 和图 10-58、图 10-59。

表 10-10　华晨集团主要汽车品牌和车型

品　牌	车　标	主要车型
金杯		金杯轻型载货汽车（领骐、骐运、领驰、金运、微卡） 金杯轻客（海狮、阁瑞斯、S50）
中华		V3、V5、V6、V7、H3、H530
华颂	华颂	华颂 7 系列
华晨宝马	华晨宝马	3 系列、5 系列、X 系列

图 10-58　金杯大海狮

图 10-59　中华轿车

10.13 吉利集团

吉利集团全称是浙江吉利控股集团有限公司。

1. 公司现状

吉利集团是中国最早也是最大的民营汽车企业，总部在杭州市。在中国、美国、英国、瑞典、比利时、白俄罗斯、马来西亚建有整车工厂。拥有各种专利6500多项。2019年汽车销量136.2万辆，全国排名第七。

2. 发展简史

1986年，吉利开始创业，从生产电冰箱零件起步。

1996年5月，李书福（图10-60）成立吉利集团有限公司。

图10-60 李书福

2002年8月吉利并购了上海杰士达汽车集团公司，形成上海华普整车制造基地。

2003年3月24日，浙江吉利控股集团有限公司成立。

2003年9月，首辆吉利美人豹（图10-61）都市跑车被中国国家博物馆永久收藏并展示。

图10-61 吉利美人豹

2003年，推出了自行研制的中国第一辆初级方程式赛车（图10-62）。

图10-62 吉利方程式赛车

2009年3月27日，吉利收购澳大利亚DSI自动变速器公司。

2010年3月28日，吉利收购沃尔沃轿车100%的股权以及相关资产。

2012年3月，吉利控股集团与沃尔沃转让技术达成协议。

2012年7月9日，吉利控股集团首次进入世界500强。

2013年2月1日，吉利控股集团收购英国锰铜控股的业务与核心资产。

2013年7月8日，吉利控股集团入选“2013年财富世界500强”。

2017年6月23日，收购马来西亚DRB-HICOM集团旗下宝腾汽车（PROTON）49.9%的股份以及豪华跑车品牌路特斯（Lotus）51%的股份。

2017年8月4日与沃尔沃汽车签订合资协议，领克汽车成为三方合资品牌，合资公司正式成立。

2018年2月23日，收购戴姆勒9.69%股份，成为奔驰母公司戴姆勒的最大股东。

2019年浙江吉利集团和戴姆勒集团组建合资公司，在全球联合运营Smart品牌。合资公司总部设在中国，双方各持股50%。

3. 企业文化

造每个人的精品车，让世界充满吉利，动感精致，自信激扬。

4. 主要汽车品牌

主要汽车品牌见表 10-11 和图 10-63、图 10-64。

表 10-11　吉利控股集团主要汽车品牌和车型

品　牌	车　标	主要车型
吉利		缤瑞、博瑞 GE、新博瑞、博越、帝豪系列（GS、GSe、GL、新帝豪、PHEV、EV450）、远景系列（新远景、SUV、S1、X3、X1）、金刚
沃尔沃		XC40、XC60、XC90、S60、S60L、S90、V40、V60、V90
Polestar		Polestar 系列
伦敦电动汽车		TX4、TX5
宝腾		X70
路特斯		Evora 400、Exige
领克		领克 01、02、03

图 10-63　吉利新帝豪 EC7

图 10-64　吉利新金刚

10.14　长城汽车公司

长城汽车公司全称是长城汽车股份有限公司。

1. 公司现状

是中国最大的 SUV 制造企业，拥有四个整车生产基地，下属控股子公司 40 余家。2019 年汽车销售量 106 万辆，排名全国第八。SUV 车型已连续 13 年保持全国销量第一。

2. 发展简史

1984 年，长城汽车制造厂成立。

2001 年 6 月 12 日，长城汽车股份有限公司成立。

2004 年，长城皮卡汽车连续 7 年在中国市场销量第一。SUV 连续两年在 SUV 市场销量第一，皮卡、SUV 在中国同类产品中 7 年累计出口量第一。

2007 年 6 月 2 日，长城汽车被评为中国汽车上市公司十佳之首。

2011 年 12 月 12 日，哈弗 H6 荣膺“车坛奥斯卡”之称的《汽车族》“中国 2012 年度 SUV”大奖。

2011 年 12 月，携手京东，长城汽车构建智能网联汽车新形态。

3. 企业文化

诚信、责任、发展、共享，每天进步一点点。

4. 汽车品牌简介

主要汽车品牌见表 10-12、图 10-65 和图 10-66。

表 10-12　长城汽车公司主要汽车品牌

品　牌	车　标	主 要 车 型
长城	长城汽车	C30EV、风骏 6、风骏 5、行业用车、房车等
哈弗	HAVAL	H1、H2、H2s、H4、H5、H6、H6Coupe、H7、H8、H9、M6、F5
WEY	WEY	VV5、VV6、VV7、P8
欧拉汽车	ORA 欧拉汽车	欧拉 iQ

图 10-65　长城 C50 汽车

图 10-66　长城哈弗 H9 汽车

10.15　印度塔塔汽车公司

1. 企业现状

塔塔汽车集团总部位于印度孟买（图 10-67）。

塔塔汽车公司是印度最大的企业塔塔集团的子公司，是印度最大的汽车公司。车辆出口至欧洲、非洲、中东、东南亚、南亚以及南美地区。2008 年成功收购了捷豹和路虎两大汽车品牌，进一步加强了公司的实力。

图 10-67　塔塔汽车集团总部

2. 公司发展简史

1868 年，印度人詹姆斯特吉·塔塔（Jamsetji Tata）（图 10-68）创立塔塔集团。

1945 年，塔塔集团子公司塔塔汽车公司成立。

1954 年同德国戴姆勒奔驰公司签订 15 年的合作协议，开始生产商用车辆。

1998 年，研制生产出印度第一辆本土汽车 Indica。

2002 年，研制生产出 Indigo 轿车。

2008 年 3 月 26 日，印度塔塔集团收购福特旗下的捷豹和路虎两大汽车品牌。

2009 年，推出了世界上最经济小型车 Nano（图 10-69）。

图 10-68　詹姆斯特吉·塔塔

图 10-69　塔塔 Nano

3. 企业文化

客户为本，提供最好的产品和服务。低价优质，不断创新，步步为营，步步为“赢”。员工的定期培训，全面发展的潜力和业绩。

4. 公司部分汽车品牌和车型

（1）捷豹 (Jaguar)

捷豹（又译美洲虎、美洲豹）公司由英国人威廉·里昂斯（William·Lyons）创立，以生产豪华的运动车而闻名于世。

捷豹的经典车型有 SS100、XK 型、XJ 型、E 型、S 型、X 型。其中 XK8 跑车（图 10-70）被认为是捷豹跑车的真正传世之作。

图 10-70　捷豹 XK8 跑车

（2）路虎 (Land Rover)

全称是兰德·路虎（Land Rover），成立于 1877 年，曾译为罗孚。今日的路虎由英国莫利斯·加吉（Morris Gardge）即 MG 等多家英国汽车公司合并而成，是世界上最好的四轮驱动车制造商之一。

路虎的经典车型有神行者（Free Lander）、卫士（Defender）（图 10-71）、发现（Discovery）、揽胜（Range Rover）。

图 10-71　路虎 Defender 汽车

10.16　宝腾汽车公司

1. 公司概况

宝腾汽车公司成立于 1983 年，是马来西亚国有企业。先后与日本三菱公司和法国雪铁龙公司合作研发汽车。1996 年收购了英国莲花（Lotus）汽车公司，加强了公司的实力；之后又收购了底特律汽车设计中心，使宝腾公司具有独立完成从轿车开发到生产的能力。宝腾汽车的排放已达到欧洲现行标准，正在开发的宝腾发动机将接近“零排放”，并大量出口海外。

2017 年 6 月 23 日，吉利控股集团收购宝腾汽车 49.9% 的股份以及豪华跑车品牌路特斯（Lotus）51% 的股份。

图 10-72　宝腾 Persona 汽车

2. 汽车品牌

主要汽车品牌有 Persona（图 10-72）和莲花公司的 Elise 等。

莲花汽车公司于 1951 年由英国杰出的工程师柯林·查普曼（图 10-73）创建，总部设在英国诺里奇市。他亲自参与设计与研制各种赛车，还组建了一支骁勇的莲花车队，在赛场屡建奇功，自 1958 年以来先后 7 次在 F1 车赛中夺冠。

图 10-73　柯林·查普曼

1963—1978 年，莲花汽车曾经 7 次蝉联世界最佳小客车优胜奖。

1970 年，查普曼推出了一辆 72 型单座赛车（图 10-74）。该车后轮大得出奇，前轮又小得出奇，在所参加的 5 个赛季中夺得了 20 项大赛和 3 项品牌奖。

图 10-74　72 型单座赛车

1983 年后多次被并购，1997 年最后被宝腾集团并购。

莲花汽车与法拉利、保时捷一起并称为世界三大跑车制造商。其开发的莲花爱丽丝（Elise）(图 10-75）为轻质量高性能汽车确立了标准，首次将蜂窝结构管状车架应用于汽车；率先采用新材料，如复合玻璃纤维以及粘合型铝合金超轻结构，迄今已荣获 50 多项大奖。

图 10-75　莲花爱丽丝（Elise）

莲花的经典车型有 Elise、Seven、Elan、Europa、Esprit 等（图 10-76、图 10-77）。

图 10-76　莲花 Europa S（2008）

图 10-77　莲花 340R(2000)

项目小结

1. 介绍了通用、福特、FCA 美国公司、特斯拉、戴姆勒 - 奔驰、宝马、大众、雷诺 - 日产 - 三菱联盟、标致 - 雪铁龙、菲亚特 - 克莱斯勒、丰田、本田、韩国现代、中国上汽、一汽、东风、长安、北汽、广汽、吉利、华晨、奇瑞、比亚迪、长城、印度塔塔、马来西亚宝腾等著名汽车公司的发展简史、现状、企业文化和主要汽车品牌。

技能训练与知识测评

1. 从世界各主要汽车集团公司的发展历史，你得到什么启示？
2. 什么是企业文化？对企业发展起到什么作用？企业文化应该包括哪些内容？
3. 上网检索一个汽车集团公司的企业文化，然后大家进行交流。
4. 谈谈我国汽车应该如何做强做大。

项目5　神奇奥妙的汽车科技文化

学习目标

◇ 了解内燃机汽车的分类、基本结构及工作原理

◇ 了解新能源汽车特点、分类与基本结构原理

◇ 了解智能网联汽车特点、分级与基本原理

汽车既可跑得飞快，又可慢如蜗牛，可进可退，又可以发光、发声，还可以导航，甚至可以无人驾驶，奥妙无穷，一辆汽车有上万个零部件，集声、光、机、电、热、电子、化工、美工于一身，是名副其实的高科技产品。

任务 11 内燃机汽车结构认知

任务导入：图 11-1 中的汽车最高行驶车速是多少？ 0—100km/h 加速时间是多少？靠什么来驱动？还有什么其他性能与特点？

图 11-1 辨认汽车及性能

内燃机汽车由发动机、底盘和车身三大部分组成（图 11-2）。

1）发动机。它是汽车的动力源。

2）底盘。负责将发动机的动力进行传递和分配，并按驾驶人要求行驶（加速、减速、转向、制动等）。

3）车身。它是驾驶人操作和容纳乘客及货物的场所。由车体、门、窗、行李舱或货厢、座椅、安全带、安全气囊、仪表灯光、刮水器、空调等组成。

汽车外部结构

温馨提示：汽车外部结构视频请扫描二维码观看。

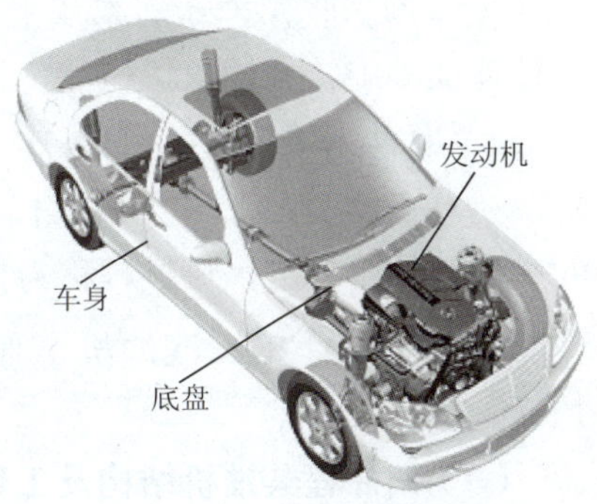

图 11-2 汽车总体组成

11.1 汽车发动机基本结构原理

（1）汽油发动机基本组成（图 11-3）

活塞在气缸中做往复运动，并通过连杆推动曲轴转动。气缸上方装有气缸盖，气缸盖上开有进、排气道，并分别由进气门和排气门控制开闭，气缸盖上还安装有火花塞和电控喷油器等。

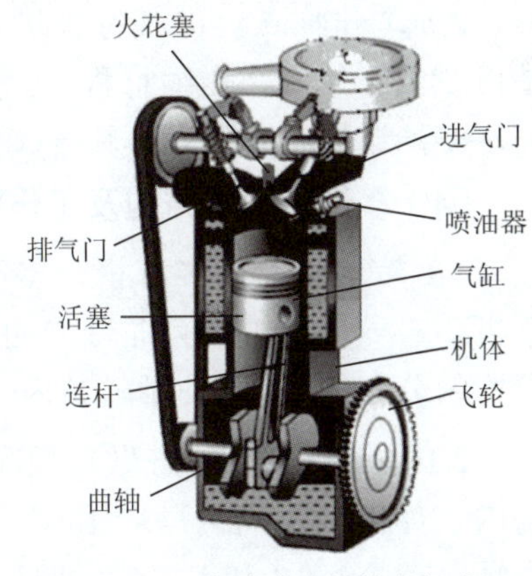

图 11-3 汽油发动机基本组成

（2）四冲程汽油机基本工作原理（图 11-4）

1）进气行程。当活塞从上止点向下止点运动时，这时进气门开启，排气门关闭，电控喷油器向进气道喷油，空气与汽油混合气便被吸入气缸，该过程称为进气行程。

2）压缩行程。当活塞继续从下止点向上止点运动时，进、排气门关闭，进入气缸的混合气便被压缩，该过程称为压缩行程。

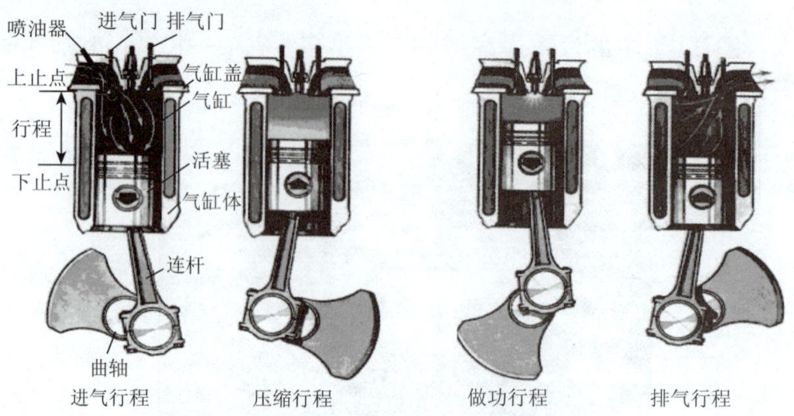

图 11-4 汽油发动机工作原理

3）做功行程。在压缩行程末，火花塞开始点火，进、排气门都关闭，进入气缸的可燃混合气被点燃、燃烧，放出大量的热能，导致气缸内气体压力和温度迅速增加，气体体积急剧膨胀，推动活塞从上止点向下止点运动，通过连杆使曲轴旋转并输出机械能，该过程称为做功行程。

4）排气行程。活塞继续从下止点往上止点运动，这时，进气门关闭，排气门开启，燃烧后产生的废气被排出气缸，该过程称为排气行程。

单缸汽油机工作原理

温馨提示：单缸汽油机工作原理视频请扫描二维码观看。

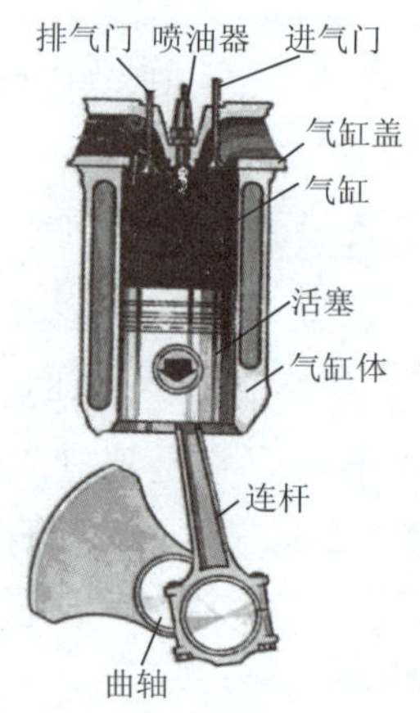

图 11-5 柴油机工作原理

（3）四冲程柴油机结构及工作特点（图 11-5）

1）结构特点。没有火花塞，喷油器直接安装在气缸顶向气缸内喷油。

2）工作特点。进气行程进入气缸的是纯空气，而不是可燃混合气。在压缩行程末，喷油器向气缸喷入高压柴油，柴油迅速着火燃烧。其着火方式属于压燃式。

（4）多缸发动机结构及工作特点（图 11-6）

1）结构特点。多缸机由多个单缸机组成，但共用一个机体、一根曲轴，且曲轴的曲柄布置应该使各缸做功行程均匀分布在 720° 曲轴转角内。

2）工作特点。各缸做功顺序均匀分布在 720° 曲轴转角内，如四缸发动机每转 180° 便有一个气缸做功，其工作顺序有 1-3-4-2 和 1-2-4-3 两种。

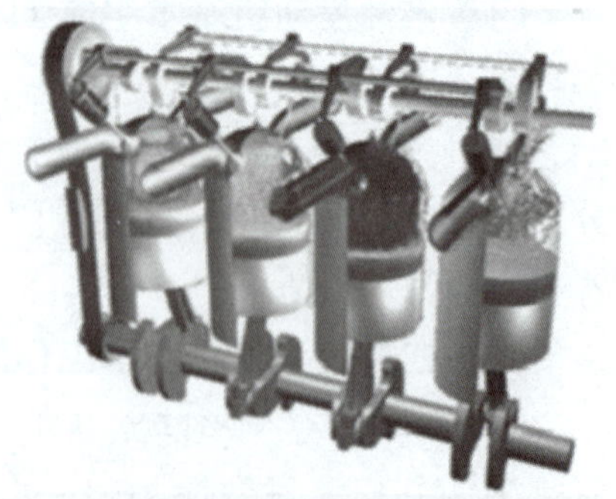

图 11-6 四缸发动机工作原理

温馨提示：多缸发动机工作原理视频请扫描二维码观看。

多缸发动机
工作原理

（5）发动机组成与结构（图 11-7）

汽油机是在一个机体上安装一个机构（曲柄连杆机构）和六大系统（换气系统、燃料供给系统、润滑系统、冷却系统、点火系统和起动系统），柴油机则为五大系统，没有点火系统。

1）机体组件（图 11-8）。机体组件是发动机的“骨架”，支承着发动机的所有零部件，主要由气缸体、气缸、气缸盖、气缸垫、曲轴箱和油底壳等组成。

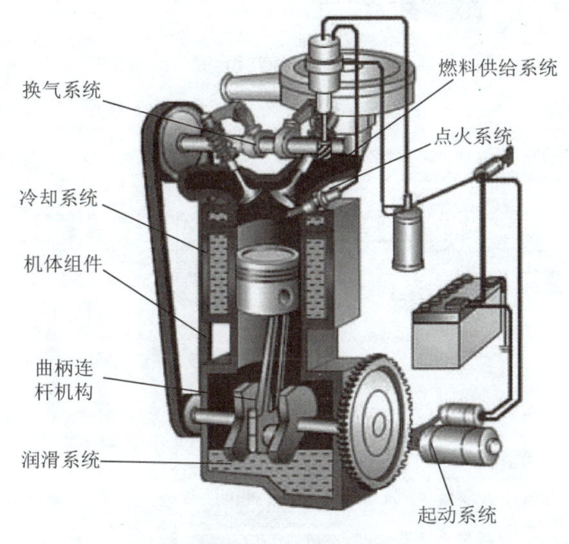

图 11-7　汽油机组成与结构

气缸罩
气缸盖
气缸垫
气缸
水道、油道
气缸体
曲轴箱
油底壳垫
油底壳

图 11-8　机体组件

2）曲柄连杆机构（图 11-9）。曲柄连杆机构的作用是将活塞顶的燃气压力转变为曲轴的转矩，输出机械能，主要由活塞、活塞环、活塞销、连杆、曲轴、飞轮等组成。

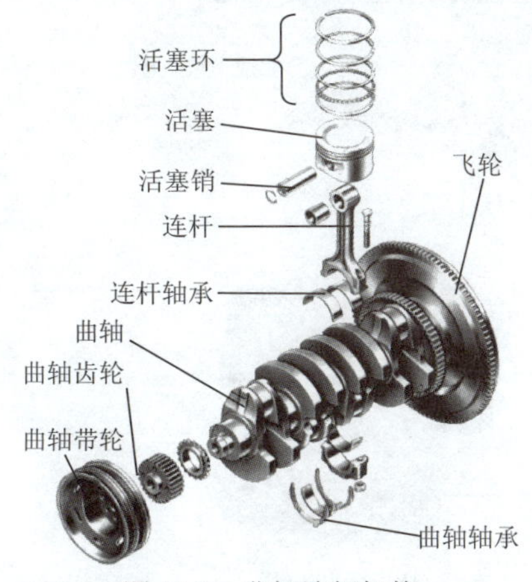

图 11-9　曲柄连杆机构

3）换气系统（图 11-10）。换气系统的作用是按照发动机要求，定时开闭进、排气门，吸入干净空气，排出废气。主要由空气滤清器、进排气管系、配气机构（气门组件、凸轮轴、驱动机构）、排气消声器等组成。

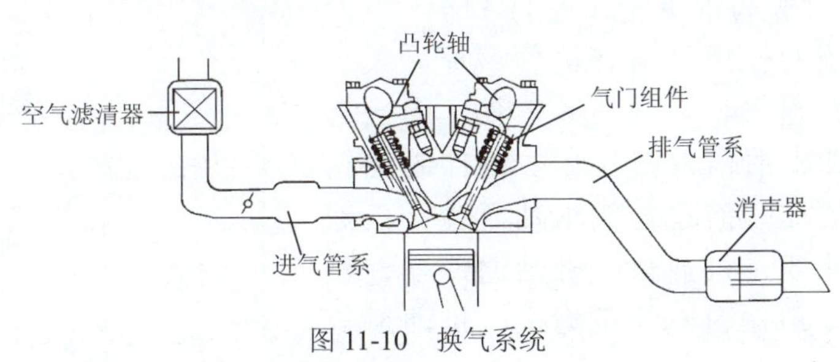

图 11-10　换气系统

4）汽油机燃料供给系统（图 11-11）。汽油机燃料供给系统的作用是根据汽油机的不同工况要求，供给不同浓度和数量的可燃混合气。主要由汽油箱、输油泵、滤清器、压力调节器、各种传感器、电控喷油器、电控单元（ECU）等组成。

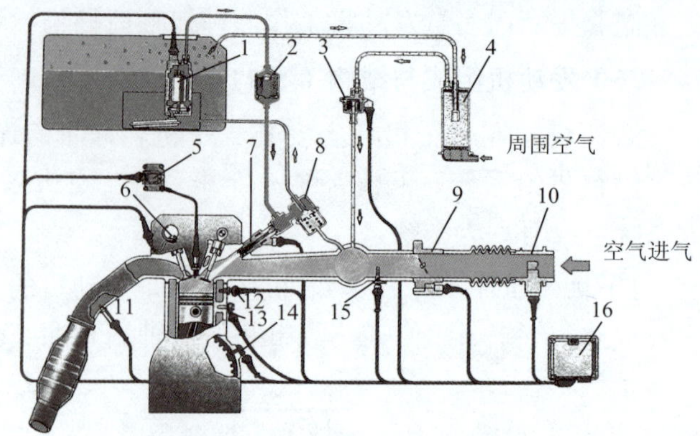

图 11-11　桑塔纳 2000GSi 汽油供给系统

1—燃油泵　2—燃油滤清器　3—活性炭罐　4—活性炭罐电磁阀　5—点火控制器　6—凸轮轴转速传感器　7—电控喷油器　8—燃油压力调节器　9—节气门　10—进气管　11—氧传感器　12—冷却液温度传感器　13—爆燃传感器　14—曲轴位置传感器　15—进气温度传感器　16—电控单元（ECU）

5）柴油机燃料供给系统（图 11-12）。柴油机燃料供给系统的作用是根据柴油机的不同工况要求，定时、定量产生高压油。电控柴油机共轨喷射系统主要由燃油供给系统（油箱、电动输油泵、燃油粗细滤清器、高压油泵、共轨管、电控喷油器等）和电子控制系统（各种传感器、执行器和电控单元）两大部分组成。

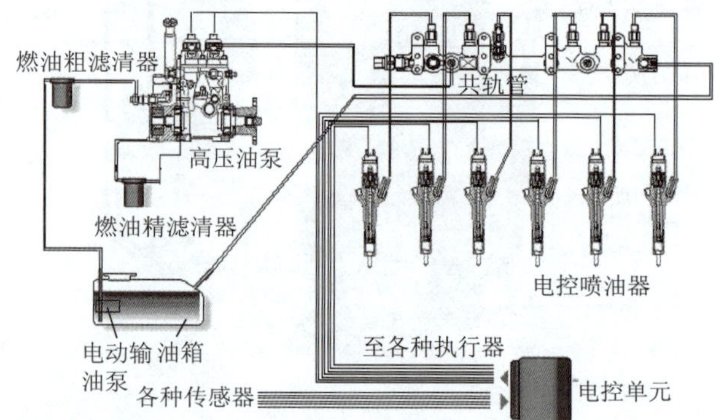

图 11-12　柴油机燃料供给系统

6）点火系统（图 11-13）。点火系统的作用是按汽油机要求，在压缩上止点前的某一时刻，在火花塞电极间产生 2 万 V 以上高压，准时、可靠点燃气缸内可燃混合气。现代汽车多用微机控制点火系统，主要由电源、点火开关、点火线圈组件、传感器、电控单元（ECU）、火花塞等组成。

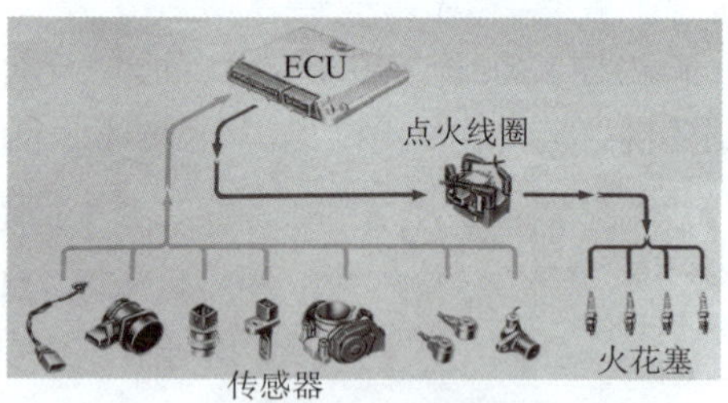

图 11-13　点火系统

7）润滑系统（图 11-14）。润滑系统的作用是减轻机件磨损、减少摩擦损失、降低功率消耗，还兼有冷却、清洁、密封和防机件氧化锈蚀的作用。它一般由油底壳、机油集滤器、机油泵、机油滤清器、机油冷却器、机油压力表、机油道等组成。

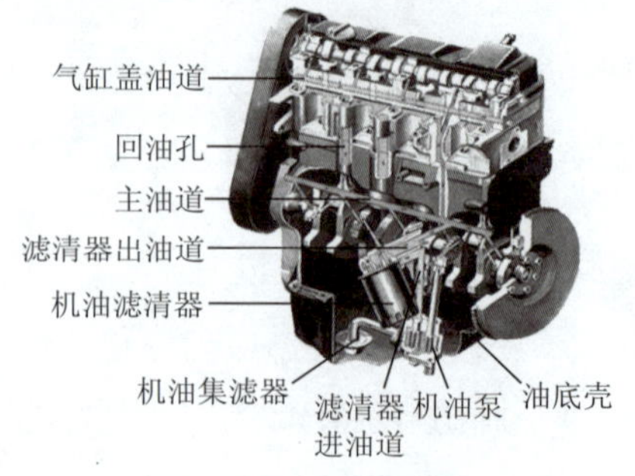

图 11-14　润滑系统

8）冷却系统（图 11-15）。冷却系统的作用是保证发动机在适宜的温度范围内工作。汽车发动机正常工作温度一般为 80 ～ 90℃。主要由水泵、风扇、节温器、散热器、冷却水道等组成。

9）起动系统（图 11-16）。起动系统的作用是按发动机要求，提供一定的转矩，使发动机达到规定的转速，顺利完成起动过程。低温起动时，还应进行预热起动。起动系统主要由蓄电池、起动开关、起动机等组成。

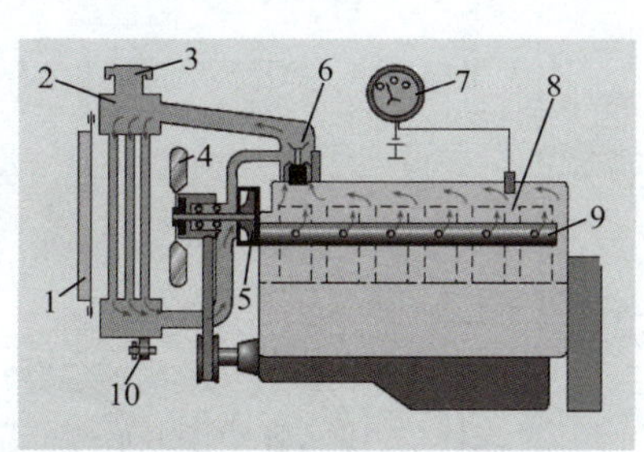

图 11-15　EQ6100-1 发动机冷却系统

1—百页窗　2—散热器　3—散热器盖　4—风扇　5—水泵
6—节温器　7—冷却液温度表　8—水套　9—分水管　10—放水开关

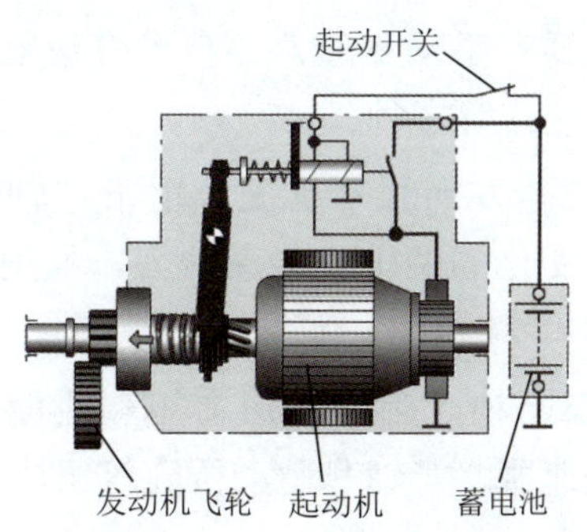

图 11-16　起动系统

■ 11.2　汽车底盘基本结构原理

汽车底盘一般由传动、行驶、转向、制动四大系统组成（图 11-17）。

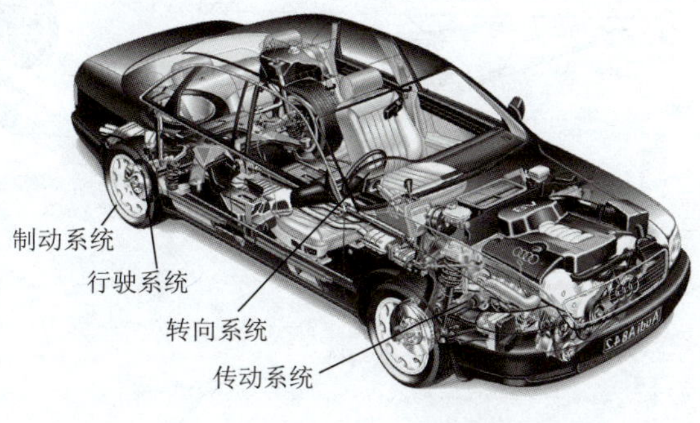

图 11-17　汽车底盘组成

（1）汽车传动系统

汽车传动系统的功用是将发动机发出的动力传给驱动车轮，并实现减速增矩等功能。其组成包括离合器、变速器、传动轴、驱动桥等（图 11-18）。

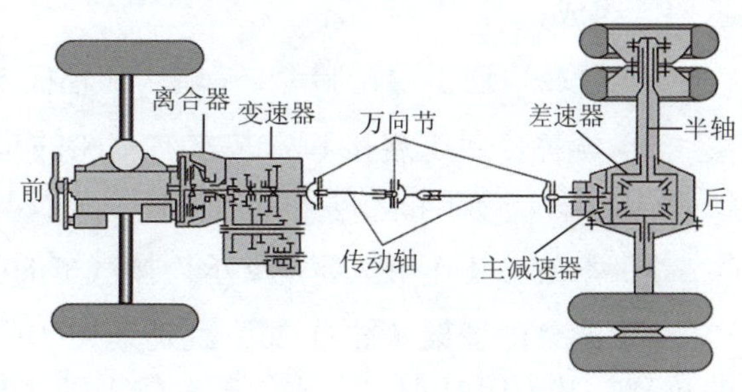

图 11-18　汽车传动系统

1）离合器。用于手动变速器分离和结合发动机的动力，保证汽车平稳起步，使换档时工作平顺并防止传动系统过载，其基本结构及工作原理如图 11-19 所示。摩擦离合器主要由主动部分（飞轮 1）、从动部分（从动盘 2）、压紧机构（压紧弹簧 5）和分离机构（分离套筒 7）四部分组成。

当踩下离合器踏板，通过操纵机构 4，使分离套筒 7 克服压紧弹簧作用力右移，带动从动盘右移，使从动盘与飞轮端面出现间隙，切断发动机动力传递。

2）变速器。变速器的功用是改变行驶速度，实现倒车和利用空档切断离合器与传动轴之间的动力传递，以便汽车换档和发动机起动及怠速运转。

变速器的工作原理是通过改变不同的齿轮啮合以进行变速变矩（图 11-20）。

变速器有手动变速器、自动变速器、手自两用变速器和无级变速器等多种。

3）汽车万向传动装置。用于在轴线相交且相对位置经常发生变化的两轴间传递动力，如用于连接变速器与驱动桥（图 11-21）。

4）驱动桥。用于减速增矩和协助转向，主要由主减速器、差速器、半轴和驱动桥壳等组成（图 11-22）。

差速器的作用就是将主减速器传来的动力传给左、右两半轴，并在转弯行驶时允许左、右半轴以不同转速（差速）旋转（图 11-23）。

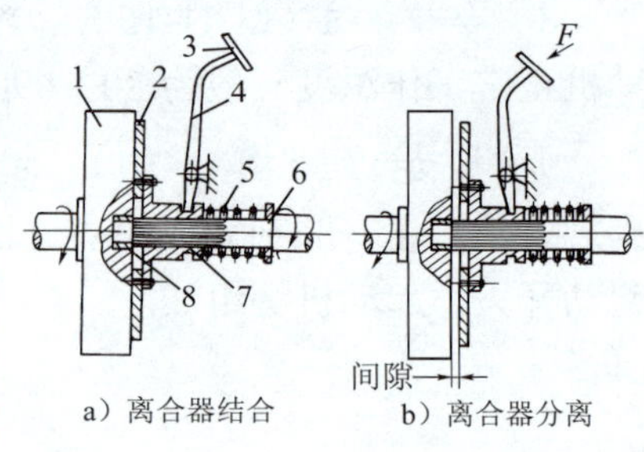

a）离合器结合　b）离合器分离

图 11-19　摩擦离合器的基本结构原理

1—飞轮　2—从动盘　3—离合器踏板　4—操纵结构　5—压紧弹簧　6—花键轴　7—分离套筒　8—轴承

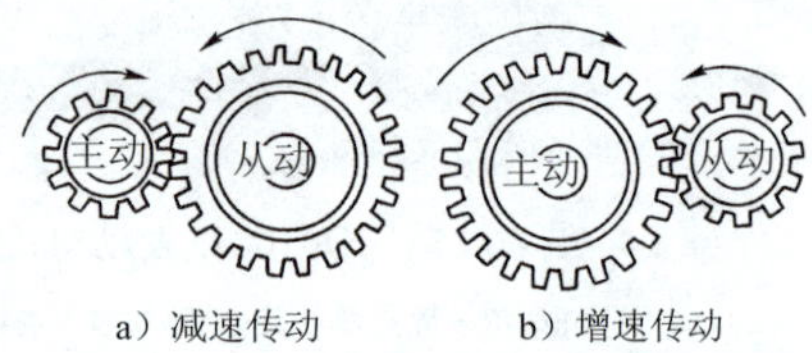

a）减速传动　b）增速传动

图 11-20　齿轮传动原理

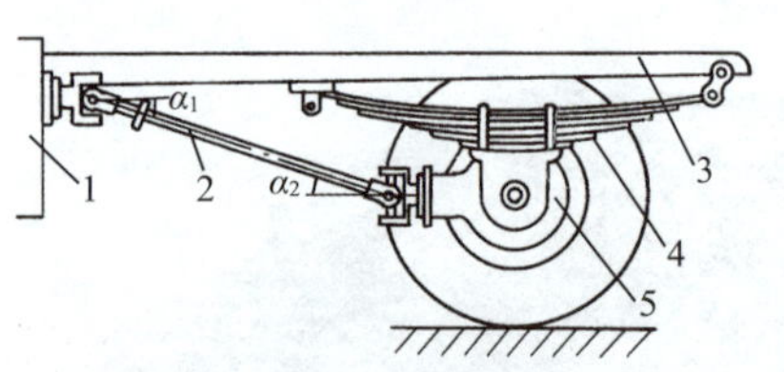

图 11-21　变速器与驱动桥之间的万向传动装置

1—变速器　2—万向传动装置　3—车架　4—后悬架　5—驱动桥

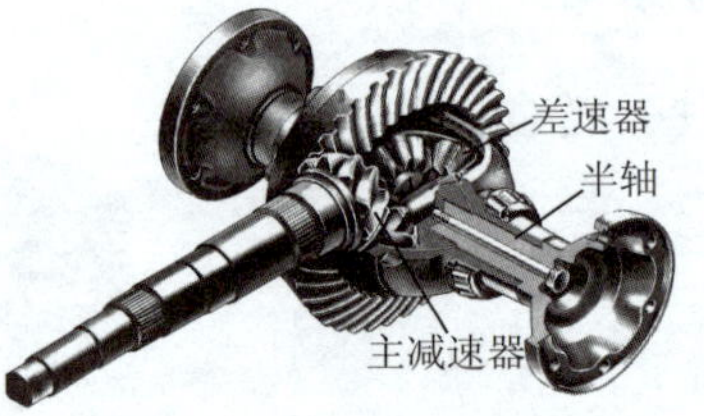

图 11-22　驱动桥

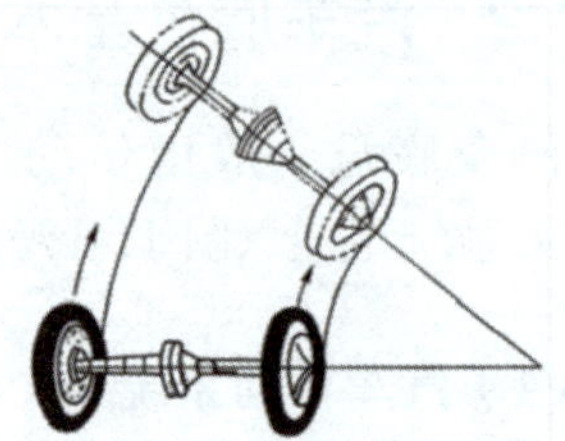
图 11-23　汽车转向时车轮运动示意图

（2）汽车行驶系统

行驶系统的作用是保证汽车的正常行驶，并对全车起支撑作用，它由车轮、车桥、车架、悬架等组成。

1）车轮。通常由轮胎 1、轮辋 7 和辐板 5、气门嘴 3 和平衡块 6、8 等组成（图 11-24）。

2）车桥。用于连接和安装左右车轮的车轴或车梁等部件（图 11-25），其功用是传递车架（承载式车身）与车轮之间各方向的作用力及其力矩。

3）车架。其作用主要是支承连接汽车的各零部件，承受来自车内和车外的各种载荷。

4）悬架。悬架（图 11-26）就是车架（或车身）与车桥（或车轮）之间的一切传力连接装置的总称。其作用是把路面作用于车轮上的各种反力所造成的转矩传递到车架（或车身）上，减少汽车振动，以保证汽车的正常行驶。悬架一般由弹性元件、减振器和导向机构（横向稳定杆、摆臂、纵向推力杆等）三部分组成。

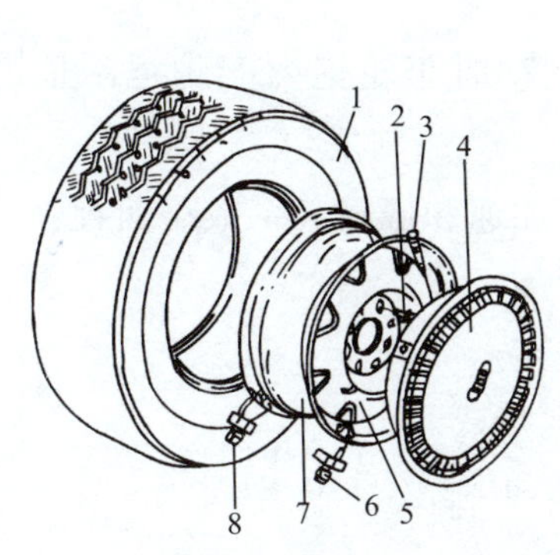

图 11-24 车轮和轮胎

1—轮胎 2—螺栓 3—气门嘴 4—饰罩 5—辐板 6、8—平衡块 7—轮辋

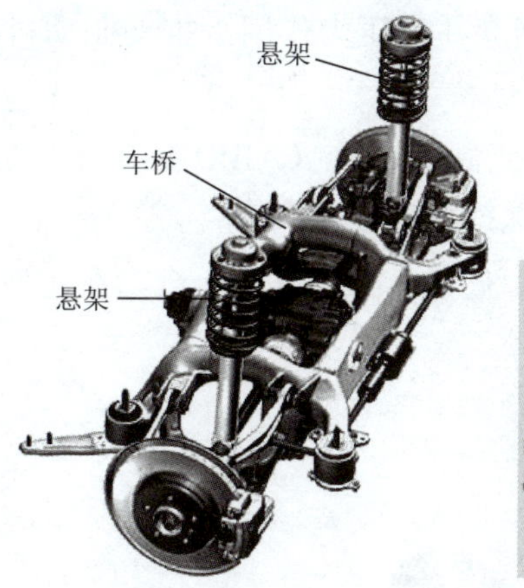

图 11-25 汽车车桥

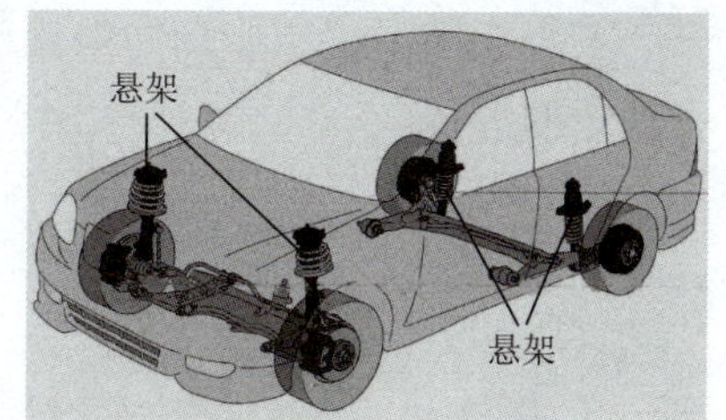

图 11-26 汽车悬架

（3）汽车转向系统

转向系统的功用就是保证汽车能够按驾驶人的意志改变或恢复行驶方向。

机械转向系统主要由转向操纵机构、转向器和转向传动机构组成（图 11-27）。

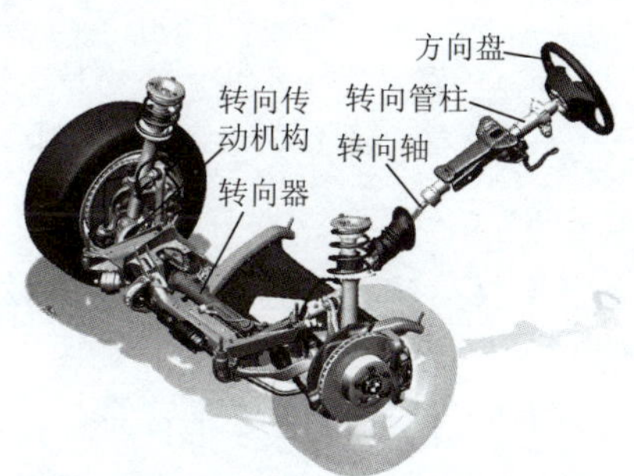

图 11-27 汽车转向系统

（4）汽车制动系统

制动系统的功用是使行驶中的汽车减速甚至停车，或使已经停下来的汽车保持不动。

乘用车一般采用液压制动，主要由车轮制动器和液压传动机构组成（图 11-28）。蹄式车轮制动器由制动鼓 8、制动蹄 10、制动底板 11 等组成，液压传动机构主要由制动踏板 1、推杆 2、制动主缸 4、制动轮缸 6 和油管 5 等组成。

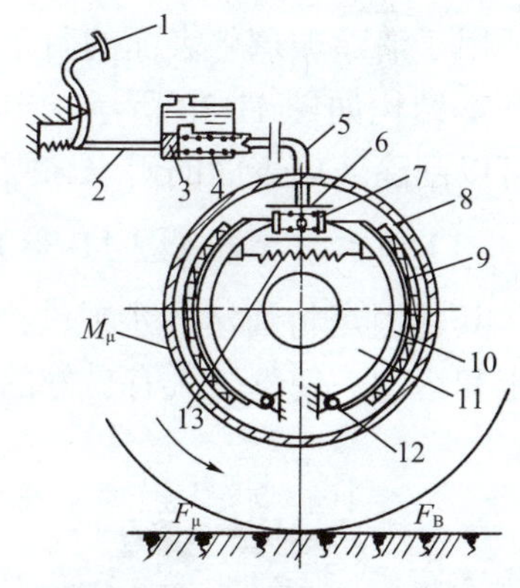

图 11-28 制动系统组成

1—制动踏板 2—推杆 3—主缸活塞 4—制动主缸 5—油管 6—制动轮缸 7—轮缸活塞 8—制动鼓 9—摩擦片 10—制动蹄 11—制动底板 12—支承销 13—制动蹄回位弹簧

制动时，驾驶人踩下制动踏板 1，推杆 2 便推动主缸活塞 3，使制动主缸 4 中的油液以一定压力流入制动轮缸 6，通过轮缸活塞 7 使两制动蹄 10 的上端向外张开，从而使摩擦片 9 压紧在制动鼓 8 的内圆面上，迫使车轮停止转动。当松开制动踏板 1 时，制动蹄回位弹簧 13 将制动蹄拉回原位，制动作用即行解除。

盘式车轮制动器由制动盘、制动钳及车轮轴承等组成，如图 11-29 所示。

制动时，制动钳内的制动活塞在液压力作用下推动制动衬块压靠到制动盘表面，将制动盘的两侧面压紧，实现车轮制动。

乘用车普遍采用汽车防抱死制动系统（ABS），防止汽车制动时车轮抱死产生危险情况（图 11-30），并把车轮的滑移率保持在最佳范围内。

不少乘用车采用驱动防滑系统（ASR），以防止汽车在起步、加速和低附着系数路面行驶时驱动轮的滑转。

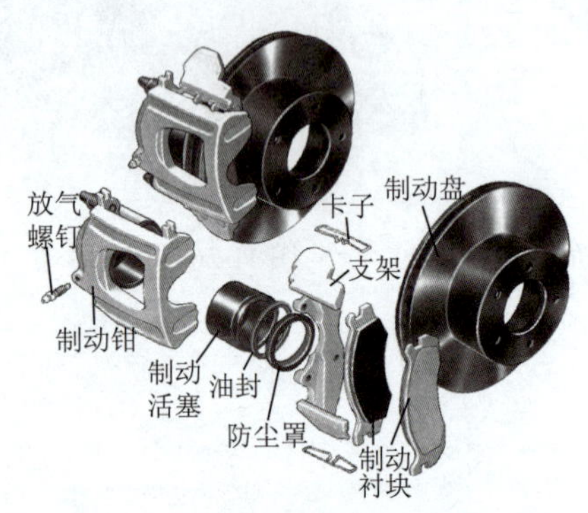

图 11-29　盘式车轮制动器

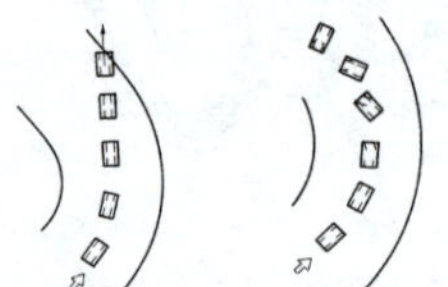

a) 前轮抱死　b) 后轮抱死

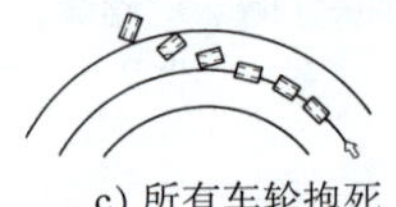

c) 所有车轮抱死

图 11-30　曲线行驶时车轮抱死的汽车运动情况

11.3　汽车车身基本结构原理

（1）车身本体与开启件

由车架、各种门、窗、行李舱和车顶盖等组成（图 11-31）。

（2）刮水器

用于清除玻璃外表面的雨水、雪及灰尘的装置，以保证驾驶人在雨雪天行驶时有良好视野。其基本结构如图 11-32 所示。电动机通过蜗杆、蜗轮、摇臂和拉杆，带动刮水臂摆动，刮水片便可以刮除玻璃表面的雨水、雪及灰尘。

（3）风窗洗涤器（图 11-33）

其功用是将清洁的水或洗涤液喷射到风窗玻璃上，在刮水器的作用下，清洗风窗玻璃上的尘土和污物，使驾驶人有良好的视野。它主要由洗涤液泵、洗涤液罐和喷嘴等组成。

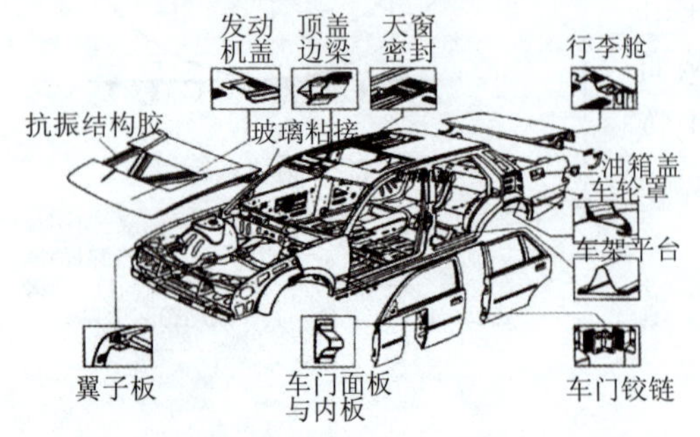

图 11-31　车身本体与开启件

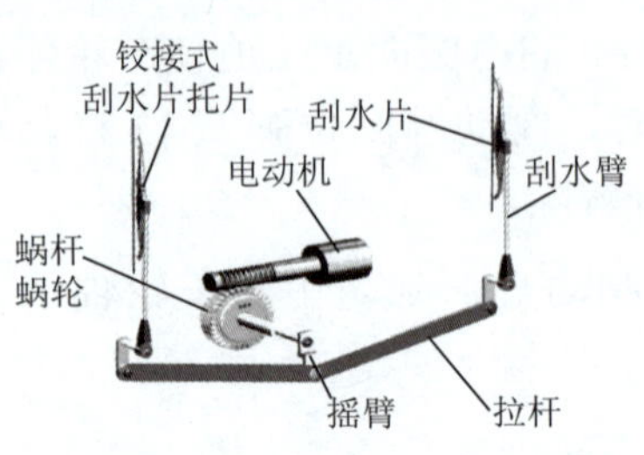

图 11-32　电动刮水器

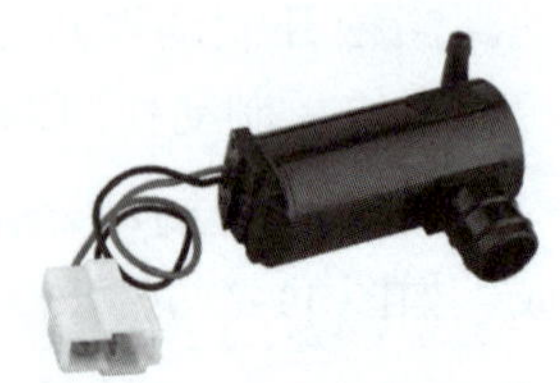

图 11-33　风窗洗涤器

（4）风窗除霜（雾）装置

其作用是在较冷的季节，有雨、雪或雾的天气，防止水蒸气在风窗玻璃上凝结成细小的水滴甚至结冰。该装置是在装有空调或暖风装置的汽车上，通过风道向前面及侧面风窗玻璃吹热风以加热玻璃，对后风窗玻璃的除霜常常是利用电热丝加热实现。

（5）安全带（图 11-34）

用于汽车紧急制动时产生束紧力，保护乘员，避免发生意外事故。

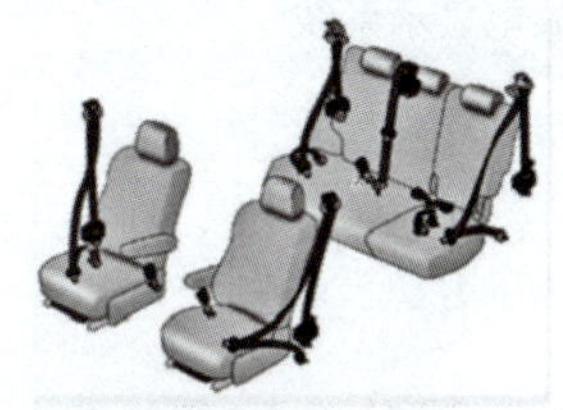
图 11-34　三点式安全带

（6）安全气囊（SRS)(图 11-35）

作用是减少汽车在发生剧烈碰撞时对乘员造成的伤害。

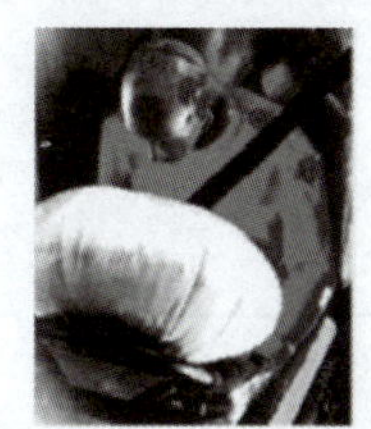
图 11-35　安全气囊

（7）汽车空调

作用是实现对车厢内空气进行制冷、加热、换气和空气净化。主要由制冷系统、供暖系统、通风和空气净化装置及控制系统组成（图 11-36）。

制冷系统主要由压缩机、冷凝器、膨胀阀、储液干燥器、蒸发器等组成（图 11-37）。

制冷系统工作时，压缩机由发动机通过带轮带动，将蒸发器中因吸热而汽化的低压制冷剂(氟利昂 R12 或四氟氢碳 R134a) 蒸气吸入后，压缩成高温高压制冷剂气体，经高压管送入冷凝器，经冷凝器冷却使高温高压的制冷剂气体冷凝成中温高压制冷剂液体，送入储液干燥器中除去水分和杂质，然后送入膨胀阀，经膨胀阀节流降压，变为低温低压液态制冷剂后进入蒸发器。

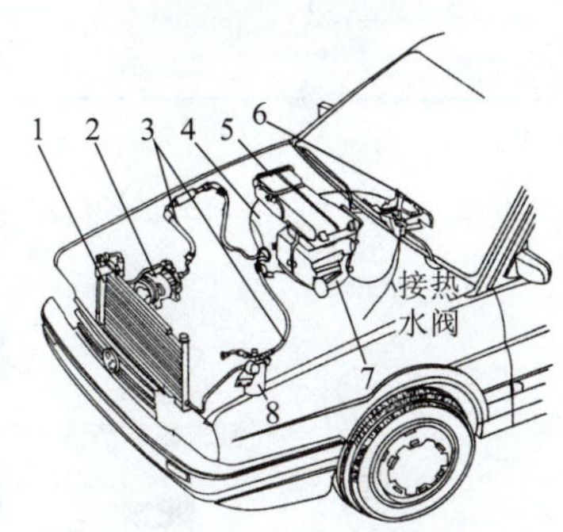

图 11-36　汽车空调系统

1—冷凝器　2—压缩机　3—制冷剂管路　4—蒸发器箱　5—进风罩　6—空调控制装置　7—加热器　8—储液干燥器

（8）汽车仪表系统

包括各种仪表和指示灯（图 11-38)，用来反映汽车的一些重要运行状态参数，必要时提出警示，保证汽车可靠而安全地行驶。驾驶人行车时应该予以注意。汽车常用仪表系统组成见表 11-1，仪表板常见符号的含义如图 11-39 所示。

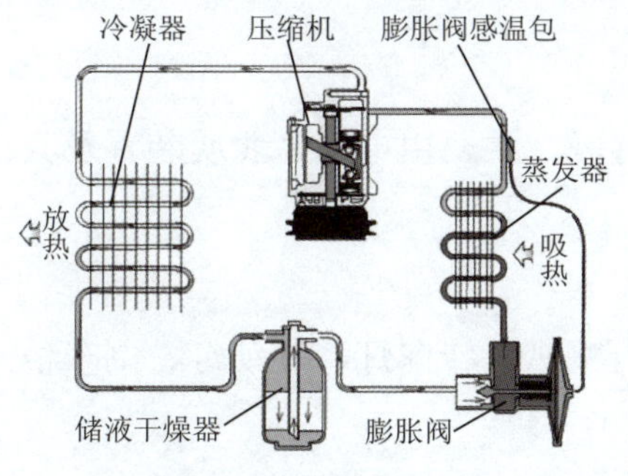

图 11-37　制冷系统

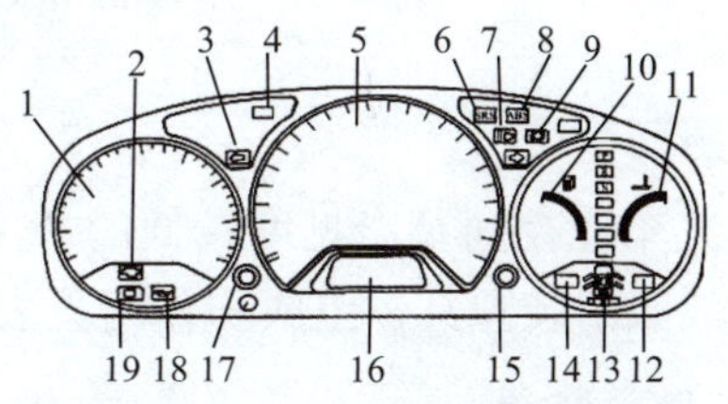

图 11-38　广汽本田雅阁轿车仪表板

1—转速表　2—故障指示灯　3—转向信号灯　4—巡航控制指示灯　5—车速表　6—SRS 指示灯　7—远光指示灯　8—ABS 制动指示灯　9—驻车制动与制动系统指示灯　10—燃油表　11—冷却液温度表　12—座椅安全带提示灯　13—车门和制动灯监视器　14—燃油油位低指示灯　15—行程选择 / 复位按钮　16—里程表　17—亮度调节　18—低机油压力指示灯　19—充电系统指示灯

表 11-1 汽车常用仪表系统

仪表系统		功用
充放电显示系统	电流表	指示蓄电池充电或放电的电流值
	电压表	指示蓄电池充电或放电的电压值
	充电指示灯	指示蓄电池充电或放电
机油压力显示系统	机油压力表	指示发动机主油道中机油压力大小
	机油压力警告灯或蜂鸣器	机油压力过低时报警
燃油量显示系统	燃油表	指示汽车燃油箱内储存燃油量的多少
	液面警告灯	燃油箱内燃油量过少时报警
冷却液温度显示系统	冷却液温度表	指示发动机水套中冷却液温度的高低
	冷却液温度警告灯或蜂鸣器	冷却液温度过高时报警
车速里程显示系统	车速表	指示汽车行驶速度
	里程表	指示汽车累计行驶里程
	转速表	指示发动机转速的高低

图 11-39 仪表板常见符号含义

（9）汽车照明系统

用于保证汽车在夜间及能见度较低的情况下安全、高速行驶。主要由电源、照明装置及其控制部分组成。照明装置具体组成与作用见表 11-2。

（10）汽车信号装置

用于向行人和车辆发出警告，以保障行车安全。常见的有喇叭、转向灯、制动灯、倒车信号和危险警告信号装置等。

表 11-2 汽车照明装置组成及作用

照明装置		作用
车外照明装置	前照灯	夜间行驶时照明，可发出远光和近光两种光束
	前小灯（示宽灯）	夜间示宽、近距离照明等
	后灯	红色，起警告作用，兼作牌照灯
	雾灯	黄色，在有雾、下雪、暴雨或尘埃弥漫时行车照明，具有信号作用
	倒车灯	倒车时车后照明，并起信号作用
	牌照灯	照亮汽车后牌照
车内照明装置	仪表灯	仪表板照明
	顶灯	车内照明
	阅读灯	乘客阅读照明
工作照明装置	行李舱灯	夜间行李舱门打开时照明
	发动机舱灯	夜间发动机舱打开时照亮发动机舱

任务 12 新能源汽车结构认知

任务导入：检索比亚迪 e6 电动汽车与内燃机汽车的不同。

新能源汽车是指“采用非常规的车用燃料作为动力来源（或使用常规的车用燃料、采用新型车载动力装置），综合车辆的动力控制和驱动方面的先进技术，形成的技术原理先进、具有新技术、新结构的汽车。”

新能源汽车含电动汽车（纯电动汽车、混合动力电动汽车和燃料电池电动汽车的总称）、燃气汽车（含压缩天然气汽车、液化石油气汽车、氢发动机汽车等）和其他新能源汽车（含太阳能汽车，生物燃料汽车，超级电容器、飞轮等高效储能器汽车，压缩空气汽车等）几大类。目前比较成熟和大量使用的有纯电动汽车和混合动力电动汽车。它们共同的特点就是环保和节能。

12.1 纯电动汽车基本结构原理

（1）纯电动汽车（BEV）含义

指驱动能量完全由电能提供的、由电机驱动的汽车。电机的驱动电能来源于车载可充电储能系统或其他能量储存装置。

（2）纯电动汽车基本结构

与传统燃油汽车相比，BEV 主要是动力装置不同，其他如底盘、车身基本相似。

BEV 动力装置主要由动力蓄电池组、驱动电机及控制系统等组成（图 12-1）。电池组是电动汽车的动力源；驱动电机将电池组的电能转化为机械能，驱动车辆行驶；控制系统对电池组进行管理和对电动机进行控制。

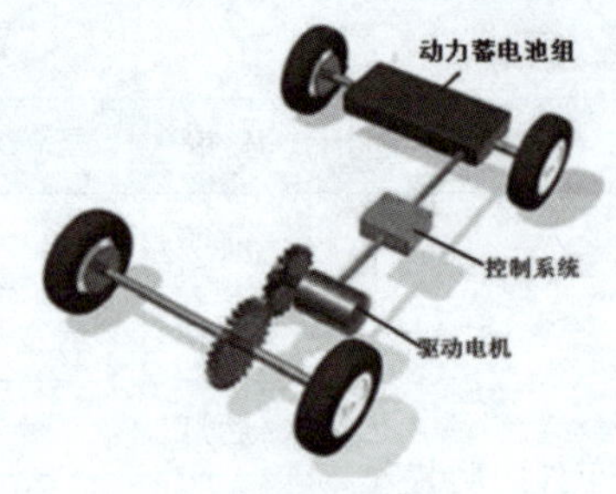

图 12-1　纯电动汽车基本组成

（3）纯电动汽车的行驶状态（图 12-2）

起动、起步时要求电机供给大转矩；平路正常行驶时要求电机提供足够的驱动力和速度，同时能耗最低；急加速和上坡时，要求电机提供较大的驱动力，有较好的超载能力；减速和制动时，要求电机转化为发电机，回收减速和制动的能量，向电池组充电；汽车停车时，电机自动停止。

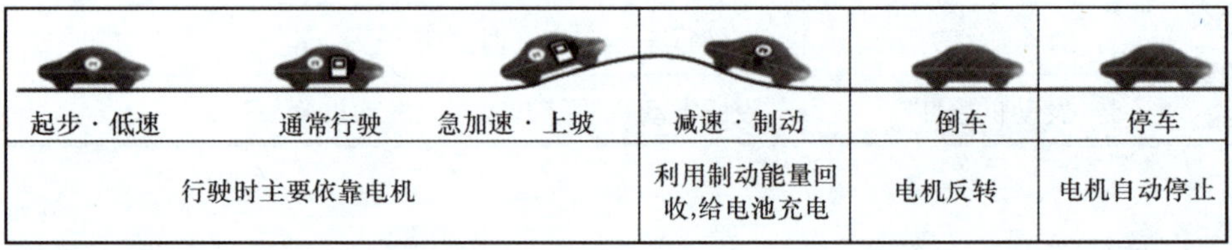

起步 · 低速	通常行驶	急加速 · 上坡	减速 · 制动	倒车	停车
行驶时主要依靠电机			利用制动能量回收,给电池充电	电机反转	电机自动停止

图 12-2　纯电动汽车行驶状态

■ 12.2　混合动力电动汽车基本结构原理

（1）混合动力电动汽车（HEV）含义

指能够至少从消耗的燃料和可再充电电能储存装置两类车载存储的能量中获得动力的汽车。

（2）混合动力电动汽车基本结构

主要由电池组、辅助动力系统（汽油机等）、控制系统（控制器等）、驱动系统（驱动电机）等部分构成（图 12-3）。

（3）混合动力电动汽车的基本工作原理（以比亚迪秦 100 为例）

1）纯电动模式。如图 12-4 所示，纯电动模式下，动力蓄电池提供电能，以供电机驱动车辆，可以满足各种行驶工况，如起步、倒车、怠速、急加速、匀速行驶等。

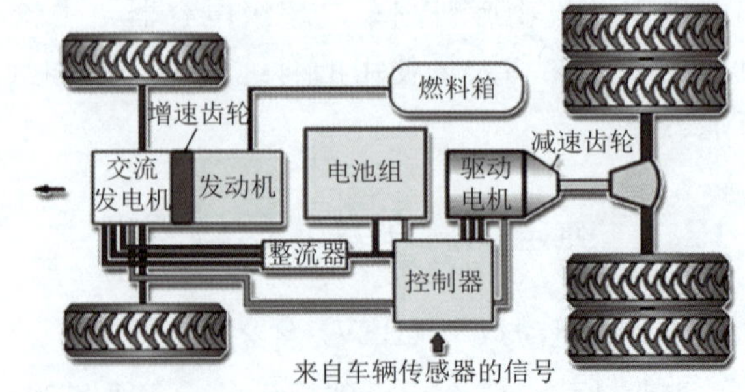

图 12-3　混合动力电动汽车组成

2）混合动力模式。

① 当用户从纯电动模式切换到混合动力模式后，车辆由发动机和电机共同驱动（图 12-5），实现了最佳的动力性，但仍能保证混合动力系统具有良好的经济性。

② 当电量不足时，系统从“BEV”模式自行切换到“HEV”模式，使用发动机驱动，在车辆以较稳定的速度行驶时，发动机输出的一部分转矩会驱动电机进行发电，对动力蓄电池进行充电（图 12-6）。

③ 当电量不足或高压系统故障时，可单独使用发动机驱动，实现了高压系统的独立性（图 12-7）。

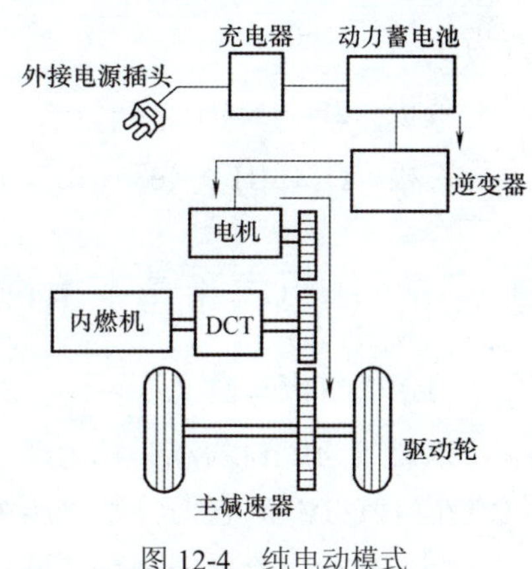

图 12-4　纯电动模式

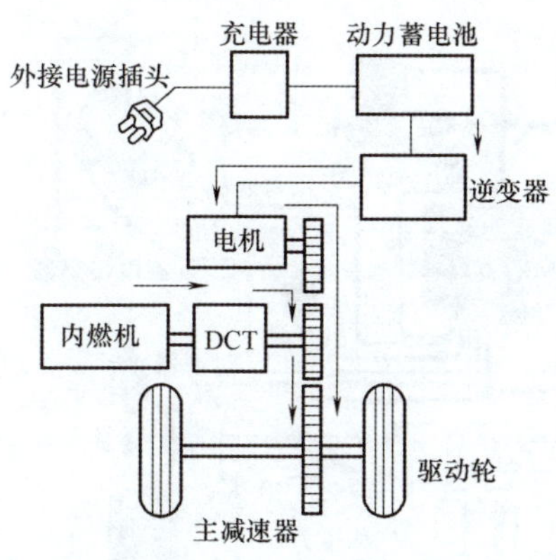

图 12-5　混合动力模式 1

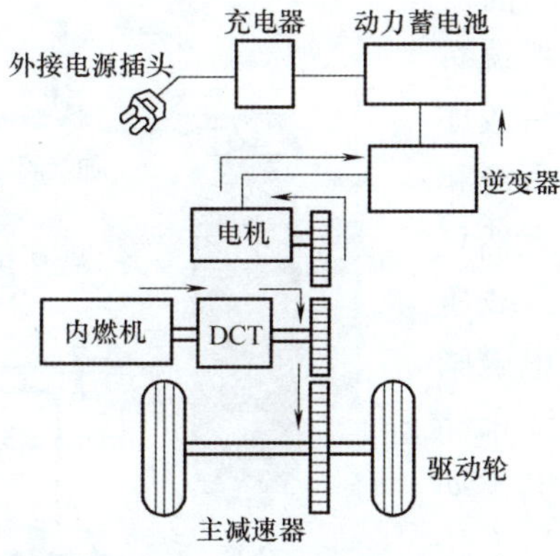

图 12-6　混合动力模式 2

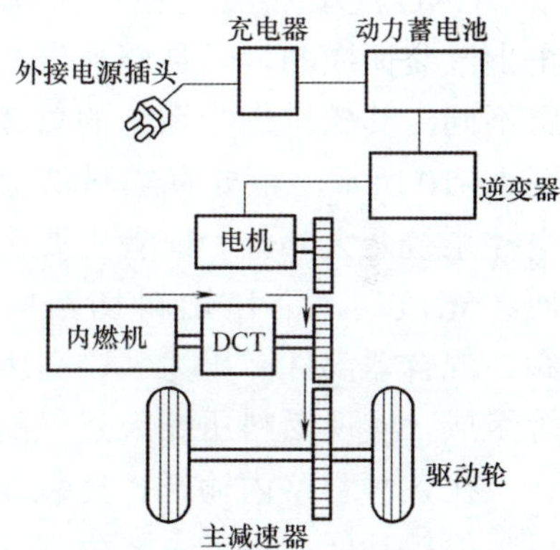

图 12-7　混合动力模式 3

12.3　燃料电池电动汽车基本结构原理

（1）燃料电池电动汽车（FCEV）含义

指以燃料电池系统作为单一动力源或者以燃料电池系统与可充电储能系统作为混合动力源的电动汽车。

（2）燃料电池电动汽车基本结构

主要由燃料电池组、控制系统、驱动系统、辅助动力系统和辅助蓄电池组等部分构成（图 12-8）。

（3）燃料电池电动汽车的基本工作原理

工作时，外界不断供给负极氢气，供给正极空气（图 12-9），在催化剂（铂、多孔石墨等）作用下，氢原子中的电子被分离出来，在正极吸引下，在外电路形成电流，失去电子的氢离子，在正极与氧及电子结

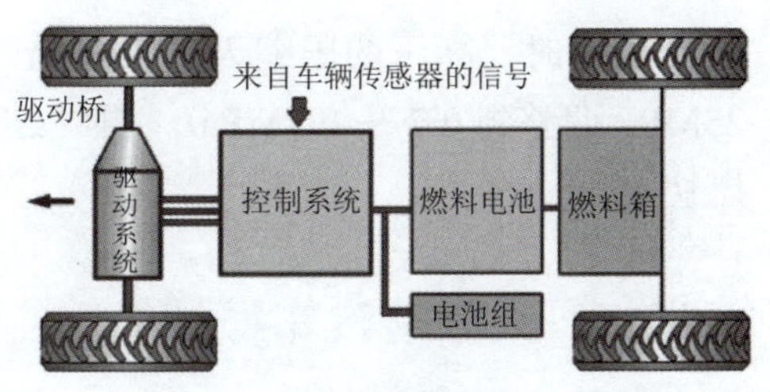

图 12-8　燃料电池电动汽车的组成

图 12-9　燃料电池工作原理

合为水。

负极　$2H_2 \rightarrow 4H^+ + 4e^-$

正极　$O_2 + 4H^+ + 4e^- \rightarrow 2H_2O$

12.4　燃气汽车基本结构原理

（1）燃气汽车含义

以燃气为燃料的汽车称为燃气汽车。目前，常用的有压缩天然气汽车（CNGV）和液化石油气汽车（LPGV）。它们分别以压缩天然气和液化石油气为燃料。

（2）燃气汽车基本结构（以CNGV为例）

CNG汽车一般是在原传统汽油汽车上改装而成的，只是燃料供给系统有所不同。其燃料供给系统的总体组成如图12-10所示，主要有燃料供给系统和电控系统两大部分。前者主要由天然气瓶、充气阀、高压燃料切断阀、减压阀、混合器部件、压力表、高压电磁阀等组成，实现燃料压缩天然气的随车储存、在各种管路内输送、充装和向发动机喷射等功能；后者主要由气体压力传感器、温度传感器、电子节气门等组成，与原车的ECU配合，实现燃料的定时定量喷射。

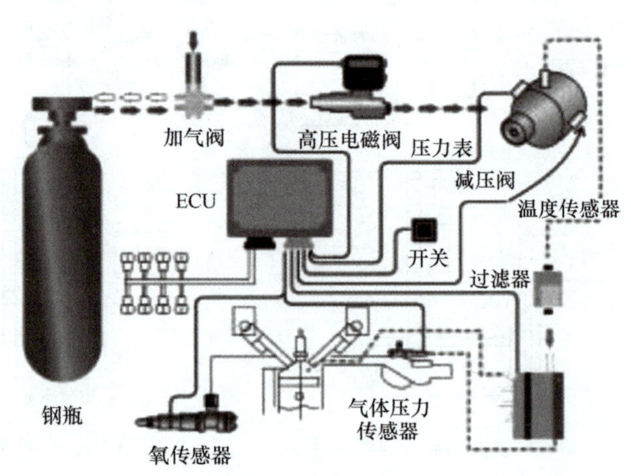

图12-10　CNG汽车发动机的总体组成

（3）基本工作原理

工作时，高压的压缩天然气从储气瓶出来，经高压电磁阀控制后进入减压阀减压（一般从25MPa调整到0.7～0.9MPa），再经过ECU精确控制天然气喷射量，最后进入发动机缸内点火燃烧。

12.5　太阳能汽车概述

（1）太阳能汽车（图12-11）含义

指将太阳能转化为电能的汽车。太阳能是取之不尽、价格低廉、零污染的理想能源。

图12-11　太阳能汽车

（2）太阳能汽车基本结构

主要由太阳能电池组、自动阳光跟踪系统、驱动系统、控制器等组成。

（3）太阳能汽车的基本工作原理（图 12-12）

太阳能电池由半导体材料制成，当太阳光照射在该半导体材料时，半导体的电子 - 空穴对被激发并定向流动，形成电流。

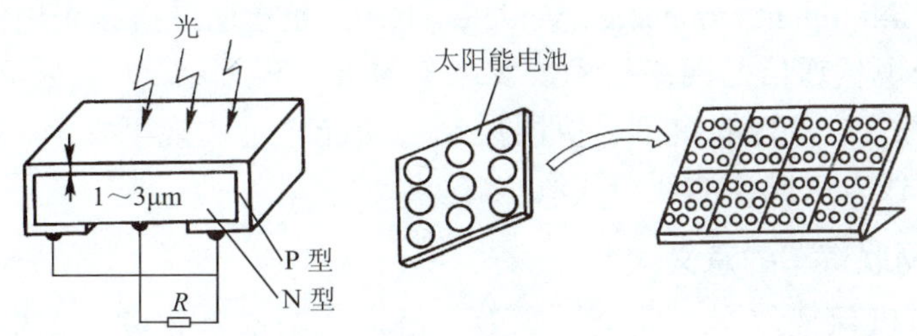

图 12-12　太阳能电池和太阳能电池板

12.6　生物燃料汽车概述

（1）醇燃料汽车

是指使用醇基燃料（甲醇、乙醇等）的汽车。使用甲醇燃料的汽车也称甲醇汽车，使用乙醇燃料的汽车也称乙醇（酒精）汽车，同时使用甲醇或乙醇与汽油的汽车也称为灵活燃料汽车。图 12-13 为吉利汽车集团生产的英伦 SC7 甲醇燃料汽车。

图 12-13　英伦 SC7 甲醇燃料汽车

（2）二甲醚（DME）燃料汽车（图 12-14）

二甲醚是由 H_2 和 CO 通过化学反应合成的，排气烟度及微粒、CO 及 HC 排放都很低，比较容易达到超低排放标准。

图 12-14　二甲醚（DME）燃料汽车

任务 13　智能网联汽车结构认知

任务导入：检索百度 2015 年 12 月无人驾驶汽车（图 13-1）的路试情况。

图 13-1　百度无人驾驶汽车

■ 13.1　智能网联汽车含义及其发展动态

1. 智能网联汽车含义

智能网联汽车（Intelligent Connected Vehicle，ICV）是指通过搭载先进传感器、控制器、执行器等装置，并融合现代通信与网络技术，实现车与X（车、路、人、云端等）智能信息交换、共享，具备复杂环境感知、智能决策、协同控制等功能，可实现“安全、高效、舒适、节能”行驶，并最终实现替代人来操作的新一代汽车。

2. 发展智能网联汽车的意义

智能网联汽车可以保证汽车“安全、高效、舒适、节能”行驶。据资料介绍，美国2011年高速公路发生超过5300万次事故，死亡3.2万人，全美48亿h时间延误，超过1.01万亿美元耗费在城市拥堵上，还有72亿L燃料被浪费掉。全世界数据更是可观。智能网联汽车通过移动互联网和卫星定位，将汽车、道路监测设备和监控中心等进行联网，可降低交通事故发生率（减少交通事故50%～80%），提升汽车行驶的安全性、舒适性和快捷性（提升交通通行效率10%～30%），从而达到保障安全、提高效率、改善环境、节约能源的综合效果。据美国电气和电子工程师协会预测，21世纪中叶前，无人驾驶汽车将占据全球汽车保有量的75%，可能颠覆当前的汽车交通运输产业运作模式。美国麦肯锡公司在其发布的“展望2025：决定未来经济的12大颠覆技术”研究报告中，智能汽车排名第六，其潜在经济市场巨大。

3. 智能网联汽车发展动态

（1）国外发展动态

从20世纪70年代开始，美、日、欧就开始进行无人驾驶汽车的研究。如1984年9月美国国防部与陆军合作发起的ALV战略计划，欧盟于1984年开始实施研发框架计划（Framework Program，FP），日本于1991年开始支持先进安全汽车（ASV）项目等。

21世纪初，各个国家及企业都制定了智能汽车发展战略及目标，投入了大量的资金及资源。如2010年，美国交通运输部提出《ITS战略计划2010—2014》，欧盟2010年制定了《ITS发展行动计划》，日本2010年制定了《下一代汽车战略2010》等。

目前美国、欧洲、日本在智能汽车领域已形成三足鼎立的局面。美国重点在网联化，形成了基于车-X通信的网联化汽车产业化能力，欧洲具有世界领先的汽车电子零部件供应商和整车企业，自主式自动驾驶技术相对领先，日本交通设施基础较好，自动驾驶方面技术水平在稳步推进。大部分车企在2016年已经实现1级自动驾驶产品，部分车企已有2级自动驾驶产品，预计到2020年，各大车企将推出3级自动驾驶产品，2025将推出4、5级自动驾驶产品。

各企业研发产品比较成功的有美国谷歌2005年推出的无人驾驶汽车（图13-2），2012年5月获得了美国首个自动驾驶车辆许可证。英国的先进交通系统公司和布里斯托尔大学联合研制的无人驾驶汽车（图13-3）于2010年投放希斯罗机场作为出租车运送旅客。日本开发出无人驾驶车队（图13-4）等。

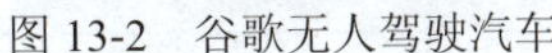

图 13-2 谷歌无人驾驶汽车

图 13-3 英国希斯罗机场的无人驾驶汽车

图 13-4 日本的无人驾驶车队

（2）我国发展动态

我国从 20 世纪 90 年代中期开始进行无人驾驶汽车的研究，如国防科技大学等在 1992 年研制出我国第一辆无人驾驶汽车，2011 年成功进行了 286km 的无人驾驶路试（图 13-5）。2000 年，我国成立了全国智能交通系统（ITS）协调指导小组及办公室。2015 年国务院发布《中国制造 2025》，出台了智能网联汽车一系列相关法规标准，提出中国智能网联汽车目标是：2020 年，DA、PA、CA 新车装备率超过 50%；2025 年，DA、PA、CA 新车装备率达到 90%（其中 PA、CA 新车装备率达到 25%），HA、FA 开始进入市场；2030 年，DA、PA、CA 新车装备率以及汽车网联率均接近 100%，HA、FA 新车装备率达到 10%（DA、PA、CA、HA、FA 含义见表 13-1）。

2015 年 12 月，百度无人驾驶汽车（图 13-1）成功进行了混合路况试验。2018 年 2 月 15 日，百度 28 辆 Apollo 无人车亮相央视春晚，在港珠澳大桥开跑（图 13-6），并在无人驾驶模式下完成“8”字交叉跑的高难度动作。

2018 年 7 月 4 日，百度全球首款 L4 级量产自动驾驶客车第 100 辆“阿波龙”量产下线（图 13-7）。

总体来看，我国落后国外 20 ～ 30 年，国外在核心芯片、关键零部件、研发体系、标准体系都比我国有较大优势。

图 13-5 国防科技大学无人驾驶汽车

图 13-6 百度无人驾驶汽车在港珠澳大桥行驶

图 13-7 百度第 100 辆阿波龙量产下线

■ 13.2 智能网联汽车技术分级

智能网联汽车包括智能化与网联化两个技术层面。在汽车智能化方面，我国参照美国汽车工程师学会和高速公路安全管理局标准，并结合现阶段中国道路交通的复杂性，将智能汽车划分为 5 个阶段（表 13-1）。

在汽车网联化方面，按照网联通信内容的不同分为 3 个等级（表 13-2）。

表 13-1　智能化汽车分级

等级	等级名称	等级定义	控制	监视	失效应对	典型工况
1	驾驶辅助（DA）	系统根据环境信息执行转向和加减速中的一项操作，其他驾驶操作都由人来完成	人与系统	人	人	车道内正常行驶，高速公路无车道干涉路段，停车工况
2	部分自动驾驶（PA）	系统根据环境信息执行转向和加减速，其他驾驶操作都由人来完成	人与系统	人	人	高速公路及市区无车道干涉路段，环岛绕行，拥堵跟车等工况
3	有条件自动驾驶（CA）	系统完成所有驾驶操作，根据系统请求，驾驶人需要提供适当的干预	系统	系统	人	高速公路正常行驶，市区无车道干涉路段
4	高度自动驾驶（HA）	系统完成所有驾驶操作，特定环境下系统会向驾驶人提出响应请求，驾驶人可以对系统请求不进行响应	系统	系统	系统	高速公路全部工况及市区有车道干涉路段
5	完全自动驾驶（FA）	系统可以完成驾驶人能够完成的所有道路环境下的操作，不需要驾驶人介入	系统	系统	系统	所有行驶工况

表 13-2　网联化分级

等级	等级名称	等级定义	控制	典型信息	传输需求
1	网联辅助信息交互	基于车 - 路、车 - 后台通信，实现导航等辅助信息的获取以及车辆行驶与驾驶人操作等数据的上传	人	地图、交通流量、交通标志、里程等信息	传输实时性、可靠性要求较低
2	网联协同感知	基于车 - 车、车 - 路、车 - 人、车 - 后台通信，实时获取车辆周边交通环境信息，与车载传感器的感知信息融合，作为自车决策与控制系统的输入	人与系统	周边车辆 / 行人 / 非机动车位置、信号灯相位、道路预警等信息	传输实时性、可靠性要求较高
3	网联协同决策与控制	基于车 - 车、车 - 路、车 - 人、车 - 后台通信，实时并可靠获取车辆周边交通环境信息及车辆决策信息，车 - 车、车 - 路等各交通参与者之间的信息进行交互融合，形成车 - 车、车 - 路等各交通参与者之间的协同决策与控制	人与系统	车 - 车、车 - 路间的协同控制信息	传输实时性、可靠性要求最高

■ 13.3 智能网联无人驾驶汽车基本结构原理

1. 智能网联无人驾驶汽车总体组成

智能网联无人驾驶汽车的车身、底盘和动力部分与传统汽车类似，区别在于增加了智能和网联部分，其主要由环境感知系统、定位导航系统、中央处理单元、路径规划系统、运动控制系统与辅助驾驶系统六大系统组成，如图 13-8 所示。

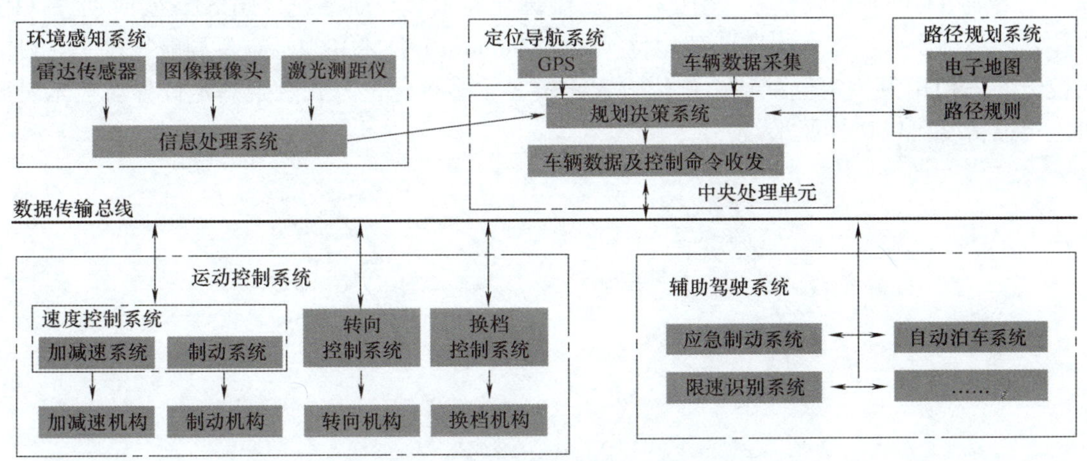

图 13-8 智能网联无人驾驶汽车总体组成

（1）环境感知系统

传统汽车靠驾驶人眼睛和耳朵感知周围环境情况（道路、车辆、行人等情况），无人驾驶汽车则依靠传感器感知周围环境，并对信息进行处理，并传送给中央处理器。常见的传感器有雷达传感器和视觉传感器（图 13-9）。

雷达传感器主要用来探测一定范围内障碍物（如车、人、路肩等）的方位、距离及移动速度。常用车载雷达种类有激光雷达、毫米波雷达和超声波雷达。激光雷达精度高、探测范围广，如谷歌无人车顶上的 64 线激光雷达，可以通过每秒 130 万个云点来扫描车辆的外部环境，但成本高达 70 多万元人民币；毫米波雷达成本相对较低，探测距离较远，被车企广泛使用，但与激光雷达比精度稍低、可视角度偏小；超声波雷达成本最低，但探测距离近、精度低，可用于低速下碰撞预警。百度无人车在车辆上方的中间部位，有一个转动的 64 线的激光雷达，两侧还有三个 16 线的激光雷达，可覆盖 64 线激光雷达的盲区，四者配合在一起将获得 360° 的感知，可以及时有效地检测到障碍物，绘制出周边 200m 之内的 3D 地形图并上传至车载计算机中枢。

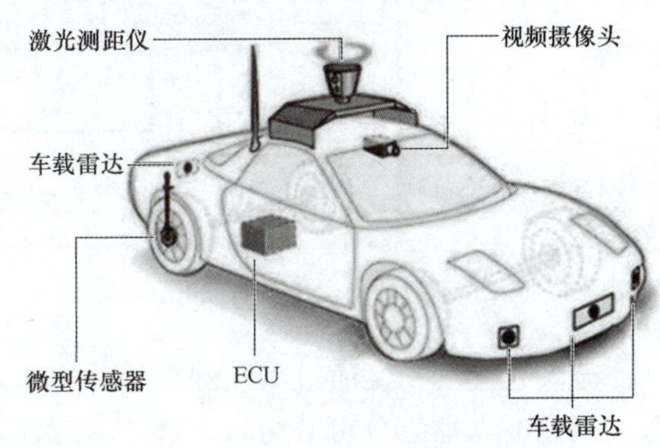

图 13-9 传感器在汽车上的位置

视觉传感器主要用来识别车道线、停止线、交通信号灯、交通标志牌、行人、车辆等。常用的有单目摄像头、双目摄像头、红外摄像头。视觉传感器成本低，种类非常多，但视觉算法易受光照、阴影、污损、遮挡影响，准确性、可靠性有待提高。

（2）定位导航系统

无人驾驶汽车通过定位导航系统获得汽车的位置、姿态等信息（比如获取经纬度坐标、速度、加速度、航向角等）。常用的定位导航技术有航迹推算（DR）技术、惯性导航系统（INS）、全球卫星导航（GPS）定位技术（图 13-10）、中国北斗卫星导航系统（BDS）、实时动态（RTK）定位技术、路标定位技术、地图匹配定位（Map Matching）技术和视觉定位导航技术等。目前国内高校无人车使用卫星定位＋基站定位方式比较多。多种定位方式融合是定位导航技术发展的趋势，定位精度可以达到厘米级。

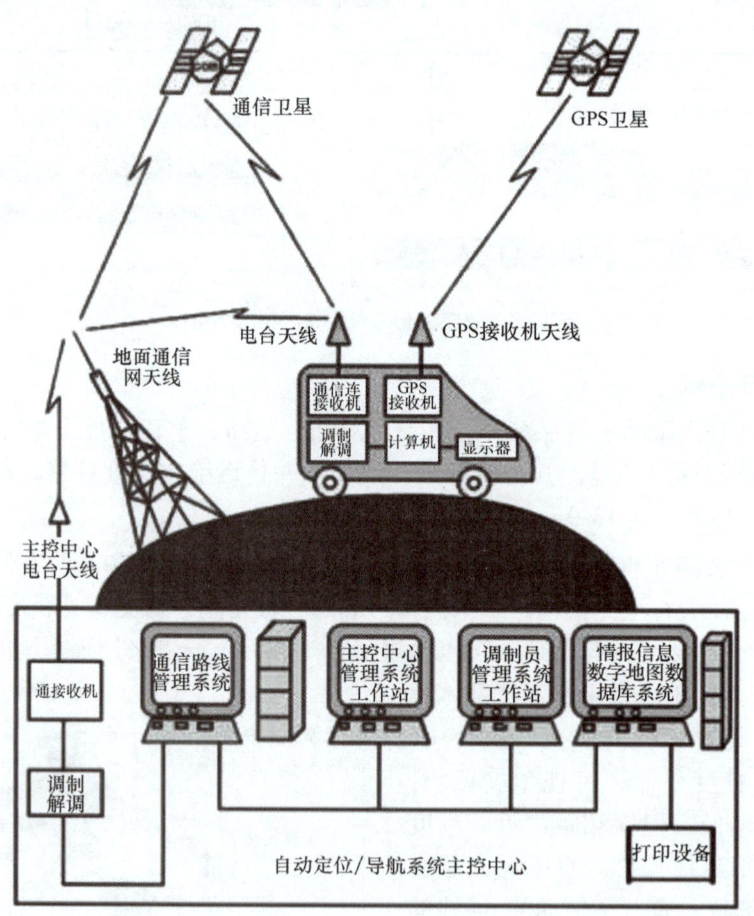

图 13-10　汽车卫星导航

无人驾驶汽车又通过车联网系统获得车与 X（车、路、人、云端等）的各种信息。车联网系统从空间立体划分可分为云、管、端三段。端系统是汽车的智能传感器，是具有车内通信、车之间通信、车网通信功能的通信终端，同时还是让汽车具备车联网（IOV）寻址和网络可信标识等能力的设备。管系统解决车与车（V2V）、车与路（V2R）、车与网（V2I）、车与人（V2H）

的互联互通，实现车辆自组网及多种异构网络之间的通信与漫游，在功能和性能上保障实时性、可服务性与网络泛在性。它还是公网与专网的统一体。云系统是一个云架构的车辆运行信息平台，它的生态链包含了与汽车相关的各项使用服务内容。其应用系统也是围绕车辆的数据汇聚、计算、调度、监控、管理与应用的复合体系。

目前智能网联汽车无线通信技术主要有车载通信（V2X）、专用短程通信（DSRC）、长期演进技术 - 车辆通信（LTE-V）和 5G 移动通信等，由于 5G 通信具有高速率（网络速度是 4G 的 11.2 倍）、低时延（人类眨眼的时间为 100ms，而 5G 的时延为 1ms）和大容量（是 4G 的 10 倍），备受智能网联汽车无线通信的青睐。

（3）中央处理单元

汽车驾驶人靠大脑进行判断分析，无人驾驶汽车的“大脑”则是计算机的中央处理单元，它精确地存储每条公路的限速标准和出入口位置。该系统处理速度快，且具有自主学习功能。

百度无人驾驶汽车的“大脑”，形状如一个行李舱大小，被安装在汽车的行李舱内（图 13-11），里面包括感知、定位、规划、决策、控制、高精地图等软件，以及 CPU 等各种计算所需硬件。软件由算法、计算、数据三大元素构成。其中，算法是模拟人脑的神经元进行计算工作的，由万亿级的参数、千亿级的样本和训练组成。计算能力则是指百度大脑背后的数十万台 GPU 服务器的计算服务。数据量非常之大，包括上万亿的互联网网页内容、每天数十亿次的网民搜索请求、百亿级的定位请求等。由于百度无人驾驶车人工智能采用的是一种“云 + 端”的技术路线，就是百度每天会采集 10TB 以上的驾驶数据，然后上传至云端，而云端背后的数千台 GPU 服务器集群则会以 GB/ms 的数据处理速度对其进行处理，进而教会百度的所有无人驾驶汽车如何开车。

图 13-11　百度无人驾驶汽车“大脑”

（4）路径规划系统

路径规划是指在一定环境模型基础上，给定无人驾驶汽车的起始点与目标点后，按照某一性能指标规划出一条安全到达目标点的最佳路径。

路径规划包括大范围不考虑运动细节的全局路径规划以及具体到运动轨迹的局部路径规划（如换道、超车、等待、泊车等），具体分为两个步骤，一是建立环境地图，二是调用搜索算法在环境地图中搜索可行路径。

百度路径规划控制系统是由车载主控计算机和相应路径规划、控制软件组成的。该系统能根据环境识别系统提供的道路信息及障碍情况，规划出车辆所应采取的行为，组织协调相关行为的执行，随时对不合理的行为进行修正。

（5）运动控制系统

传统汽车操控靠驾驶人的四肢，无人驾驶汽车靠的是线控执行器。方向盘线控早期一般在转向柱加装可控电动机，现在一般利用较为成熟的转向助力零部件实现；加速与制动线控的改造，早期一般使用钢丝牵引车内踏板，但控制精度不高，现在一般直接使用车内总线协议向整车控制器发送控制指令；档位线控的改造，早期一般靠步进电动机实现，现在同样向整车控制器发送指令实现档位控制。

无人驾驶汽车的运动控制分为纵向控制和横向控制（图 13-12），纵向运动控制通过对加速和制动的协调，实现对期望车速的精确跟随。横向运动控制在保证车辆操纵稳定的前提下，实现无人驾驶的路径跟踪。

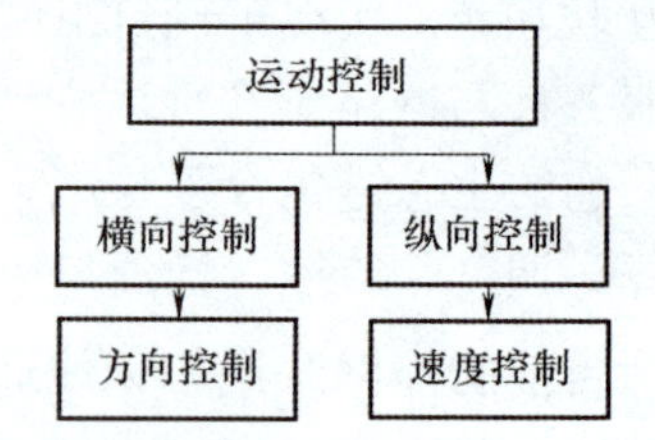

图 13-12　无人驾驶汽车的运动控制

（6）辅助驾驶系统

辅助驾驶系统（ADAS）是对那些能够通过各种传感器采集到车辆及周围环境道路的信息后，对当前情况给予驾驶人一定的辅助（例如影像、提示、警告）或者主动减轻 / 避免碰撞危害的一系列技术的总称，属于初级的无人驾驶技术。

目前生产的汽车大部分已经配置有部分辅助驾驶系统，如前车防撞预警系统（FCW）、车道偏离预警系统（LDW）、盲区监测预警系统（BSD）、变道辅助系统（LCA）、自动紧急制动系统（AEB）、自适应巡航控制系统（ACC）、自动泊车辅助系统（APS）、自适应前照明系统（AFS）、驾驶人状态监控系统（DSM）、夜视辅助系统（NVA）、平视显示系统（HUD）等。

2. 智能网联汽车工作原理

智能网联汽车在逻辑与物理上的工作过程如图 13-13 所示。在一个控制周期内，传感器负责感知周围环境及自身状态，计算机中的软件系统负责环境建模、决策与规划，执行器负责执行指令并反馈结果。控制周期一般为毫秒级，由多种传感器采样频率、软件算法复杂度、计算机性能以及执行器频率决定。

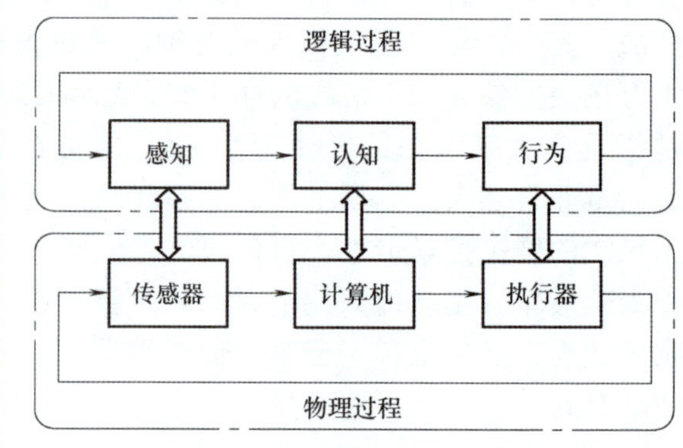

图 13-13　智能网联汽车工作原理

项目小结

1. 四冲程内燃机是指活塞在上、下止点间往复移动四个行程（相当于曲轴旋转了两周），完成进气、压缩、做功、排气一个工作循环的发动机。
2. 汽油发动机总体组成是在一个机体上安装一个机构（曲柄连杆机构）和六大系统（换气系统、燃料供给系统、润滑系统、冷却系统、点火系统和起动系统）。柴油机则为五大系统，没有点火系统。
3. 汽车底盘一般由传动、行驶、转向、制动四大系统组成。
4. 汽车车身主要由车身本体、开启件（各种门、窗、行李舱和车顶盖等）、附件（各种座椅、内外饰、仪表电器、刮水器、洗涤器、风窗除霜装置、空调等）和安全保护装置（保险杠、安全带、安全气囊等）组成。货车及专用车辆还有货箱及专用设备。

5. 新能源汽车是采用非常规的车用燃料作为动力来源（或使用常规的车用燃料、采用新型车载动力装置），综合车辆的动力控制和驱动方面的先进技术，形成的技术原理先进、具有新技术、新结构的汽车。主要特点是节能、环保和低噪声。
6. 电动汽车是纯电动汽车、混合动力电动汽车和燃料电池电动汽车的总称。
   纯电动汽车（BEV）是指驱动能量完全由电能提供的、由电机驱动的汽车。电机的驱动电能来源于车载可充电储能系统或其他能量储存装置。其动力装置主要由动力蓄电池组、驱动电机及控制系统等组成。
   混合动力电动汽车（HEV）是指能够至少从消耗的燃料和可再充电电能储存装置两类车载存储的能量中获得动力的汽车。
   燃料电池电动汽车（FCEV）是指以燃料电池系统作为单一动力源或者是以燃料电池系统与可充电储能系统作为混合动力源的电动汽车。
7. 智能网联汽车是指通过搭载先进传感器、控制器、执行器等装置，并融合现代通信、网络、人工智能等新技术，实现车与 X（车、路、人、云端等）智能信息交换、共享，具备复杂环境感知、智能决策、协同控制等功能，可实现"安全、高效、舒适、节能"行驶，并最终可实现替代人来操作的新一代汽车。
8. 我国将智能汽车划分为 5 个阶段：驾驶辅助（DA）、部分自动驾驶（PA）、有条件自动驾驶（CA）、高度自动驾驶（HA）和完全自动驾驶（FA）。
   我国智能网联汽车目标是：2020 年驾驶辅助（DA）/ 部分自动驾驶（PA）车辆市场占有率达到约 50%；2025 年高度自动驾驶（HA）车辆市场占有率达到约 15%；2030 年完全自动驾驶（FA）车辆市场占有率接近 10%。
9. 智能网联无人驾驶汽车主要由环境感知系统、定位导航系统、中央处理单元、路径规划系统、运动控制系统与辅助驾驶系统六大系统组成。车辆行驶时，各种传感器负责感知周围环境及自身状态，定位导航系统负责将汽车的位置、姿态等信息传，连同前面的传感器感知的环境信息一起送到计算机中央处理单元，计算机中的软件系统负责环境建模、决策与规划，并通过数据传输总线（CAN）下达个各种执行器，执行器负责执行指令并反馈结果。

技能训练与知识测评

1. 观察一辆汽油汽车，辨认出发动机、传动系统、行驶系统、转向系统、制动系统，看看它是如何工作的。
2. 观察一辆纯电动汽车，比较与传统汽车的主要区别。
3. 观察一辆混合动力电动汽车，比较与纯电动汽车的主要区别。
4. 检索百度 2015 年 12 月无人驾驶汽车的路试情况。
5. 检索《中国制造 2025》，找出我国对新能源汽车与智能网联汽车的发展规划。

项目6　安全科学的用车文化

学习目标

◇ 学会辨识中国道路交通标志和标线

◇ 掌握我国道路的通行规则

◇ 了解汽车驾驶证考取流程

◇ 学会汽车驾驶的基本操作

◇ 熟悉汽车的主要性能指标和选购技巧

◇ 了解汽车保险与索赔

◇ 能够进行汽车油料的正确选用和日常维护

◇ 知道汽车驾驶的技巧和节油技术

遵守交通规则，安全文明驾驶，熟悉汽车性能，正确进行驾驶操作和使用维护，对于保证人身和财产安全，延长汽车使用寿命，节约汽车消耗，提高使用效率至关重要。

任务 14 中国道路交通标志和标线识别

任务导入：请辨认图 14-1 中的交通标志各代表什么意思。

图 14-1 辨认交通标志

14.1 我国道路及其附属设施

1. 我国道路

根据道路的不同功能，我国车行道路分为公路和城市道路。城市总体规划区以内的以车辆通行为主的道路称为城市道路，城市总体规划区以外的道路称为公路。除此以外的还有厂矿道路、林区道路和乡村道路等专用道路。

（1）公路等级划分

公路等级按照不同角度有不同划分。公路按使用任务、功能和适应的交通量分为高速公路、一级公路、二级公路、三级公路、四级公路五个等级，按行政等级可分为国家公路、省公路、县公路和乡公路（简称为国、省、县、乡道）以及专用公路几个等级。一般把国道和省道称为干线，县道和乡道称为支线。按快慢分级有高速公路、快速公路、普通公路三大档次。具体分类见表 14-1。

表 14-1 公路等级划分

划分方法	分 级	含 义
功能型	高速公路	专供汽车分向、分车道高速行驶，并全部控制出入的多车道公路
	一级公路	专供汽车分向、分车道高速行驶，并可根据需要控制出入的多车道公路
	二级公路	供汽车行驶的双车道公路，一般能适应每昼夜 3000 ～ 7500 辆中型载货汽车交通量
	三级公路	主要供汽车行驶的双车道公路，一般能适应每昼夜 1000 ～ 4000 辆中型载货汽车交通量
	四级公路	主要供汽车行驶的双车道或单车道公路。双车道能适应每昼夜中型载货汽车交通量 1500 辆以下。单车道能适应每昼夜中型载货汽车交通量 200 辆以下

（续）

划分方法	分　级	含　义
行政级别型	国道	具有全国性政治、经济意义的主要干线公路，包括重要的国际公路、国防公路，连接首都与各省、自治区、直辖市首府的公路，连接各大经济中心、港站枢纽、商品生产基地和战略要地的公路
	省道	具有全省性的政治、经济、国防意义，并经省、市、自治区统一规划确定为省级干线公路
	县道	具有县、县级市的政治、经济意义的主线干道，连接县城和县内主要乡（镇）等主要地方
快慢型	高速公路	专供汽车分向、分车道高速行驶，并全部控制出入的多车道公路
	快速公路	能供汽车持续快速行驶的公路，介于普通公路与高速公路之间的汽车专用道路
	普通公路	即一般公路

（2）城市道路等级划分

城市道路等级分快速路、主干路、次干路、支路四级。具体分类见表 14-2。

表 14-2　城市道路等级划分

分　级	含　义
快速路	道路宽度不小于 40m，设有中央分隔带，具有四条以上机动车道，全部或部分采用立体交叉与控制出入，供汽车以较高速度行驶，设计行车速度为 60 ～ 100km/h
主干路	连接城市各分区的干路，以交通功能为主。道路宽度 30 ～ 40m，设计行车速度为 40 ～ 60km/h
次干路	承担主干路与各分区间的交通集散作用，兼有服务功能。道路宽度 25 ～ 40m，设计行车速度为 30 ～ 50km/h
支路	次干路与街坊路（小区路）的连接线，以服务功能为主。道路宽度 15 ～ 25m，设计行车速度为 20 ～ 40km/h

2. 道路附属设施

指为保护、养护公路和保障公路安全畅通所设置的公路防护、排水、养护、管理、服务、交通安全、渡运、监控、通信、收费等设施、设备以及专用建筑物、构筑物等。任何单位和个人不得损坏、擅自移动、涂改公路附属设施。

公路附属设施包括交通安全设施（如护栏、反光标志、防眩设施，危险路段的反光镜、警告标志等）、交通管理设施（如交通标志、路面标线、紧急电话、公路通信、监控、收费设施等）、防护设施（如在积雪、积沙、坠石等地段设置的防护设施）、服务设施（如高速公路的服务区）、公路管理房屋（如公路养护所需的生产和生活用房等）和各种绿化设施。

14.2 我国道路通行规则

1. 右侧通行原则

我国机动车、非机动车和行人实行右侧通行原则。由于历史原因，目前我国香港特别行政区和澳门特别行政区仍然奉行左侧通行的原则。在国际上，一些国家或地区实行的是右侧通行的制度，如美国、俄罗斯等；一些国家或地区实行的是左侧通行的制度，如英国、日本等。

2. 分道行驶的原则

分道行驶的原则也称各行其道原则或路权原则。机动车、非机动车、行人必须各行其道，才能确保道路通行秩序良好。

3. 优先权原则

优先权原则包括流向优先和交通物体优先。

1）流向优先。直行车辆优先于转弯车辆，干道上行驶的车辆优先于支路上行驶的车辆；车辆行至无管制交叉路口时，只有在右边无车辆驶入路口时才可通过。

2）交通物体优先。火车和有轨电车在行驶时，优先于其他一切交通物体；一切车辆在道内通行时，优先于行人；紧急车辆如警车及护卫的车队、消防车、救护车、工程抢险车等优先于其他车辆；在人行横道内行走的行人优先于车辆。

4. 确保安全、畅通原则

车辆、行人应当按照交通信号通行；遇有交通警察现场指挥时，应当按照交通警察的指挥通行，在没有交通信号的道路上，应当在确保安全、畅通的原则下通行。

14.3 道路交通标志和标线识别

道路交通标志和标线是指设置在道路上用规定的图形、符号、文字、线条、立面标记、突起路标等来表示特定管理内容和行为规则的交通设施。

我国道路交通标志分为主标志和辅助标志两大类，每大类又分若干小类，见表 14-3。

表 14-3 我国道路交通标志分类

分类		含义
主标志	警告标志	警告车辆、行人注意危险地点的标志
	禁令标志	禁止或限制车辆、行人交通行为的标志
	指示标志	指示车辆、行人行进的标志
	指路标志	传递道路方向、地点、距离信息的标志
	旅游区标志	提供旅游景点方向、距离的标志
	道路施工安全标志	通告道路施工区通行的标志
辅助标志		附设在主标志下，起辅助说明作用的标志

道路交通标线是由标划于路面上的各种线条、箭头、文字、立面标记、突起路标和轮廓标等所构成的交通安全设施。它的作用是管制和引导交通。可以与标志配合使用，也可单独使用。

道路交通标线分类见表 14-4。

表 14-4　道路交通标线分类

分类方法	分　类	含　义
按设置方式分	纵向标线	沿道路行车方向设置的标线
	横向标线	与道路行车方向成角度设置的标线
	其他标线	字符标记或其他形式标线
按功能分	指示标线	指示车行道、行车方向、路面边缘、人行道等设施的标线
	禁止标线	告示道路交通的遵行、禁止、限制等特殊规定，车辆驾驶人及行人需严格遵守的标线
	警告标线	促使车辆驾驶人及行人了解道路上的特殊情况，提高警觉，准备防范应变措施的标线
按型态分	线条	标划于路面、缘石或立面上的实线或虚线
	字符标记	标划于路面上的文字、数字及各种图形符号
	突起路标	安装于路面上用于标示车道分界、边缘、分合流、弯道、危险路段、路宽变化、路面障碍物位置的反光或不反光体
	路边丝轮廓标	安装于道路两侧，用以指示道路的方向、车行道边界轮廓的反光柱(或片)
按标划区	白色虚线	划于路段中时，用以分隔同向行驶的交通流或作为行车安全距离识别线；划于路口时，用以引导车辆行进
	白色实线	划于路段中时，用以分隔同向行驶的机动车和非机动车，或指示车行道的边缘；设于路口时，可用作导向车道线或停止线
	黄色虚线	划于路段中时，用以分隔对向行驶的交通流；划于路侧或缘石上时，用以禁止车辆长时在路边停放
	黄色实线	划于路段中时，用以分隔对向行驶的交通流；划于路侧或缘石上时，用以禁止车辆长时或临时在路边停放
	双白虚线	划于路口时，作为减速让行线；设于路段中时，作为行车方向随时间改变之可变车道线
	双黄实线	划于路段中时，用以分隔对向行驶的交通流
	黄色虚实线	划于路段中时，用以分隔对向行驶的交通流。黄色实线一侧禁止车辆超车、跨越或回转，黄色虚线一侧在保证安全的情况下准许车辆超车、跨越或回转
	双白实线	划于路口时，作为停车让行线

任务 15　如何考取汽车驾驶证

任务导入：图 15-1 是小型汽车驾驶证科目二考试中的倒车入库项目，请说明其考试要求，

并请教老师傅如何通过考试。

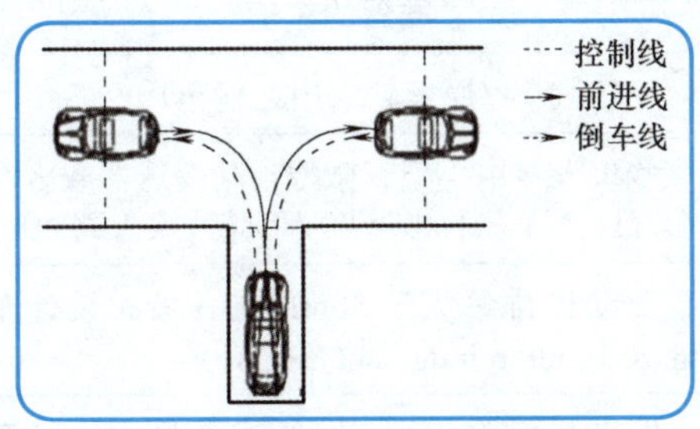

图 15-1　倒车入库

■ 15.1　汽车驾驶证种类

根据《机动车驾驶证申领和使用规定》，驾驶机动车，应当依法取得机动车驾驶证（图 15-2）。

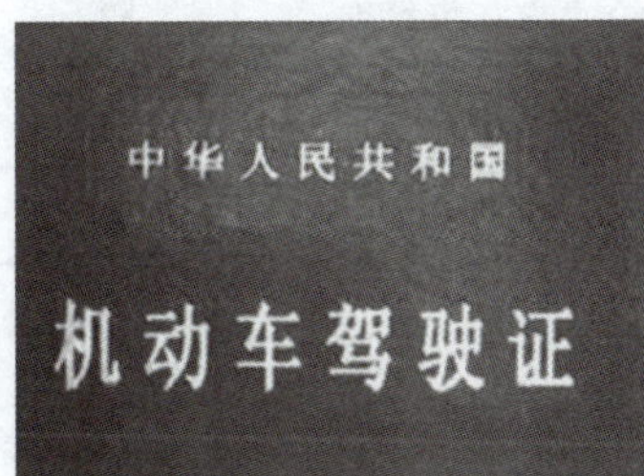

图 15-2　机动车驾驶证

申请机动车驾驶证，应当符合国务院公安部门规定的驾驶许可条件（如年龄条件、身体条件等）。经考试合格后，由公安机关交通管理部门发给相应类别的机动车驾驶证。

我国汽车准驾车型及代号见表 15-1。

表 15-1　准驾车型及代号

<table>
<tr><th>准驾车型</th><th>代号</th><th>准驾的车辆</th><th>准予驾驶的其他准驾车型</th></tr>
<tr><td>大型客车</td><td>A1</td><td>大型载客汽车</td><td>A3、B1、B2、C1、C2、C3、C4、M</td></tr>
<tr><td>牵引车</td><td>A2</td><td>重型、中型全挂、半挂汽车列车</td><td>B1、B2、C1、C2、C3、C4、M</td></tr>
<tr><td>城市公交车</td><td>A3</td><td>核载 10 人以上的城市公共汽车</td><td>C1、C2、C3、C4</td></tr>
<tr><td>中型客车</td><td>B1</td><td>中型载客汽车（含核载 10 人以上、19 人以下的城市公共汽车）</td><td rowspan="2">C1、C2、C3、C4、M</td></tr>
<tr><td>大型货车</td><td>B2</td><td>重型、中型载货汽车；大、重、中型专项作业车</td></tr>
<tr><td>小型汽车</td><td>C1</td><td>小型、微型载客汽车以及轻型、微型载货汽车，轻、小、微型专项作业车</td><td>C2、C3、C4</td></tr>
<tr><td>小型自动变速器汽车</td><td>C2</td><td>小型、微型自动变速器载客汽车以及轻型、微型自动变速器载货汽车</td><td></td></tr>
<tr><td>低速载货汽车</td><td>C3</td><td>低速载货汽车（原四轮农用运输车）</td><td>C4</td></tr>
</table>

（续）

准驾车型	代号	准驾的车辆	准予驾驶的其他准驾车型
三轮汽车	C4	三轮汽车（原三轮农用运输车）	
残疾人专用小型自动变速器载客汽车	C5	残疾人专用小型、微型自动变速器载客汽车（只允许右下肢或者双下肢残疾人驾驶）	
普通三轮摩托车	D	发动机排量大于 50mL 或者最大设计车速大于 50km/h 的三轮摩托车	E、F
普通二轮摩托车	E	发动机排量大于 50mL 或者最大设计车速大于 50km/h 的二轮摩托车	F
轻便摩托车	F	发动机排量小于等于 50mL，最大设计车速小于等于 50km/h 的摩托车	
轮式自行机械车	M	轮式自行机械车	
无轨电车	N	无轨电车	
有轨电车	P	有轨电车	

15.2 汽车驾驶考试科目

驾驶人考试分三部分，即道路交通安全法律、法规和相关知识考试科目（简称“科目一”），场地驾驶技能考试科目（简称“科目二”），道路驾驶技能和安全文明驾驶常识考试科目（简称“科目三”），驾驶人考试时应按科目顺序依次过关。

小型汽车驾驶人科目二考试项目共五项，分别为倒车入库、坡道定点停车和起步、侧方位停车、曲线行驶、直角转弯。

温馨提示：科目二考试视频请扫描二维码观看。

倒车入库

坡道定点停车和起步

侧方位停车

曲线行驶

直角转弯

15.3 汽车驾驶的基本操作

不同型号汽车操纵机构及其使用有所不同，这里以上海桑塔纳 2000GSi 汽车为例，介绍汽车主要操纵机构使用方法。

（1）汽车座椅使用

汽车座椅可以通过相关的拨杆或按钮（图 15-3）进行座椅的前后调整、上下调整、座椅靠背角度调整、腰部支撑调整和头枕调整。

图 15-3 座椅的调整

（2）汽车安全带使用（图 15-4）

1）系上安全带。缓慢拉出安全带舌片，将其通过胸部，然后将其插入座椅侧的锁止机构，直至听到啮合声。

2）取下安全带。按下锁止机构上的橘黄色按钮以取出安全带，舌片会弹出。用手将舌片送向车门使回位器卷起安全带，挡板会将舌片保持在合适的位置。

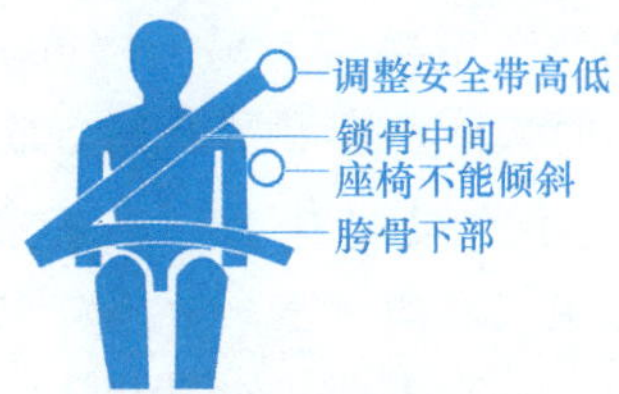

图 15-4　汽车安全带

（3）驻车制动器使用（图 15-5）

1）制动。将手柄向上拉，必须紧紧拉足，以防汽车自动滑移。如果在接通点火开关时使用驻车制动器，制动警告信号灯会点亮。

2）松制动。将手柄略朝上拉，按下锁钮并将驻车制动杆向下推足。

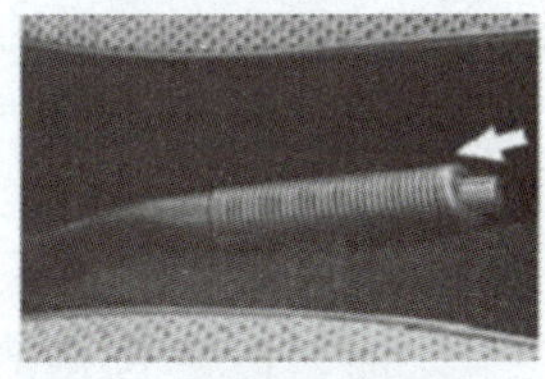
图 15-5　驻车制动器使用

（4）离合器踏板使用

离合器踏板位置如图 15-6 所示，它由左脚控制。踩离合器踏板要踩到底，放离合器踏板要缓慢，以免汽车起步冲击。对于配置自动变速器的汽车，则没有离合器踏板。

图 15-6　汽车离合器、制动踏板及加速踏板

（5）制动踏板使用（图 15-6）

用来施行汽车制动，由右脚控制，非紧急情况下，不要进行紧急制动，一般采用点制动。

（6）加速踏板使用（图 15-6）

加速踏板俗称“油门”，用来控制发动机转速，由右脚控制。右脚掌轻放于加速踏板 2/3 处，根据道路、车载及环境情况确定车辆速度。

（7）方向盘使用

使用时左手轻握方向盘左上方，右手轻握方向盘右上方，左手和右手大拇指自然伸直靠于方向盘轮缘上部，其余四指应由外向内轻握，如图 15-7 所示。

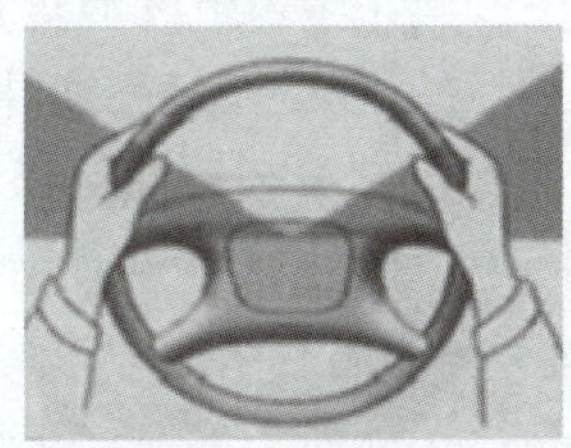
图 15-7　汽车方向盘使用

（8）点火开关使用

点火开关有三个位置（图 15-8），处于位置 1 时，点火开关断开。处于位置 2 时，点火开关接通。处于位置 3 时，可以起动发动机。

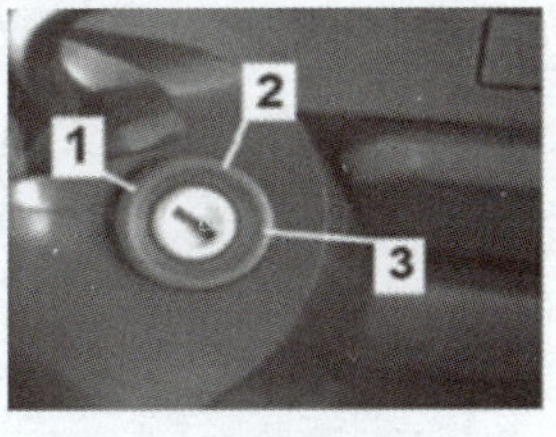

图 15-8　桑塔纳 2000GSi 汽车点火开关使用

1—点火开关断开　2—点火开关接通　3—起动发动机

（9）变速杆使用

1）手动变速器。桑塔纳 2000GSi 汽车手动变速器变速杆如图 15-9 所示，有 5 个前进档和一个倒档。

换档动作依次为：踩离合器踏板同时松加速踏板→从

原档位经空档拨入另一档位→适当加油→松离合器。挂入倒档时，应在车辆静止时，将变速杆按下，再挂入倒档。

图 15-9　桑塔纳 2000GSi 汽车手动变速器变速杆

2）自动变速器。一般有六七个档位，包括 P（驻车档）、R（倒档）、N（空档）、D（前进档），有的前进档中包括 D、3、2、1 档，如图 15-10 所示。前进档高档位向下兼容，低档位不能自动向上换档。

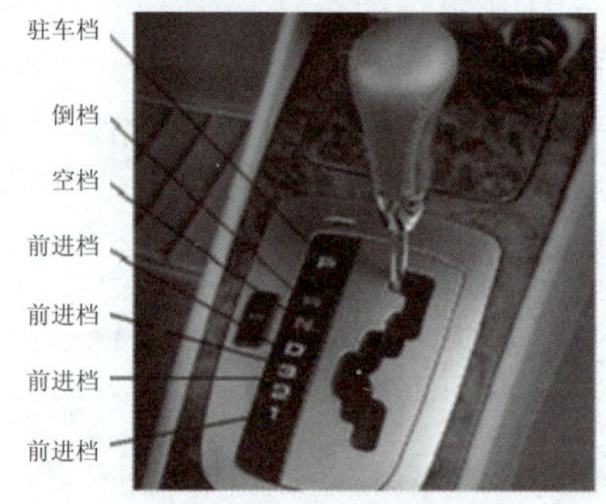

图 15-10　自动变速器变速杆

自动变速器汽车正确的驾驶方法是将变速杆放在 P 位后起动发动机，要踩下制动踏板，方可由 P 位转入其他档位，起步时要将变速杆推到较低档位（即 1、2 或 3 档），待车速提高到一定程度后，再转入 D 位进入正常行驶。当车辆下长坡时，严禁 N 位滑行，应换入 2 档或 1 档，借用发动机制动，以避免制动器过热失效，也容易控制车速，避免事故。倒档与前进档的转换一定要在车辆停止状态下进行，绝对不能在车轮转动时挂入 R 位。

（10）转向信号灯及变光拨杆使用

转向信号灯及变光拨杆结构如图 15-11 所示。

1）转向信号灯使用。点火开关接通后，当拨杆朝上时右转向灯亮，拨杆朝下时左转向灯亮。转向后，转向灯自动熄灭。

2）前照灯近光、远光变换。拨杆朝右抬起，可以进行前照灯近光、远光变换。拨杆朝右轻轻抬起，前照灯远光闪烁，当作用力解除后拨杆自动回到零位。

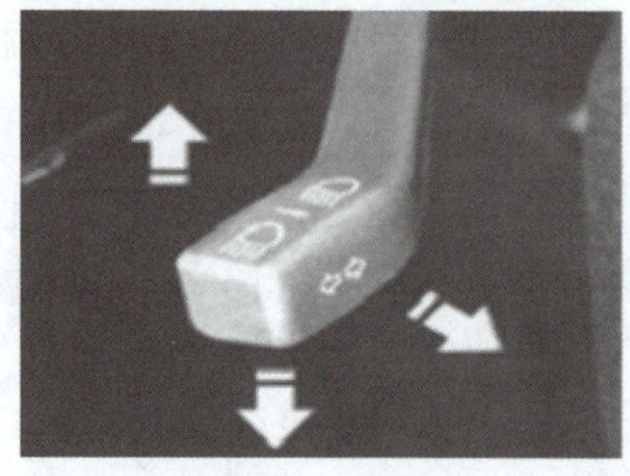

图 15-11　桑塔纳 2000GSi 汽车转向信号灯及变光拨杆

3）变换车道信号。可根据车辆需要变换车道，操作拨杆，操作方法与转向灯操作相同，但不必到底，当作用力消除后，拨杆自动回位。

4）停车灯。在点火开关关闭之后，拨杆向上，右停车灯亮；拨杆向下，左停车灯亮。

（11）风窗刮水及洗涤系统使用

图 15-12 所示为汽车风窗刮水及洗涤系统共用拨杆，用于操纵风窗刮水器运动和洗窗装置。

1）风窗刮水系统使用。设有 4 个档位，手柄处于“0”档时刮水器停止运动，处于“1”档时，刮水器点动刮水，处于“2”档时，快速刮水，处于“3”档时，间隙刮水（每 6s 工作一次）。冰冻季节在起动刮水器开关前应检查刮水片是否与玻璃冻在一起。

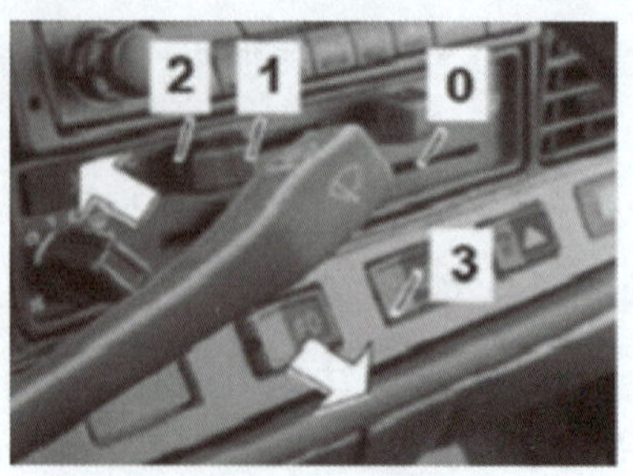

图 15-12　风窗刮水及洗涤系统使用

0—刮水器停止　1—刮水器点动
2—快速刮水　3—间隙刮水

2）自动洗窗装置使用。朝上抬起刮水开关拨杆，刮水器及洗窗器即开始工作。复原拨杆，洗窗器停止而刮水器继续工作约 4s。

（12）暖风、通风及空调使用

汽车暖风、通风及空调控制装置如图 15-13 所示，使用方法如下：

1）打开开关 E，空调开始工作。

2）旋转开关 D，可以调节鼓风机转速。

3）左右拉动拨杆 A 和 B，可以开闭各出风口，调节空气在车厢里的分布。

4）左右拉动拨杆 C，可以进行温度选择。拨杆 C 向右，温度提高；向左，温度降低。

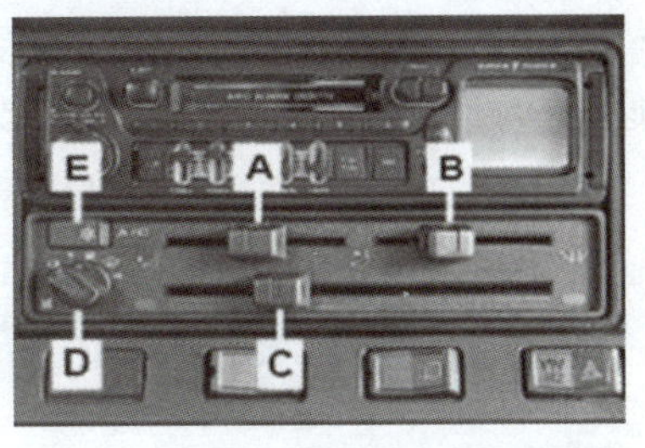

图 15-13　桑塔纳 2000GSi 汽车暖风、通风及空调控制

温馨提示：汽车主要操纵机构使用视频请扫描二维码观看。

座椅调整与驻车制动器使用

方向盘与安全带使用

汽车离合器、制动器与加速踏板的使用

变速器使用

点火开关、转向信号灯和变光拨杆的使用

风窗刮水系统和自动洗窗装置的使用

暖风、通风及空调控制

■ 15.4　汽车驾驶节油技术

汽车油耗高低很大程度上与驾驶人的驾驶技术有关，同一辆车，不同驾驶人驾驶，耗油量的差别可达 8% ～ 15%。驾驶应注意的主要问题有以下几个方面。

（1）适宜的发动机冷却液温度（图 15-14）

发动机正常的冷却液温度应保持在 80 ～ 90℃，过高或过低都会使油耗增加。

图 15-14　发动机冷却液温度过高

（2）合适的轮胎气压（图 15-15）

时常检查保持轮胎气压在最佳状态，气压不足会增加耗油量，还会增加轮胎磨损。

图 15-15　合适的轮胎气压

（3）暖车起步

汽车冷起动时，应使发动机原地怠速运行一段时间，俗称“暖车”。再使汽车起步，由低档到高档，逐渐转入正常工作状态，可达到有效节油和延长汽车寿命的目的。

（4）经济车速运行

汽车说明书提供了最省油的速度区间，行驶时，在遵守高速限速的前提下，利用加速踏板和汽车档位配合，使汽车尽量在经济车速下行驶。

（5）空档滑行节油（图 15-16）

在平路上，先将汽车加速到经济车速上限，然后挂空

图 15-16　空档滑行节油

档，让汽车利用惯性滑行，至车速降至经济车速的下限，再踩加速踏板，使车速恢复到经济车速上限，这种方法可以达到有效节油效果。

任务 16 如何进行汽车选购

任务导入：小张为了上班需要，拟购买一辆汽车，但经济实力有限，请帮忙推荐一款车型。

16.1 汽车分类

1. 汽车定义

不同国家、不同时代，对汽车定义有所不同，我国目前对汽车的定义是，由动力驱动，一般具有 4 个或 4 个以上车轮的非轨道承载车辆，包括电力线相连的车辆（如无轨电车）主要用于载运人、货物及其他的一些特殊用途。整车整备质量超过 400kg、不带驾驶室、用于载运货物的三轮车辆，和整车整备质量超过 600kg，带驾驶室的三轮车辆，以及整车整备质量不超过 600kg、不带驾驶室、不具备载货结构或功能且设计和制造上最多乘坐 2 人（包括驾驶人）的三轮车辆也属于汽车。

汽车的常见英文单词是“automobile”，由“auto”和“mobile”构成；也有用“motor vehicle”，由“motor”（发动机）和“vehicle”（车辆）构成；而“truck”多指载货汽车；“bus”指中型客车；“car”多指轿车。

2. 汽车分类

（1）按用途分

根据 GB 7258—2017 规定，我国汽车分为载客汽车和载货汽车等 5 类，各类汽车定义见表 16-1。

载客汽车主要是指用于载运人员的汽车，包括装置有专用设备或器具的汽车。

载货汽车（货车）主要是指用于载运货物或牵引挂车的汽车，包括装置有专用设备或器具的汽车。

客车主要是指用于载运乘客及其随身行李的汽车，包括驾驶人座位在内座位超过 9 个的汽车。

校车是指用于有组织的 3 周岁以上幼儿或接受义务教育的学生上下学的 7 座以上的载客汽车。

（2）按发动机位置及驱动形式分（图 16-1）

1）前置发动机前驱动（FF）：发动机位于汽车前部，前轮是驱动轮。

2）前置发动机后驱动（FR）：发动机位于汽车前部，后轮是驱动轮。

3）中置发动机后驱动（MR）：发动机位于汽车中部，后轮是驱动轮。

4）后置发动机后驱动（RR）：发动机位于汽车中部，后轮是驱动轮。

5）四轮驱动（4WD）：四轮驱动是指汽车所有车轮都是驱动轮，一般用于越野车。

汽车驱动情况常用 4×2、4×4 等表示，前一位数表示汽车总车轮数，后一位数表示汽车驱动轮数。

表 16-1　汽车分类（按用途）

<table>
<tr><th colspan="4">分　类</th><th>定　义</th></tr>
<tr><td rowspan="11">载客汽车</td><td colspan="3">乘用车</td><td>主要用于载运乘客及其随身行李和/或临时物品的汽车，包括驾驶人座位在内最多不超过 9 个座位。它可以装置一定的专用设备或器具，也可以牵引一辆中置轴挂车</td></tr>
<tr><td colspan="3">旅居车</td><td>装备有睡具及其他必要的生活设施、用于旅行宿营的汽车</td></tr>
<tr><td rowspan="5">客车</td><td rowspan="4">未设置乘客站立区的客车</td><td>公路客车（长途客车）</td><td>专门从事旅客运输的客车（包括卧铺客车）</td></tr>
<tr><td>旅游客车</td><td>专门用于运载游客的客车</td></tr>
<tr><td>未设置乘客站立区的公共汽车</td><td>有固定的公交营运线路和车站，主要在城市道路运营的客车</td></tr>
<tr><td>专用客车</td><td>用于载运特定人员并完成特定功能的客车，也包括装置有专用设备或器具，座位数（包括驾驶人座位）超过 9 个的专用汽车</td></tr>
<tr><td colspan="2">设有乘客站立区的客车</td><td>指最大设计车速小于 70km/h、设有座椅及乘客站立区，并有足够的空间供频繁停站时乘客上下车走动，有固定的公交营运线路和车站，主要在城市建成区运营的客车（也包括无轨电车）</td></tr>
<tr><td rowspan="4">校车</td><td colspan="2">幼儿校车</td><td>接送 3 周岁以上学龄前幼儿上下学的校车</td></tr>
<tr><td colspan="2">小学生校车</td><td>接送小学生上下学的校车</td></tr>
<tr><td colspan="2">中学生校车</td><td>接送九年制义务教育阶段学生（小学生和初中生）上下学的校车</td></tr>
<tr><td colspan="2">专用校车</td><td>专门用于运送 3 周岁以上学龄前幼儿或义务教育阶段学生的校车</td></tr>
<tr><td rowspan="3">载货汽车</td><td colspan="3">半挂牵引车</td><td>装备有特殊装置用于牵引半挂车的汽车</td></tr>
<tr><td colspan="2" rowspan="2">低速汽车</td><td>低速货车</td><td>最大设计车速小于 70km/h，具有四个车轮的载货汽车</td></tr>
<tr><td>三轮汽车</td><td>最大设计车速小于或等于 50km/h，具有三个车轮的载货汽车</td></tr>
<tr><td colspan="4">专项（专用）作业车</td><td>装置有专用设备和器具，用于工程专项（包括卫生医疗）作业的汽车，如汽车起重机、消防车、混凝土泵车、清障车、高空作业车、扫路车、吸污车、钻机车、仪器车、检测车、监测车、电源车、通信车、电视车、采血车、医疗车、体检医疗车等，但不包括装置有专用设备或仪器而座位数（包括驾驶人）超过 9 个的汽车（消防车除外）</td></tr>
<tr><td colspan="4">教练车</td><td>专门从事驾驶技能培训的汽车</td></tr>
<tr><td colspan="4">残疾人专用车</td><td>在采用自动变速器的乘用车上加装符合标准和规定的驾驶辅助装置，专门供特定类型的肢体残疾人驾驶的汽车</td></tr>
</table>

图 16-1　发动机位置及驱动形式（深色代表发动机）

（3）轿车按车身分类（图 16-2）

1）一厢式：发动机舱、客舱和行李舱在外形上形成一个空间形态。

2）二厢式：发动机舱、客舱和行李舱在外形上形成两个空间形态。

3）三厢式：发动机舱、客舱和行李舱在外形上形成三个空间形态。

若轿车顶盖不可开启，称该车身为闭式；若客舱顶为敞顶或按需要可开闭，称该车身为开式。

a）一厢式

b）二厢式

c）三厢式

图 16-2　轿车按车身分类

（4）按汽车动力装置类型分

1）内燃机汽车。将燃料在气缸内燃烧所产生的热能转化为机械能，用以驱动汽车。如汽油车（以汽油为燃料）、柴油车（以柴油为燃料）、气体燃料汽车（以天然气、液化石油气等气体为燃料）、两用燃料汽车（有两套相互独立的燃料供给系统，分别但不共同向气缸供给燃料）和双燃料（同时使用两种燃料，并按预定的配比向气缸供给燃料）汽车。

2）电动汽车。以电能为动力的汽车，包括纯电动汽车、混合动力电动汽车和燃料电池电动汽车。

3）燃气轮机汽车。用燃气轮机产生动力的汽车，主要用于赛车。

16.2　汽车主要性能指标

（1）尺寸参数（图 16-3）

1）轴距 L。指车轴之间的距离。

2）前、后轮轮距 B_1、B_2。

3）汽车的外廓尺寸。指总长 S、总宽 B 和总高 H。

4）汽车的前悬和后悬 L_F、L_R。前悬指汽车前端至前轮中心的悬置部分，后悬指汽车后端至汽车后轮中心的悬置部分。

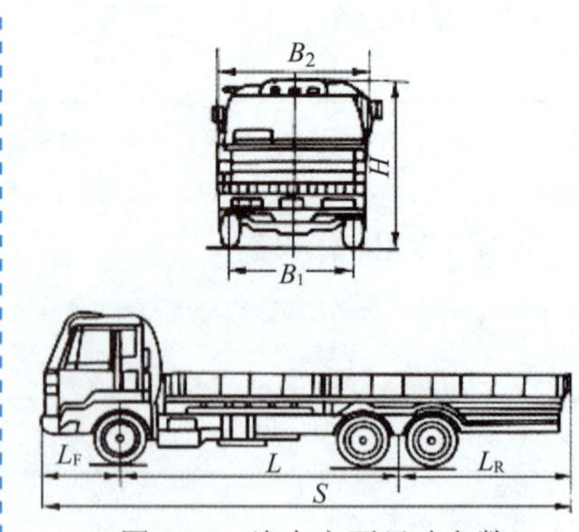

图 16-3　汽车主要尺寸参数

（2）质量参数

1）汽车的装载质量。载客汽车以座位数或载客量计算。载货汽车以其在良好的硬路面行驶时所装载货物质量的最大限额（t）计。

2）汽车的整备质量。指汽车在加满燃料、润滑油、工作液（如制动液）及发动机冷却液并装备（随车工具及备胎等）齐全后但未载人、载货时的质量。

3）汽车的总质量。指已整备完好、装备齐全并按规定载满客、货时的汽车质量。

（3）性能指标

1）汽车的最高车速。指在水平良好路面（混凝土或沥青）上和规定载质量条件下汽车所能达到的最高车速（km/h）。

2）加速时间。指汽车加速到一定车速所需要的时间。

3）爬坡性能。指汽车满载在良好路面等速行驶的最大爬坡度。

4）发动机有效功率。发动机曲轴输出的功率称为有效功率。我国内燃机功率标定分为四级，见表 16-2。

表 16-2　我国内燃机功率标定

分　级	含　义	应　用
15min 功率	在标准环境条件下，内燃机能连续稳定运转 15min 时的最大有效功率	汽车等
1h 功率	在标准环境条件下，内燃机能连续稳定运转 1h 时的最大有效功率	工程机械、拖拉机等
12h 功率	在标准环境条件下，内燃机能连续稳定运转 12h 时的最大有效功率	部分拖拉机和电站等
持续功率	在标准环境条件下，内燃机能长期连续稳定运转的最大有效功率	铁路机车、船舶和发电机组等

5）发动机排量。指一台发动机所有气缸工作容积之和。

6）汽车的燃料消耗量。通常以百公里油耗衡量，即汽车在良好的水平硬路面以一定载荷（轿车半载、货车满载）及最高档等速行驶时的百公里燃料消耗量，单位为 L/100km。

7）最小转弯半径。当方向盘转到极限位置、汽车以最低稳定车速转向行驶时，外侧转向轮的中心平面在支承平面上滚过的轨迹圆半径 R（图 16-4）。

8）汽车的制动距离。指汽车在良好的试验跑道上在规定的车速下紧急制动（紧急制动时踏板力对乘用车要求不大于 500N；对其他车要求不大于 700N）时，由踩制动踏板起到完全停车时的距离。按 GB 7258—2017 要求，乘用车空载以 50km/h 初速度的制动距离应不大于 19m，不同类型的汽车有不同的制动距离要求。

9）汽车的最小离地间隙 h。指汽车满载、静止时，平直地面与汽车上的中间区域最低点之间的距离（图 16-5）。

10）接近角 γ_1。指汽车满载、静止时，前端突出点向前轮所引切线与地面间夹角（图 16-5）。

11）离去角 γ_2。指汽车满载、静止时，后端突出点向后轮所引切线与地面间的夹角（图 16-5）。

12）纵向通过角 β。指汽车满载、静止时，垂直于汽车纵向中心平面，分别与前、后车轮轮胎相切，相交并

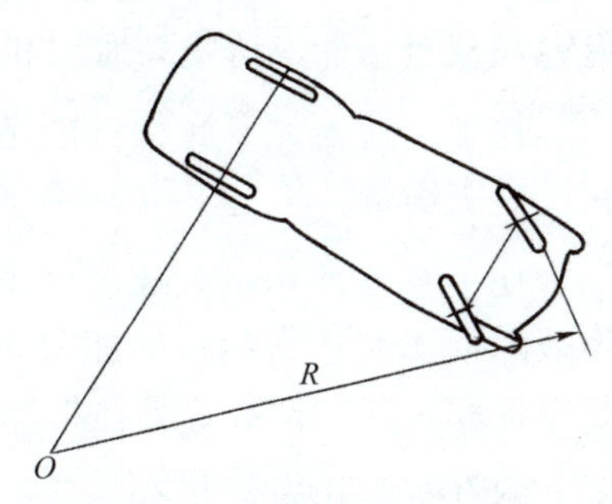

图 16-4　汽车最小转弯半径

与车轮底盘刚性部件（除车轮）接触的两个平面形成的最小锐角（图 16-5）。

13）汽车有害气体排放。汽车有害气体排放主要来自发动机，有一氧化碳（CO）、碳氢化合物（HC）、氮氧化物（NO_x）、二氧化硫（SO_2）、醛类和微粒（含炭烟）等，其主要危害见表 16-3。

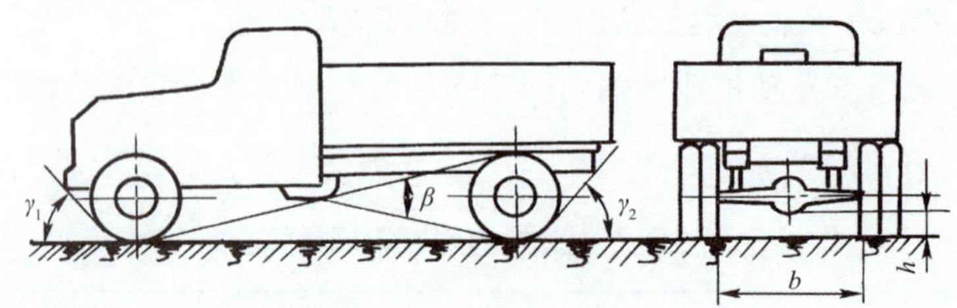

图 16-5　汽车通过性指标

h—最小离地间隙　b—两侧轮胎内缘间距　γ_1—接近角　γ_2—离去角　β—纵向通过角

表 16-3　发动机主要有害排放及危害

有害排放	有害物特征	危　害
CO	无色、无臭、有毒气体	使人出现恶心、头晕、疲劳等缺氧症状，严重时窒息死亡
NO_2	赤褐色，具有刺激性的气体	伤害心、肝、肾，与光化学反应形成臭氧和醛等
HC	刺激性的气体	破坏造血机能，造成贫血、神经衰弱，降低肺对传染病的抵抗力，与光化学反应形成臭氧和醛等
光化学烟雾	HC 与 NO_2 在阳光作用下所形成的烟雾，有刺激性	降低大气可见度，伤害眼睛、咽喉，影响植物生长
醛类	较强的刺激性臭味	伤害眼睛、上呼吸道、中枢神经
微粒	炭烟等	伤害肺组织
SO_2	无色、刺激性气体	刺激鼻喉，引起咳嗽、胸闷、支气管炎等

14）噪声。噪声是汽车工作时发出的一种声强和频率无一定规律的声音。它不仅损害人的听觉器官，还伤害神经系统、心血管系统、消化系统和内分泌系统，容易使人心情烦躁，反应迟钝，甚至耳聋，诱发高血压和神经系统的疾病，应该予以控制。

15）起动性能。起动性能是表征汽车发动机起动难易的指标。一般以一定条件下的起动时间长短来衡量。

16）可靠性和耐久性。可靠性是指发动机在规定的运转条件下，具有持续工作，不至于因为故障而影响正常运转的能力。可靠性一般以保证期内的不停车故障数、停车故障数、更换主要零件和重要零件数等具体指标来衡量。

耐久性是指发动机在规定的运转条件下，长期工作而不大修的性能。耐久性一般以发动机从开始使用到第一次大修前累计运转的时间表示。

■ 16.3　汽车销售市场

现阶段的汽车销售渠道有很多种，有传统的 4S 店、近几年兴起的平行进口车、汽车电商网站、汽车超市、二手车市场、二级经销商、各类汽贸店等。

（1）汽车 4S 店

全称为汽车销售服务 4S 店（图 16-6）。这是目前最普遍也最有代表性的一种汽车销售渠道。4S 店是一种以“四位一体”为核心的汽车特许经营模式，包括整车销售（Sale）、零配件（Spare part）、售后服务（Service）、信息反馈（Survey）等。它拥有统一的外观形象、统一的标识、统一的管理标准。

4S 店的汽车都是从厂家直接进货，其优势主要体现在汽车服务的专业度高、购买流程体验较好、售后服务非常完善等。这种店在一二线城市分布比较密集，贴近当地消费者，购车后的各种维修保养等也比较方便，因此这些区域的购车用户可以优先选择 4S 店这一购买渠道。

图 16-6　汽车 4S 店

（2）平行进口车渠道

全称是平行贸易进口车（图 16-7），是指未经品牌厂商授权，贸易商从海外市场购买，并引入中国市场进行销售的汽车。这种渠道购买汽车的优势主要在于价格，平行进口车绕过了总经销商、大区经销商、4S 店等销售环节，省去了不少中间环节。且平行进口车经销商定价不受厂商控制，比较自由，因此在价格上有较大优惠。但平行进口车的种类多局限于豪华车、进口车，此渠道适合于消费者相对有一定经济实力，喜好豪华品牌的人。但平行进口车的售后可能不像 4S 店那样完善，在遇到一些问题的时候可能会略显麻烦。

图 16-7　平行进口车销售

（3）汽车电商网站

这种购车方式是通过网上购买汽车。现阶段网络平台购车流程通常是线上预付，线下提车交接。其特点是电商系统种类繁多，价格相对透明，但在线下售后服务这方面，相比 4S 店还有较大的完善空间。

（4）二级经销商和各类汽贸店

这类渠道多分布在大中城市以外的地区，这些区域 4S 店数量少，但随着这些地区消费者的购车能力逐年提高，也都有很强的购车需求。这些经销商都是通过和相关的 4S 店合作拿到的车源。这种汽车销售方式主要是方便大中城市以外的地区，其专业度和 4S 店相比要差一些。

（5）汽车超市

是一种同时经营多种汽车品牌，并为顾客提供休息与服务的汽车销售模式（图 16-8）。汽车超市起源于欧洲，是高度发达和成熟的汽车产业发展到一定阶段的产物。现实中的汽车超市车源都是从4S店拿来的，属于二级网点的类型。

(6) 二手汽车市场

二手汽车市场是汽车商品二次流动的场所（图16-9），其功能有二手车评估、收购、销售、寄售、置换、拍卖、过户、转籍、上牌、保险等服务。

由于汽车更新换代快，部分车主原来的车开了几年即更换新车，这大约占二手车市场出售车辆的一半以上。也有因为首次购车练习或一些特殊原因购买二手车的。

购买二手汽车不光看价格，还应该注意其各种手续税费是否完整，使用年限、性能情况以及售后服务情况。

以上几种购车方式和渠道各有利弊，用户可根据自己的实际情况选择购买。

图16-8 汽车超市

图16-9 二手车市场

16.4 汽车选购技巧

(1) 确定购车档次

根据购车目的和家庭经济条件，选择乘用车（微型、普通、中级、中高级、高级、新能源汽车）或货车。选择国产或进口车。一般评价为：德系车安全、美系车大气、法系车时尚、日系车省油。

(2) 确定汽车款式

一般三厢车传统但耗油，两厢车灵活省油。配自动变速器的车操作简单，但是油耗高。多用途车（MPV）（图16-10）可以用作家用车，也可以用作商务车，还可以用作休闲旅行车，甚至可被当作小货车来使用。多功能越野车（SUV）（图16-11）具有MPV的多功能性和越野性，很受年轻人青睐。还有轿跑车（图16-12），兼有轿车和跑车特点。

(3) 汽车颜色选择

根据爱好选择，不同颜色给人的感觉不同。

(4) 比较汽车性能

汽车好坏的本质在于性能，应该要求“马儿跑得快，又要马儿少吃草”，还有舒适性和排放性能。

(5) 选择配置

根据需要、爱好和条件，选择CD音响、卫星定位(GPS)、电动天窗、真皮座椅等。

图16-10 MPV汽车

图16-11 SUV汽车

图16-12 轿跑车

（6）比较售后服务

日后车辆的保养和维修要延续几年甚至十几年时间，良好的售后服务会给你带来许多方便。

（7）比较他人对汽车的评价

请教有经验的汽车修理工、驾驶人、销售人员、专家，查询网上车友论坛和新闻媒体的报道。

（8）新车的现场选购

请有经验的师傅陪同到汽车销售店现场选购。查看车辆出厂日期、外观，开车门听响声。车内检查，转动方向盘，踩离合器、加速踏板和制动踏板。插入钥匙看起动快慢，发动机怠速时查看转速表的指针是否晃动，突然踩下加速踏板，看反应快慢。行驶检查底盘是否异响，检查制动性能。

16.5 汽车贷款、保险与索赔

1. 汽车贷款

（1）汽车消费贷款及其形式

汽车消费贷款是贷款人向申请购买汽车的借款人发放的贷款，是一项刺激汽车消费、扩大汽车销量的措施。

我国的汽车消费信贷以贷款来源分有银行贷款、汽车金融公司贷款和汽车经销商消费信贷3种形式。它们分别是指银行、汽车金融公司和汽车经销商直接面向借款人的消费信贷。

（2）贷款流程

不同汽车消费贷款方式的流程有所不同，以目前常用的汽车经销商信贷为例，其流程如图16-13所示。

2. 汽车保险

（1）汽车保险

汽车保险是以汽车本身及第三者责任等为保险标的的一种不定值财产保险。保险客户主要是拥有各种汽车的法人团体和个人；保险标的主要是各种类型的汽车。

（2）汽车保险意义

随着社会经济的发展和人民生活水平的不断提高，汽车的数量不断增加，尤其是家庭拥有的乘用车数量增长迅速，交通事故频繁发生，给人民的生命财产造成了极大的威胁。因此，汽车保险使道路交通事故受害人依法得到赔偿，是保护人身财产安全的重要举措，是现代社会处理风险的一种非常重要的手段，是风险转嫁的一种最重要、最有效的方法，是不可缺少的经济补偿制度。

我国汽车保险条例规定：在中华人民共和国境内道路上行驶的机动车的所有人或管理人都应当投保交强险，机动车所有人、管理人未按规定投保交强险的，公安机关交通管理部门有权扣留机动车，通知机动车所有人、管理人依照规定投保，并处以应缴纳保险费的2倍罚款。而商业险可以根据需要由车主自主参加。汽车保险由保险公司组织实施。

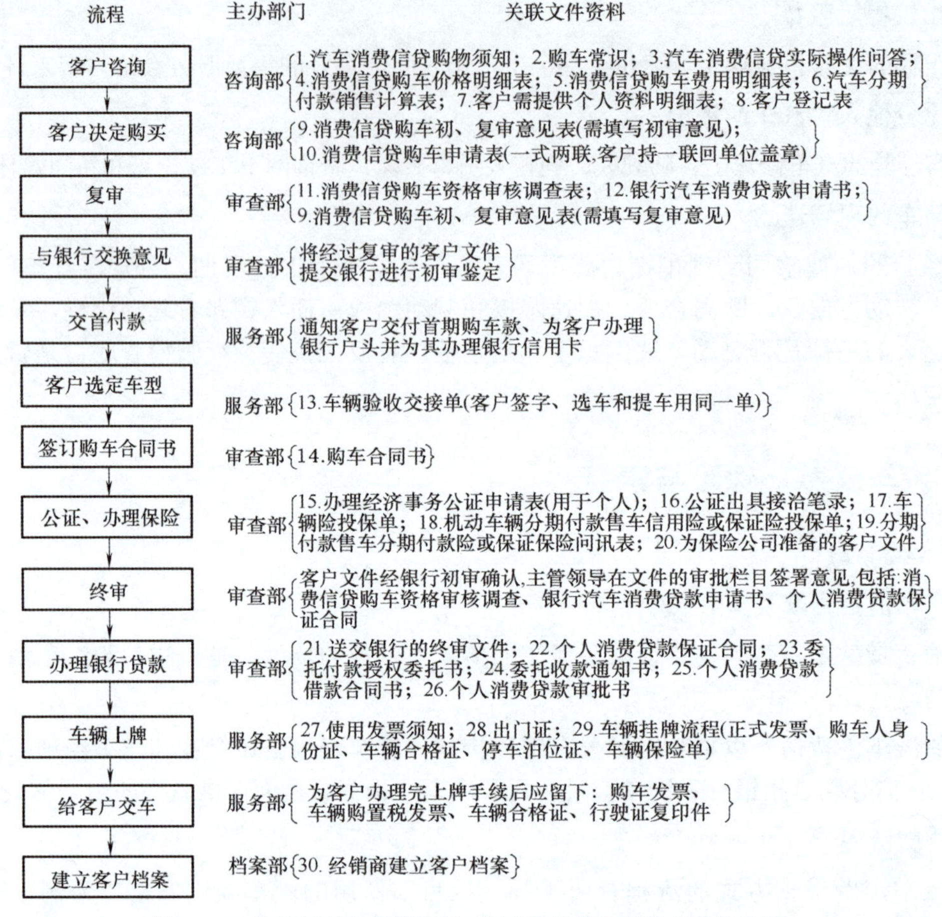

图 16-13　汽车经销商信贷流程（图中数字为操作性文件目录号）

（3）汽车保险的种类

我国汽车保险一般包括强制车险（交强险）和商业车险两种。

1）交强险。交强险是由保险公司对被保险机动车发生交通事故造成第三方受害人（不包括本车人员和被保险人）的人身伤亡、财产损失，在责任限额内予以赔偿的强制性责任保险。

2）商业险。商业车险包括基本险和附加险两部分。

基本险包括车辆损失险和第三者责任险。车辆损失险是指对由于保险责任范围内的自然灾害和意外事故造成投保车辆本身的损失由保险人负责赔偿的一种机动车辆保险。其保险责任包括：①碰撞、倾覆、坠落；②火灾、爆炸；③外界物体坠落、倒塌；④暴雨、暴风、龙卷风、洪水、泥石流、海啸、冰雹；⑤地陷、冰陷、雷击、崖崩、雪崩；⑥载运被保险车辆的渡船遭受自然灾害（限有驾驶人员随船照料）。

第三者责任险是指保险人或其允许的驾驶人员在使用保险车辆过程中发生意外事故，致使第三者遭受人身伤亡或财产直接损毁，依法应当由被保险人承担的赔偿责任，由保险公司负责赔偿。

附加保险种类与内容较多，见表 16-4。

表 16-4　附加保险的种类与内容

序号	种　类	内　容
1	全车盗抢险	指保险车辆全车被盗窃、被抢夺，经公安刑侦部门立案证实，满三个月未查明下落，或保险车辆在被盗窃、被抢劫、被抢夺期间受到损坏，或车上零部件及附属设备丢失需要修复的合理费用，由保险公司负责赔偿
2	车上责任险	分为车上人员责任险和车上货物责任险，是指投保了本项保险的机动车辆在使用过程中，发生意外事故，致使保险车辆上所载货物遭受直接损毁或车上人员的人身伤亡，依法应由被保险人承担的经济赔偿责任，保险公司在保险单所载明的该保险赔偿额内计算赔偿
3	无过失责任险	指车辆在使用中，因与非机动车辆、行人发生交通事故，造成对方人员伤亡或财产直接损毁，保险车辆一方无过失，且被保险人拒绝赔偿未果，对被保险人已经支付给对方而无法追回的费用，保险公司负责给予赔偿
4	车载货物掉落责任险	指车辆在使用中，所载货物从车上掉下致使第三者遭受人身伤亡或财产的直接损毁，依法应由被保险人承担的经济赔偿责任，保险公司负责赔偿
5	玻璃单独破碎险	指车辆在停放或使用过程中，发生本车玻璃单独破碎，保险公司按实际损失进行赔偿
6	车辆停驶损失险	指车辆在使用过程中，因遭受自然灾害或意外事故，造成车身损毁，致使车辆停驶造成的损失。保险公司按照与被保险人约定的赔偿天数和日赔偿额进行赔付
7	自燃损失险	指车辆在使用过程中，因本车电路、线路、供油系统发生故障及运载货物自身起火燃烧，造成保险车辆的损失，保险公司负责赔偿
8	新增加设备损失险	指车辆在使用过程中，因自然灾害或意外事故造成车上新增设备的直接损毁，保险公司负责赔偿
9	车身划痕损失险	指因非碰撞原因导致的车身划痕损失，由保险公司负责赔偿
10	不计免赔特约保险	指车辆发生事故，损失险及第三者责任险事故造成赔偿，对其在符合赔偿规定的金额内按责任应承担的免赔金额，保险公司负责赔偿
11	其他	上述以外的保险，如发动机特别损失险、随车行李物品损失保险、涉水险、倒车镜及车灯单独损坏险等

（4）汽车保险种类的选择

汽车保险项目繁多，除交强险外，其他保险车主可以根据自己具体情况有所选择。目前一般有如下 5 种组合方案（表 16-5）可供选择。

（5）汽车投保方式与渠道

1）汽车投保。汽车投保是指经主管部门检验合格并领有牌照的机动车辆，其所有人或管理人向保险公司办理汽车保险手续，是被保险人与保险公司签订保险契约的过程。保险契约是具有法律效力的经济合同，涉及双方的权利与义务，一经签订，双方均必须执行。

目前我国影响较大的保险公司有中国人民保险公司、中国太平洋保险（集团）股份有限公司和中国平安保险（集团）股份有限公司等。

表 16-5 汽车保险组合

组合方案	险种组合	优点	缺点	适用对象
最低保障方案	第三者责任险	费用较低	一旦撞车，自己车的损失自己负担	急于上牌照或通过年检的个人
基本保障方案	车辆损失险 + 第三者责任险	费用适当，能够提供基本的保障	不是最佳组合	有一定经济压力的车主
经济保险方案	车辆损失险 + 第三者责任险 + 不计免赔特约险 + 全车盗抢险	投保最必要、最有价值的险种，性价比最高	不是最完善的保险方案	是个人精打细算的最佳选择
最佳保障方案	车辆损失险 + 第三者责任险 + 车上责任险 + 风窗玻璃险 + 不计免赔特约险 + 全车盗抢险	投保价值大的险种，物有所值	保费较高	一般公司或个人
完全保障方案	车辆损失险 + 第三者责任险 + 车上责任险 + 风窗玻璃险 + 不计免赔特约险 + 新增加设备损失险 + 自然损失险 + 全车盗抢险	全部事故损失都能得到赔偿	保费高，某些险种出险的概率小	经济充裕的车主

2）汽车投保方式。汽车投保方式与渠道有多种（表 16-6），其保费价格、服务内容也不尽相同，如何选择方便快捷、价格便宜、服务全面的渠道，值得探讨。

表 16-6 投保方式与渠道

渠道	方法	优点	缺点	注意事项	适合人群
电话投保	拨打保险公司的车险销售电话即可，有专业人员上门服务	操作简单，投保快捷（3 天左右），投保较优惠	需要选择较理想的保险公司，拨打正确电话	需提防“山寨”版投保电话，也要防止遭遇假保单	懂得电话投保业务，善于精打细算的人
网上投保	通过进入车险官方网站，自主选择险种	方便快捷（几分钟即可完成投保），投保最优惠	需要懂一些电脑网络知识，对汽车险种熟悉	务必在官方网站进行投保，谨防虚假的钓鱼网站	懂得电脑网络知识，同时对险种有明确要求的人
4S 店投保	购车后在经销商处直接投保	简单方便，购车、投保一步到位，出险索赔与维修同步	保费浮动较大，费用相对较高	投保前需要事先了解哪些险种没必要购买	初次购车人群
保险中介投保	将相关资料交予中介公司，由其代为购买	可货比三家，比较多个保险公司产品情况	容易出现中介骗保的情况	要选择资质过硬的中介公司，保单验证真伪后再付款	对保险中介熟悉的人群
营业厅投保	车主携带相关资料去保险公司营业网点，当场填单缴费投保	权威可靠，手续齐全，立等可取	没有上门服务，只能去固定营业厅办理，优惠少	对险种熟悉，投保资料要齐全	对险种要求明确

(6) 汽车投保流程

不同投保方式，流程有所不同，基本流程如图 16-14 所示。

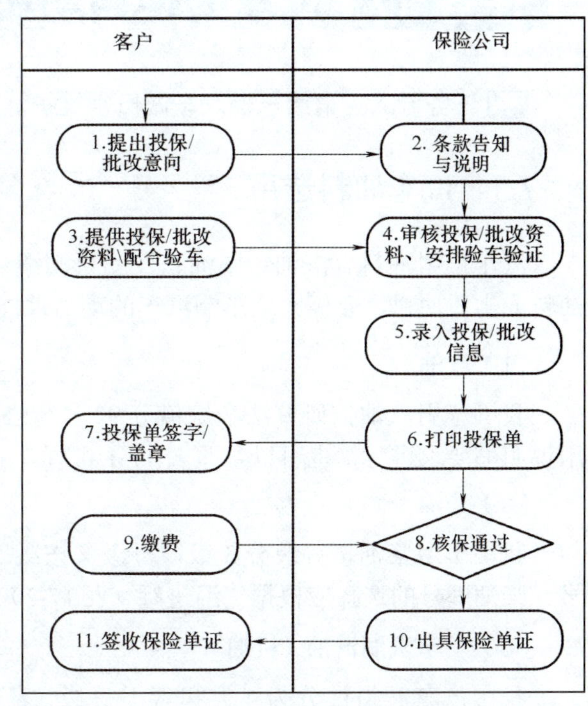

图 16-14 汽车投保基本流程

图 16-14 中的以下三种情形可免验车。

① 单保责任险：指商业第三者责任险、车上人员责任险及其附加险。

② 按期续保：指本年度保单保险期间起期与上年度保单保险期间止期相连，且本年度承保的损失险类（包括车辆损失险、全车盗抢险及其附加险）险别上年均有承保。

③ 新购置车辆：指车辆的购置日距保险日不超过 7 天。

3. 汽车索赔

(1) 汽车索赔含义

汽车索赔是指汽车发生交通事故后，被保险人可就自己的事故损失向保险人提出索赔要求，这是被保险人的一项权利。具体赔付数值，则必须根据事故具体情况、保险条款和相关政策法规进行核算。

(2) 汽车索赔流程

汽车索赔基本流程如图 16-15 所示。

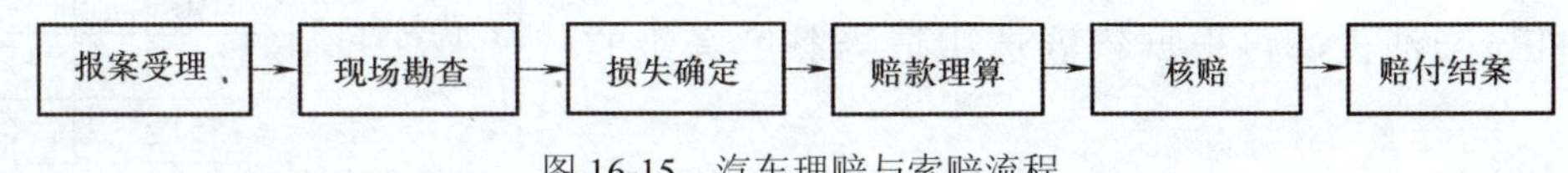

图 16-15 汽车理赔与索赔流程

(3) 汽车索赔注意事项

1）汽车出现事故后，未经保险公司认可，被保险人不要擅自修复受损车辆。

2）被保险人不要对第三者自行承诺赔偿金额，也不要在保险公司赔偿前放弃向第三者索赔的权利。

3）索赔时应实事求是。如有隐瞒事实、伪造单证、制造假案等行为发生，被保险人除将有可能因此而受到法律制裁外，还有可能遭到保险公司拒赔。

4）汽车出现事故，有些是不予赔偿的，如醉酒驾车、出现地震等自然灾害，应该仔细了解保险条款。

任务 17 汽车的使用与维护

任务导入：请给一辆汽车做日常维护。

17.1 汽车油料选用

汽车常用油料有汽油、柴油、发动机润滑油、齿轮油、润滑脂和制动液等。不正确的选用油料或劣质油料，会极大地影响汽车的动力性能、经济性能、排放性能、可靠性和耐久性。

（1）汽油

我国车用汽油按研究法辛烷值分 92 号、95 号、98 号三个牌号。汽油牌号的选择应根据使用说明书要求进行，也可以参照表 17-1 进行。

表 17-1 我国汽油分类

牌号	适用汽车压缩比
92	8.6~9.9
95	10.0 ～ 11.5
98	大于 11.6

（2）柴油

我国车用柴油按等级分 3 级，每级又按凝点分 6 个牌号。柴油牌号的选择应根据气温进行（表 17-2）。

表 17-2 我国柴油分类与选择

等级	牌号	气温 /℃
优等品	10 号	＞ 15
	0 号	＞ 5
	-10 号	＞ -5
	-20 号	＞ -15
	-35 号	＞ -30
	-50 号	＞ -45
一等品	10 号	＞ 15
	0 号	＞ 5
	-10 号	＞ -5
	-20 号	＞ -15
	-35 号	＞ -30
	-50 号	＞ -45
合格品	10 号	＞ 15
	0 号	＞ 5
	-10 号	＞ -5
	-20 号	＞ -15
	-35 号	＞ -30
	-50 号	＞ -45

（3）发动机润滑油（机油）

我国汽车润滑油分为 4 类和若干等级（表 17-3）。每一种级别又有若干种单一黏度等级（如 30、40 和 50 号）和多黏度等级（如 5W-30、10W-30、15W-40 等）。单一黏度等级的润滑油黏温性较差，只适应某一温度范围使用。多黏度等级的润滑油黏温性好，适应温度范围宽。

润滑油的选用按照使用说明书进行，选用原则是汽油机选择汽油机机油，柴油机选择柴油机机油，通用油适用于汽油机与柴油机，再根据气温选用适当黏度等级的润滑油。

（4）汽车齿轮油

汽车齿轮油用于汽车转向器、变速器、驱动桥等齿轮传动机构中，分类、牌号及选用见表 17-4。

（5）自动变速器油

我国自动变速器油分为 6 号、8 号两个牌号，6 号油主要用于内燃机车、载货汽车及工程机械，8 号油主要用于轿车。

（6）汽车润滑脂（俗称黄油）

润滑脂分类比较复杂，选用按各种汽车使用说明书要求进行。目前，一般推荐使用的是通用锂基润滑脂。

表 17-3 机油分类

种　类	等　级
汽油机油	SE、SF、SG、SH（GF-1）SJ（GF-2）、SL（GF-3）、SM（GF-4）、SN（GF-5）
柴油机油	CC、CD、CF、CF-2、CF-4、CG-4、CH-4、CI-4、CJ-4
通用油	如 SJ/CF-4
农用柴油机油	用于农用柴油机及低速货车

表 17-4 齿轮油分类、牌号及选用

牌　号	分　类	适用范围	备　注
80W/90 85W/90 90	普通车用齿轮油（L-CLC）	适用于中等速度和负荷比较苛刻的齿轮变速器和弧齿锥齿轮驱动桥	80W/90 等齿轮油为多黏度等级齿轮油，带“W”为冬季低温用油，无“W”为夏季用油 冬季气温不低于 -10℃地区，可全年选用 90 号齿轮油；气温不低于 -12℃地区还可全年使用 85W/90 号齿轮油；气温不低于 -26℃地区可全年选用 80W/90 号油；冬季气温低于 -26℃的严寒地区，应选用 75W 齿轮油
75W 80W/90 85W/90 90 85W/140	中负荷车用齿轮油（L-CLD）	适用于低速高转矩和高速低转矩的各种齿轮变速器、弧齿锥齿轮，使用条件不太苛刻的准双曲面齿轮驱动桥	
	重负荷车用齿轮油（L-CLE）	适用于高速冲击载荷、高速低转矩和低速高转矩的各种齿轮，工作条件苛刻的准双曲面齿轮传动	

（7）制动液（俗称刹车油）

我国制动液分 HZY3、HZY4 和 HZY5 和 HZY6 四个质量等级。制动液选用按车辆使用说明书要求进行。

17.2 汽车磨合

（1）汽车磨合意义

汽车磨合是指新购的汽车或大修后的汽车在投入满负荷工作前，按一定的规程所进行的适应性运转。它可以有效减轻汽车磨损、延长汽车寿命、提高汽车功率、降低汽车油耗、减少汽车排污。

（2）汽车磨合的方法

总的磨合原则是发动机转速及车速由低到高，负荷由小到大。变速器各档位应进行适当时间磨合，及时更换润滑油，注意发现和排除异常现象。磨合期长短随车型有所不同，按使用说明书要求进行。如轿车一般在 1000 ～ 1500km。

（3）汽车磨合期使用注意事项

1）正确驾驶操作。暖车升温，平稳起步，缓踩加速踏板，不越级减档，避免紧急制动。

2）减轻负荷。新车开始使用的 1000km 内，不能超过汽车额定载质量的 80%。

3）限制车速。一般不得超过发动机最高转速的80%，不要使发动机急剧增速，新车不能用来跑长途。

4）选择道路。尽量选择平坦良好的道路行驶。

5）注意及时发现和排除故障。

6）更换润滑油。新车磨合结束，应及时更换发动机机油和变速器齿轮油，更换滤清器。

■ 17.3 汽车道路驾驶应急处理

汽车驾驶过程中，可能会发生一些意想不到的事件，作为一名驾驶人应掌握先避人后避物的处理原则和一些应急处理措施。

（1）爆胎应急处理（图17-1）

1）马上把危险警告灯打开，让后车知道出现紧急情况。

2）不要急踩制动踏板，应采用逐级退档到3档，靠发动机制动把车速拖慢并配合点制动，但一定要轻，车速降到60km/h后，可适当增加制动力度，靠路边停车。

3）在退档减速的同时，一定要把住方向盘。爆胎后，车会出现方向跑偏、甩尾，这时一定不能猛打方向，因为车速很快时，高速猛打方向会造成失控。

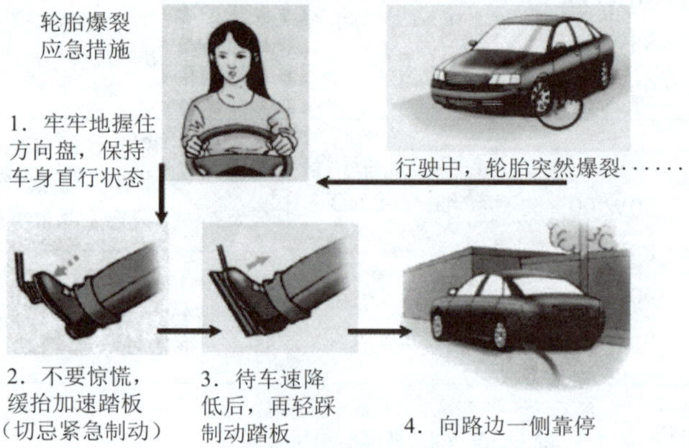

轮胎爆裂应急措施
行驶中，轮胎突然爆裂……
1. 牢牢地握住方向盘，保持车身直行状态
2. 不要惊慌，缓抬加速踏板（切忌紧急制动）
3. 待车速降低后，再轻踩制动踏板
4. 向路边一侧靠停

图17-1 爆胎应急处理

（2）制动失灵应急处理（图17-2）

首先，应该打开危险警告灯（俗称双闪），然后根据情况处理。

1）当路况风险较小时，可逐级迅速从高档换入低档，用发动机制动拖慢车速到30km以下时采用驻车制动方式将车停下来。

2）当下坡而路况不好时，应尽量跳档换入低档后配合驻车制动。

3）在高速时勿采用驻车制动，尽可能不采用靠蹭路边障碍物的方法使车辆停止，除非不得已。

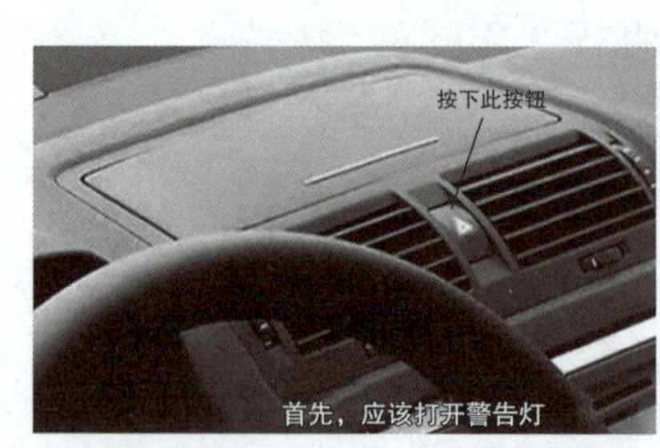

图17-2 制动失灵应急处理

（3）车辆着火应急措施（图17-3）

1）立即停车，打开危险警告灯。

2）尽快取下车载灭火器灭火，若无灭火器可用湿棉被、衣服、毛巾灭火。

图17-3 车辆着火应急措施

3）若无法灭火立即拨打 119 或 122 报警。

4）树立警示标志，疏散过往车辆和行人，避免发生意外爆炸。

（4）交通事故应急处理（图 17-4）

1）马上停车保持现场，并打开危险警告灯、树立警示标志。

2）有人受伤较重时，应立即拨打 120、999 急救，并尽可能就地施救。

3）拨打 122 电话报警并报保险公司前来处理。

4）疏散过往车辆和行人，避免造成交通堵塞。

图 17-4　交通事故应急处理

（5）转向突然不灵、失控时应急处理

1）出现转向不灵或转向困难时，尽快减速，选择安全地点停车，查明原因。

2）发现车辆转向失控，应采取平衡制动方法控制车辆，切不可对转向失控的高速行驶车辆使用紧急制动，这样很容易造成翻车。

（6）车辆侧滑应急处理

1）紧急制动导致车辆发生侧滑时，应立即松抬制动踏板。同时，向侧滑的一方转动方向盘，并及时回转进行调整，修正方向后继续行驶。

2）车辆在泥泞路上发生侧滑时，应向侧滑的一侧转动方向盘并适量修正，紧急制动或猛打方向易导致失控，甚至造成翻车、坠车或碰撞事故。

3）若车辆因转向或擦撞引起侧滑，应先控制车辆前进方向后制动。

（7）发动机突然熄火应急处理

行车中发动机突然熄火后，先按图 17-5 处理。若不能再次起动应开启右转向灯，将车缓慢滑行到路边停车检查熄火原因。

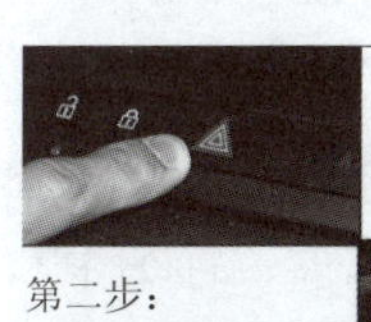

图 17-5　发动机突然熄火应急处理

（8）车辆落水应急处理

车辆落水，车门受水压力难以打开，应迅速开启车窗（天窗）或用粗重的物体敲碎车窗玻璃（必要时可用脚踹），快速逃生。不得采用关闭车窗阻挡车内进水或打急救电话告知救援人员等错误方法。不要过于惊慌，意外落水通常会有 3 ～ 5min 的时间逃生。

（9）高速公路应急处理

1）车辆在高速公路行驶不准停车上下人员或者装卸货物，应选择服务区停车。当发生故障必须停车检查时，应逐渐向右变更车道在紧急停车带停车（图 17-6），并打开危险警告灯、树立警告标志。

图 17-6　在紧急停车带停车

2）在高速公路上，发现突然有人或动物横穿时，应果断采取损失小的避让措施。

3）车辆在高速公路急转弯，极易造成侧滑碰撞或翻倾的事故。因此，在高速公路上发生紧急情况，应首先采取制动减速。车辆在高速公路意外撞击护栏时，应稳住方向，适当修正，切忌猛转方向盘。

4）雨天在高速公路行车，为避免发生“水滑”现象而造成方向失控，应保持较低的车速。发生“水滑”现象时，应握稳方向，逐渐降低车速。不得迅速转向或急踏制动踏板减速。

5）雾天行车应打开防雾灯和车尾雾天信号灯（图 17-7）。大雾天在高速公路遇事故不能继续行驶时，须开启危险警告灯和尾灯，按规定设置警告标志，驾乘人员尽快从右侧离开车辆并站到防护栏以外，不得在高速公路上行走。

6）车辆在高速公路行至隧道出口或凿开的山谷出口处，可能遇到横风，当感到车辆行驶方向变化时，应双手稳握方向盘，进行微量修正，适当减速。

图 17-7　雾天行车

17.4　汽车维护

“三分修、七分养”，说明了汽车平时维护的重要性。我国汽车维护分日常维护、一级维护、二级维护三个等级。

（1）日常维护

在每天出车前、行车中和收车后进行。日常维护以清洁、补给和安全检视为作业中心内容，由驾驶人负责执行。

日常维护的具体内容如下：

1）对汽车外观、发动机外表进行清洁，保持车容整洁。

2）对汽车各处润滑油（图 17-8）、燃油、冷却液（图 17-9）、制动液（图 17-10）、各种工作介质、轮胎（图 17-11）及其气压（图 17-12）进行检视补给。

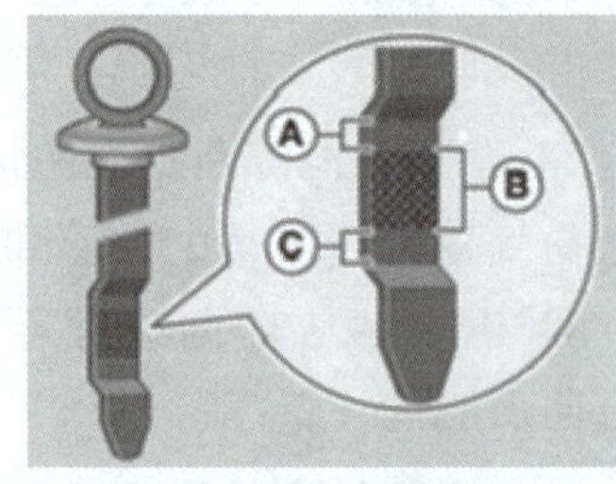

图 17-8　机油检查

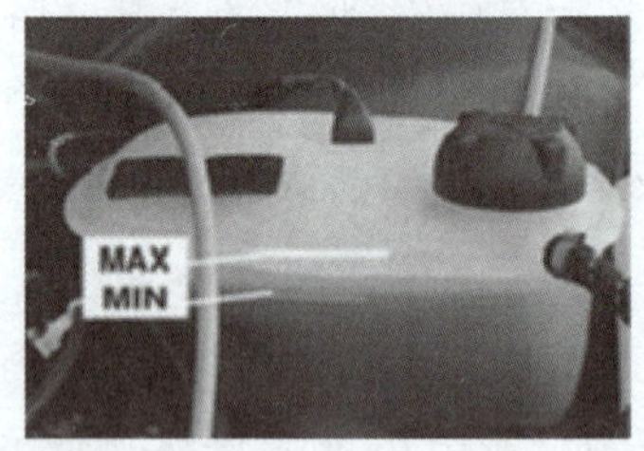

图 17-9　冷却液检查

图 17-10　制动液检查

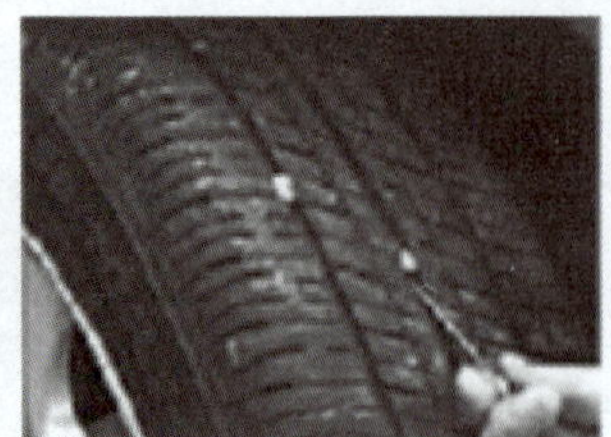

图 17-11　清除轮胎杂物

气压正常　气压偏高　气压偏低

图 17-12　轮胎气压检查

3）对汽车制动、转向、传动、悬架、灯光、信号等安全部位和位置以及发动机运转状态进行检视、校准，确保行车安全。

（2）一级维护（图 17-13）

按使用说明书要求进行，如轿车一般在行驶 5000 ～ 7500km 后进行。同时，还应该根据汽车使用条件的不同有所区别。

图 17-13　一级维护

一级维护以清洁、润滑、紧固为作业中心内容，并检查有关制动、操纵等安全部件，由维修企业负责执行。具体内容：点火系统检查调整；滤清器的清洁或更换，油面、液面检查；曲轴箱通风装置、三元催化转化装置检查；散热器、油底壳、发动机前后支垫、水泵、空压机、进排气支管、燃油喷射系统各部件连接螺栓的检查校紧；空压机、发电机、空调机传动带检查；转向器检查；离合器检查调整；变速器、差速器检查；制动系检查；车架、车身及各附件检查紧固；轮胎检查；悬架机构检查；蓄电池检查，灯光、仪表、信号装置检查；全车润滑点检查；全车检查，全车不漏油、不漏水、不漏气、不漏电、不漏尘，各种防尘罩齐全有效。

（3）二级维护

二级维护以检查、调整为主，由维修企业负责执行。具体内容见表 17-5。

表 17-5　汽车二级维护检测项目

序号	检 测 项 目
1	发动机功率，气缸压力
2	汽车排气污染物，三元催化转化装置的作用
3	电控燃油喷射系统
4	柴油车检查供油提前角、供油间隔角和喷油泵供油压力
5	制动性能，检查制动力
6	转向轮定位，主要检查前轮定位角和方向盘自由转动量
7	车轮动平衡
8	前照灯
9	操纵稳定性，有无跑偏、发抖、摆头
10	变速器，有无泄漏、异响、松脱、裂纹等现象，换档是否轻便灵活
11	离合器，有无打滑、发抖现象，分离是否彻底，接合是否平稳
12	传动轴，有无泄漏、异响、松脱、裂纹等现象
13	后桥，主减速器有无泄漏、异响、松动、过热等现象

项目小结

1. 我国车行道路分为公路和城市道路，它们按照不同角度又可进行细分。我国道路通行规则主要有右侧通行原则、分道行驶原则、优先权原则和确保安全、畅通原则。
2. 道路交通标志和标线是指设置在道路上用规定的图形、符号、文字、线条、立面标记、突起路标等来表示特定管理内容和行为规则的交通设施。
3. 驾驶人考试分三部分，即科目一：道路交通安全法律、法规和相关知识考试科目；科目二：场地驾驶技能考试；科目三：道路驾驶技能和安全文明驾驶常识考试。
4. 我国汽车按用途分为载客汽车和载货汽车等5类。汽车主要性能指标有最高车速、加速时间、爬坡性能、发动机有效功率、百公里燃油耗量、制动距离、最小转弯半径、汽车最小离地间隙、接近角、离去角、纵向通过角、汽车有害气体排放、噪声、起动性能等。
5. 现阶段的汽车销售渠道主要有4S店、平行进口车，汽车电商网站、汽车超市、二手车市场、二级经销商、各类汽贸店等。汽车选购应根据购车目的、家庭经济条件、个人爱好等综合考虑。应请有经验的汽车修理工、驾驶员等专家，进行新车的全面检查和试车。
6. 汽车消费贷款是贷款人向申请购买汽车的借款人发放的贷款。按贷款来源分有银行贷款、汽车金融公司贷款和汽车经销商消费信贷3种基本形式。
7. 汽车保险是以汽车本身及第三者责任等为保险标的的一种不定值财产保险，是保护人身财产安全的重要举措。我国汽车保险包括强制车险和商业车险。在道路上行驶的机动车的所有人或管理人都应当投保交强险。商业车险包括基本险和附加险两部分，基本险分为车辆损失保险和第三者责任保险，基本险可以根据投保人的经济状况和需要选择购买；附加险因保险公司而异，一般不能独立承保。
8. 投保人在汽车出现事故后，应按照规定的程序及注意事项及时向保险公司进行索赔。
9. 驾驶人必须熟练掌握各种操纵机构的使用，学会油料选用、汽车日常维护、汽车驾驶节油技术。驾驶汽车要特别注意雾天、雨天、冰雪天及山区等特殊环境的行车安全。应善于应急处理爆胎、制动失灵、车辆侧滑、车辆落水、车辆着火、交通事故等。

技能训练与知识测评

1. 检索我国的道路交通标志和标线表示方法和含义。
2. 观察一辆汽车，说出其属于什么类型？查阅其使用说明书，看它的动力、经济等性能如何？
3. 调研一个购车者，看他是如何选购汽车和选择保险的。
4. 调研一个事故车，了解产生事故的原因和索赔过程。
5. 在汽车或模拟机上练习各种汽车操纵机构的使用。
6. 练习给一辆汽车做日常维护。

项目 7 争奇斗艳的汽车展览文化

学习目标

◇ 熟悉国内外著名汽车展览及分类

◇ 知道概念车的含义及作用

◇ 知道汽车模特的含义及作用

◇ 了解全球主要的汽车博物馆，熟悉国内的主要汽车博物馆

小小车展，万千世界。汽车展览是汽车制造商们展示新产品、树立企业形象、展示公司实力、争夺汽车市场的舞台。也是进行汽车技术交流、发展经贸合作的良好机会。同时，各种汽车展所具有的风格及所形成的文化氛围，促进了全球汽车文化的交流与发展。

任务 18 国内外著名车展检索

任务导入：图 18-1 是世界著名的法兰克福车展，请检索其发展历史与车展特点。

世界著名的汽车展主要有法兰克福车展、巴黎车展、日内瓦车展、北美车展和东京车展。我国的北京车展已跻身世界著名汽车展前十位。

18.1 法兰克福车展

1）车展地：德国法兰克福（图 18-1）。

2）创办时间：创办于 1897 年，是世界上最早、最大的汽车展之一。世界级汽车公司梅赛德斯 - 奔驰、宝马、奥迪、欧宝以及保时捷都有自己专门的展厅，有世界汽车工业“奥运会”之称。

3）车展历史：1951 年以前在德国柏林举行，1951 年移到法兰克福市，每两年举办一次，展览时间一般在 9 月中旬，持续时间两周左右。2009 年法兰克福车展有 30 个国家，62 个汽车制造商、82 辆全球首发新车、753 个参展商参加。为配合车展，还举行不同规模的老爷车展览。

图 18-1 法兰克福车展

18.2 巴黎车展

1）车展地：法国巴黎（图 18-2）。

2）创办时间：起源于 1898 年的国际汽车沙龙会。

3）车展历史：1898 年至 1976 年每年一届。此后，每两年一届，在 9 月底至 10 月初举行。巴黎车展特点如同时装展，各种汽车新颖独特，新奇古怪的概念车云集，给人以争奇斗艳的感觉。第一届巴黎车展共有 14 万人参加。2008 年，巴黎车展迎来了将近 150 万游客及来自 100 个国家的 13000 名记者，还有 80 多个国家的领导人出席。

图 18-2 巴黎车展

18.3 日内瓦车展

1）车展地：瑞士日内瓦（图 18-3）。

2）创办时间：起源于 1924 年。

3）车展历史：每年 3 月在瑞士日内瓦举行。日内瓦车展档次高、水准高，是各大汽车商首次推出新产品的最主要的展出平台，素有“国际汽车潮流风向标”之称。

图 18-3 日内瓦车展

18.4 北美车展

1）车展地：美国汽车城底特律。

2）创办时间：起源于 1907 年。

3）车展历史：1907 年开始，每年一月在美国底特律举行，叫底特律车展，1989 年更名为北美国际汽车展。

从 1965 年开始，车展迁移到现在的 COBO 展览中心（图 18-4），那里是世界上最大的平面室内展览会场之一。展览面积约 8 万 m^2，会议室、会谈室近百个，可同时容纳上万名参观者。

图 18-4 COBO 展览中心

18.5 东京车展

1）车展地：日本东京（图 18-5）。

2）创办时间：始于 1954 年。

3）车展历史：一般每年十月在日本东京举行。自 2007 年的第 40 届车展起，改为两年一届。

东京车展历来以规模大，注重新产品、新技术的推出，展出产品实用性强而闻名于世界。

图 18-5 东京车展

18.6 北京车展

1）车展地：中国北京（图 18-6）。

2）创办时间：始于 1990 年。

3）车展历史：每两年定期在北京举办，秉承展品精、品牌全、国际化的办展理念和特色。规模不断扩大，众多跨国汽车企业将北京车展列为全球 A 级车展。

图 18-6 北京车展

18.7 上海车展

1）车展地：中国上海（图 18-7）。

2）创办时间：始于 1985 年。

3）车展历史：是中国最早的专业国际汽车展览会，逢单数年举办。2004 年 6 月，顺利通过了国际博览联盟（UFI）的认证，成为中国第一个被 UFI 认可的汽车展。是国际上最具影响力的汽车展之一。

图 18-7 上海车展

18.8 广州车展

1）车展地：中国广州（图 18-8）。

2）创办时间：始于 2003 年。

3）车展历史：基于“高品位、国际化、综合性”的定位，经过几年的发展，已成为中国大型国际车展之一。立足于为业界打造开拓中国市场、宣传企业形象的优秀平台，广州汽车展与海内外汽车品牌互相促进、共同进步，促进我国汽车行业的稳健成长。

图 18-8　广州展览中心

18.9 其他专项车展

1. 概念车展

（1）什么叫概念车

概念车由英文 Conception Car 意译而来，它不是将投产的车型，只是向人们展示设计人员新颖、独特、超前的构思而已（图 18-9）。概念车是各类汽车中内容最丰富、最深刻、最前卫、最能代表世界汽车科技发展和设计水平的汽车。世界各大汽车公司都不惜巨资研制概念车，借以向公众显示本公司的技术进步，提高自身形象。概念车展一般与汽车展览同步进行。

图 18-9　2010 上海世博会概念车

（2）概念车分类

通常概念车分为两种，一种是能跑的真正汽车，另一种是设计概念模型。

第一种比较接近于批量生产，其先进技术已步入试验并逐步走向实用化，因而一般在 5 年左右可成为公司投产的新产品。

第二种虽是更为超前的设计，但因环境、科研水平、成本等原因，只是未来发展的研究设想。

（3）概念车展示

各种车展概念车繁多，列举少数如图 18-10 ～图 18-13 所示。

图 18-10　未来派概念车

图 18-11　丰田 Fine-T 燃料电池概念车

图 18-12　宝马概念车

图 18-13　标致概念车

2. 艺术车展

（1）什么叫艺术汽车

艺术汽车是指以汽车为题材传达主体特定的思想、观念、心理与情感活动的一种艺术形态。

美国休斯敦每年举办一届艺术汽车展，图 18-14 是 2005 年 5 月 14 日的艺术汽车展，有 280 多辆车参加展出。

图 18-14　美国休斯敦艺术汽车展

（2）艺术汽车展示

艺术汽车如图 18-15 ～图 18-18 所示。

图 18-15　艺术汽车 1

图 18-16　艺术汽车 2

图 18-17　艺术汽车 3

图 18-18　艺术汽车 4

3. 老爷车展

（1）什么叫老爷车展

顾名思义，老爷车展是指以老爷车为题材的车展 (图 18-19)。

老爷车也叫古典车，一般指第二次世界大战前或更老的汽车，是人们过去曾经使用的，现在仍可以工作的汽车，是一种怀旧的产物。

图 18-19　老爷车展

（2）老爷车展历史

老爷车这一概念始于 1973 年，出现在英国的一本《名人与老爷车》的杂志上，很快得到老爷车爱好者的认同，并迅速蔓延，成为世界各地爱好者对老式汽车的统一称谓。美国、英国、中国等许多国家都成立有老爷车协会或俱乐部。如中国香港老爷车协会成立于 1979 年，主要是推广收藏及保养老爷车，并通过定期举办车会活动如“星期日游车河”“把酒言欢”“老爷车中国游”“老爷车展览”等，让会员一起驾驶爱车，并互相交换心得。渣打道车展是一年一度的老爷车经典展览。2012 年香港老爷车展展车（图 18-20）多达 95 辆，最古老的展车产于 1924 年，已经有 87 岁高龄了（图 18-21）。

图 18-20　2012 年中国香港老爷车展

图 18-21　1924 年香港老爷车

（3）老爷车展示

老爷车展示如图 18-22 ～图 18-24 所示。

图 18-22　老爷车 1

图 18-23　老爷车 2

图 18-24　老爷车 3

4. 汽车模型展

（1）什么叫汽车模型展

汽车模型展是指以汽车模型为题材的展览。

汽车模型（图 18-25）是完全依照真车的形状、结构、色彩，甚至内饰部件，严格按比例缩小而制成的比例模型，有很高的仿真性，与玩具小汽车不一样。

图 18-25　汽车模型

（2）汽车模型用途

车模因为真实地再现原车主要特征，且做工精良，其本身蕴含着的是汽车文化，所以具有很高的观赏、收藏或竞赛价值。一套用心收藏的车模可以完整真实地再现一个汽车公司，一个汽车品牌的历史。我国天津的杨国发先生（图 18-26）在 1999 年以收藏 1200 辆汽车模型创吉尼斯世界纪录。

图 18-26　杨国发先生给学生讲车模

（3）汽车模型分类

有高仿真汽车模型和竞赛用汽车模型两大类。

高仿真汽车模型又分有金属汽车模型和塑料汽车模型两类。要求比例准确，形象逼真。一般不装动力，不能行驶。常用的缩小比例：1/8、1/12、1/16、1/18、1/24、1/34、1/43、1/64、1/87 等。

竞赛用汽车模型主要用于参加汽车模型比赛，装有动力及制动装置，有的还有遥控装置（图 18-27），可以行驶。由于它具有较强的趣味性和对抗性，得到不少青少年的喜爱，正在作为一种体育运动项目在世界上兴起。我国港台地区近年举办过多次亚太地区汽车模型比赛，内地也多次举办全国性比赛。

图 18-27　遥控汽车模型

汽车模型比赛分为竞速模型比赛和特种模型比赛两种。

竞速模型比赛主要分为内燃机汽车模型赛和电动汽车模型赛两种。其他还有橡皮筋动力、太阳能动力、空气桨动力及自制模型等比赛项目。

图 18-28　内燃机汽车模型赛

内燃机汽车模型赛以微型汽油机为动力（图 18-28），其外形模仿大型赛车，尺寸比例为 1/8。发动机排量不得

超过 35mL，油箱容积不得超过 125mL。

汽车模型规定轴距 305mm，轮距 240mm，总长 605mm，总宽 270mm。模型由无线电遥控，并装有可靠的制动机构。

电动汽车模型赛以电池和微型电动机为动力（图 18-29）。其外形模仿大型赛车或自行设计。电动汽车模型也由无线电遥控，并装有可靠的制动机构。

图 18-29　电动汽车模型

（4）模型汽车竞赛

1）按行驶路面不同，可分为公路赛和越野赛两种。

公路赛的场地设有沥青跑道，跑道宽 4m，全长约 200m，设各种弯道和护板。

越野赛的场地设有土质跑道，有各种弯道、草地、水洼、沙地、坡道等障碍，跑道宽 4m，全长约 200m。

2）按比赛方法，又分为计时赛和耐久赛两种。

计时赛按完成规定圈数的时间计算名次。

耐久赛按在规定的时间内行驶的圈数计算名次。一般多采用耐久赛，每场比赛 8min。

（5）汽车模型历史

世界上第一批车模诞生于 1914 年。当时，美国福特汽车厂在销售新出品的 T 型车的同时，还赠送给购车者一个精致的 T 型车小模型（图 18-30），福特的本意纯粹是为了和通用汽车进行竞争。然而，出人意料的是无心插柳柳成荫。这种被用于赠送的礼品车模一经问世，便很快受到爱车人士的青睐。各汽车生产厂继而争相效仿，在推出新车的同时纷纷推出新款车模。1925 年出现了别克牌迷你车模型。据不完全统计，近 90 年来，全世界的汽车生产厂共推出数万种款式的汽车模型（图 18-31），逐渐发展成为一种风行全世界的收藏和投资项目。

图 18-30　福特 T 型汽车模型

图 18-31　形形色色的汽车模型

（6）汽车模型论坛

该论坛是众多汽车模型爱好者在这里讨论收藏汽车模型、新品模型、拼装模型，同其他车模迷交流的平台。汽车模型论坛分享汽车模型的点点滴滴，同时经营各类成人、儿童玩具。

目前，著名的汽车模型论坛主要有车模全球汇俱乐部（采用了 DZ X2 版本，技术力量在业内处于领先地位，实力最强）、modelclub 汽车模型论坛、爱车时光汽车模型论坛、百度汽车模型贴吧、火柴盒迷你模型中国社区以及太平洋汽车模型频道等（图 18-32）。

图 18-32　汽车模型论坛

（7）汽车模型展示

汽车模型如图 18-33 所示。

1956年玛莎拉蒂300S 1#

1935奔驰银箭W25 4号

布加迪Type35 7号 Buga

1969年法拉利312P赛车

图 18-33　汽车模型展示

5. 玩具车展

（1）玩具车展

玩具伴随着每一个儿童度过幸福的童年。在充满汽车的现代社会里，汽车玩具更是受到广大儿童的喜爱。玩具车展就是展示玩具汽车的展览（图 18-34），一般与玩具展或车展同步举行。

图 18-34　玩具车展

（2）汽车玩具

汽车玩具是根据汽车的基本构造和外观造型，按一定比例制作供儿童游戏的玩具，具有很好的开发智力的作用。

玩具汽车在玩具产业中占有相当的份额，全世界玩具汽车的产量每年几千万辆。

（3）游乐车

游乐车是指一种大型的玩具车，可供人们乘坐、驾驶和游乐，一般见于公园等游乐场所，孩子们称之为“碰碰车”(图 18-35)。它一般采用铅酸蓄电池作为动力，室内游乐车采用有线电缆，具备转向机构，由于车速很低，没有制动系统。为安全起见，车的周围装有较厚的橡胶缓冲保护层，以减轻发生碰撞时的冲击。

图 18-35　碰碰车

18.10　汽车模特

1. 汽车模特简介

模特由英语的“ Model ”音译而来，主要是指担任展示艺术、时尚产品、广告等媒体的人，也代表从事这类工作的人的职业。汽车模特在体型、相貌、气质、文化基础、专业知识、职业感觉、展示能力等方面必须具备一定条件，要求较高。

2. 汽车模特的文化意义与发展历史

（1）汽车模特的文化意义

随着汽车展览的兴起，美女香车，格外引人注目，汽车模特已经形成一道靓丽的风景线。她们美丽婀娜的身材和多姿多彩的衣着，通过肢体造型，伴随着音乐、灯光、布景，演绎着各类汽车迥异的内涵和气质，化单调的车展为神奇，吸引着人们的眼球，使人感受到现代汽车与现代社会文明融合后的文化，给人以强烈震撼。

（2）汽车模特发展历史

1391 年在法国第一次出现了“ model ”一词。1886 年发明了汽车以后，汽车模特就和汽车紧紧联系在一起。各大车展都有汽车模特助阵，有的还进行汽车模特比赛。我国首届汽车模特大赛于 2004 年在广州天河体育中心举行（图 18-36），图 18-37 是 2011 年北京汽车模特大赛的情况。

为了适应社会对汽车模特的需求，有些院校开设有汽车模特专业或方向（图 18-38）。

图 18-36　我国首届汽车模特大赛

图 18-37　2011 年北京汽车模特大赛

图 18-38　学生汽车模特实践

18.11　汽车博物馆

汽车博物馆是征集、典藏、陈列和研究汽车实物的场所，并对那些有科学性、历史性或者艺术价值的物品进行分类，为公众提供知识、教育和欣赏的汽车文化宣传、普及和教育机构。

世界各地汽车博物馆星罗棋布，部分著名汽车博物馆见表 18-1，值得汽车爱好者参观学习。

表 18-1　部分著名汽车博物馆

博物馆名称	地　　点
欧洲汽车博物馆	
梅赛德斯 - 奔驰博物馆	德国斯图加特市梅赛德斯大街 100 号，70372
宝马博物馆	德国慕尼黑市奥林匹克公园 2 号，80809
奥迪汽车博物馆	德国英戈尔施塔特市 D-85045
保时捷汽车博物馆	德国斯图加特 - 祖文豪森市 D-70435 保时捷广场 1 号
大众汽车博物馆	德国沃尔夫斯堡 Dieselstraße 35，38446
雪铁龙汽车博物馆	法国欧奈苏布瓦市（巴黎市郊）
标致汽车博物馆	法国东部弗朗什 - 孔泰大区杜省所辖的索肖（Sochaux）地区

（续）

博物馆名称	地　　点
欧洲汽车博物馆	
米卢斯法国国家汽车博物馆	法国东北部阿尔萨斯的米卢斯城
宾利汽车博物馆	英国东苏塞克斯郡哈兰德宾利野禽与汽车博物馆 BN8 5AF
法拉利汽车博物馆	意大利莫德纳省摩纳涅罗市，43-41053
菲亚特汽车博物馆	意大利都灵皮阿萨卡塔尼奥 9 号，10137
劳斯莱斯博物馆	奥地利福拉尔贝格州多恩比恩市 Gütle 地区
沃尔沃汽车博物馆	瑞典哥德堡 Arendal 405 08
美国汽车博物馆	
通用汽车博物馆	美国密歇根州斯特林海茨市
福特博物馆	美国密歇根州迪尔伯恩市
克莱斯勒汽车博物馆	美国密歇根州底特律市奥伯恩希尔镇 48326-2778
彼特森汽车博物馆	美国洛杉矶的威尔夏大道（Wilshire Boulevard）
里诺国家汽车博物馆	美国内华达州里诺市特拉基河（Truckee River）南部
亚洲汽车博物馆	
北京汽车博物馆	北京市丰台区南四环西路 126 号
上海汽车博物馆	上海市安亭博园路 7565 号
长春汽车博物馆	长春国际汽车公园
丰田汽车博物馆	日本爱知县长久手市横道 41-100
马自达汽车博物馆	日本广岛县安芸郡府中町新地 3 番 1 号
济州岛汽车博物馆	韩国济州道西归浦市安德面上仓里 2065-4

项目小结

1. 世界著名的车展有法兰克福车展、巴黎车展、日内瓦车展、北美车展和东京车展。国内著名的车展有北京车展、上海车展、广州车展等。除此之外，还有艺术汽车、老爷车展、汽车模型展等。
2. 概念车仅仅是向人们展示设计人员新颖、独特、超前的构思而已。概念车还处在创意、试验阶段。
3. 汽车模特是指从事与汽车相关的模特，已经形成车展的一道靓丽的风景线。
4. 世界各地都有众多汽车博物馆，蕴藏着大量汽车文化精髓，值得参观学习。

技能训练与知识测评

1. 参观一个车展，写一篇参观体会，并在全班交流。
2. 参观一个汽车博物馆，写一篇观后感，并在全班交流。

项目8　惊心动魄的汽车运动文化

学习目标

◇ 掌握汽车运动的意义

◇ 了解汽车竞赛的分类及 F1 方程式锦标赛的具体内容

◇ 知道各种汽车竞赛的发展历史及其内容特征

人类在发明汽车的同时，也创造了辉煌的汽车运动文化，各种汽车竞赛激烈、惊险、刺激，惊心动魄，它考验着人的勇气、意志、毅力和技术，也考验着汽车的性能，极大地推动了汽车科技的发展和汽车的销售。

任务 19 检索汽车有哪些竞赛

任务导入：见图 19-1，是什么车？有何特点？做什么用途？

图 19-1 辨认汽车及其用途

■ 19.1 汽车竞赛概述

1. 汽车竞赛

汽车竞赛又叫赛车运动，是指利用汽车在各种道路上进行汽车性能（速度、耐力、油耗等）和驾驶技术等比赛的一种活动。

2. 汽车竞赛意义

考验和锻炼人的勇气、意志、毅力和技术，也考验着汽车的性能，极大地推动了汽车科技的发展和新车销售。

3. 汽车竞赛历史

1887 年 4 月 20 日，举办了世界上第一次汽车比赛，只有法国乔尔基·布顿一辆 de Dion 的蒸汽汽车（图 19-2）参加，从巴黎沿塞纳河行驶到努伊伊，全程 2km，标志着汽车运动的诞生。

图 19-2 第一次参赛的汽车

1895 年，进行了第一次有汽油机汽车参加的长距离公路赛，比赛路线是从巴黎到波尔多，往返共 1178km。当时有 15 辆汽油机汽车和 6 辆蒸汽汽车参赛。本哈特和拉瓦索驾驶的汽油机汽车（图 19-3）夺得了冠军。

图 19-3 1895 年汽车赛

1904 年，由法国等欧洲国家发起，成立了国际汽车联合会（FIA）组织，其会徽如图 19-4 所示。

图 19-4 国际汽车联合会会徽

中国汽车运动联合会（FASC）于 1975 年成立，其会徽如图 19-5 所示。1983 年加入国际汽车联合会。其主要任务是负责全国汽车运动的业务管理，组办国内外汽车比赛和体育探险活动，指导群众性活动，培训运动员、教练员和裁判员，参加国际交往和技术交流。FASC 是中国境内管辖汽车运动唯一的全国性组织。

图 19-5　中国汽车运动联合会会徽

4. 汽车竞赛类型

按照比赛场地分为场地赛和非场地赛，每一大类又可以分为若干小类，见表 19-1。

表 19-1　汽车比赛的分类

<table>
<tr><th>比赛大类</th><th colspan="2">比赛细分类</th></tr>
<tr><td rowspan="10">场地赛（在规定的固定场地中进行比赛）</td><td rowspan="6">方程式汽车赛</td><td>F1</td></tr>
<tr><td>F3</td></tr>
<tr><td>F3000</td></tr>
<tr><td>雷诺方程式</td></tr>
<tr><td>亚洲方程式</td></tr>
<tr><td>卡丁车方程式等</td></tr>
<tr><td rowspan="3">耐力赛</td><td>法国勒芒 24h 耐力锦标赛</td></tr>
<tr><td>日本铃鹿 8h 耐力锦标赛</td></tr>
<tr><td>印地 500 车赛等</td></tr>
<tr><td colspan="2">其他场地赛（漂移赛、轿车赛、运动汽车赛、直线竞速赛……）</td></tr>
<tr><td rowspan="7">非场地赛（赛场地不是封闭的）</td><td rowspan="3">世界拉力锦标赛</td><td>蒙特卡罗汽车拉力赛</td></tr>
<tr><td>巴黎－达喀尔汽车拉力赛</td></tr>
<tr><td>其他汽车拉力赛（555 香港－北京汽车拉力赛、东非沙法里汽车拉力赛……）</td></tr>
<tr><td rowspan="3">越野赛</td><td>巴黎－达喀尔汽车越野赛</td></tr>
<tr><td>巴黎－北京马拉松汽车越野赛</td></tr>
<tr><td>其他汽车越野赛（突尼斯国际汽车赛、阿拉伯联合酋长国沙漠挑战赛……）</td></tr>
<tr><td colspan="2">其他非场地赛（登山赛、沙滩赛、泥地赛、大脚车赛……）</td></tr>
</table>

19.2　方程式汽车赛

方程式汽车赛是汽车场地比赛的一种。赛车必须依照国际汽车联合会制定的车辆技术规则规定的方式制造，包括车体结构、长度和宽度、最低重量、发动机工作容积、气缸数量、油箱容量、电子设备、轮胎的距离和大小等。

根据各级方程式赛车的制造方式不同，方程式汽车赛又有 F1、F3000、F3、亚洲方程式、无限方程式、福特方程式、雷诺方程式、卡丁车方程式、美国冠军方程式、康巴斯方程式等。

1. F1 方程式汽车赛（图 19-6）

格兰披治一级方程式（Grand Prix Formula One，简称 F1）大奖赛是目前世界上速度最快、费用最昂贵、技术最高的比赛。

图 19-6　F1 方程式汽车赛

世界上首次举行 F1 赛是 1900 年在法国的默伦。目前 F1 共有 11 支参赛车队，22 辆赛车，每年规划有 17 站的比赛。通常在三月中开跑，十月底结束。每场比赛取前 6 名，第一名是 10 分，第二名是 6 分，第三到第六分别是 4 到 1 分，获得总积分最高者即为世界冠军。每站比赛可吸引超过 10 亿人次通过电视转播或其他媒体观赏这一世界顶级赛事。2004 年 9 月 26 日，在中国上海赛道举行第 16 站比赛（图 19-7），中国上海队参加了比赛。

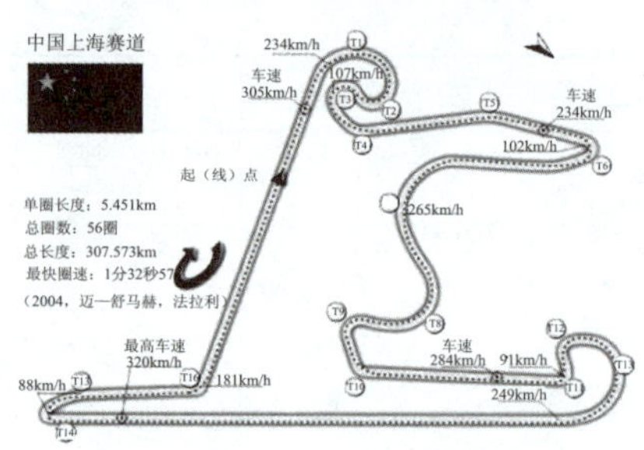

图 19-7　2004 年上海 F1 赛道

F1 大赛每年都要选择地理条件迥然不同的 16 个赛场。有的选在高原上，有的是街道串成的赛道，有的有上下坡，有的建在森林中，跑道起伏大，以考验车手的各种技术和应对能力。每个赛道的周长不等，最短的是摩洛哥的“蒙特卡罗街区赛道”，单圈长度为 3.3km，最长的是比利时的“斯帕”赛车场，单圈长度为 6.9km ，匈牙利布达佩斯赛道如图 19-8 所示。

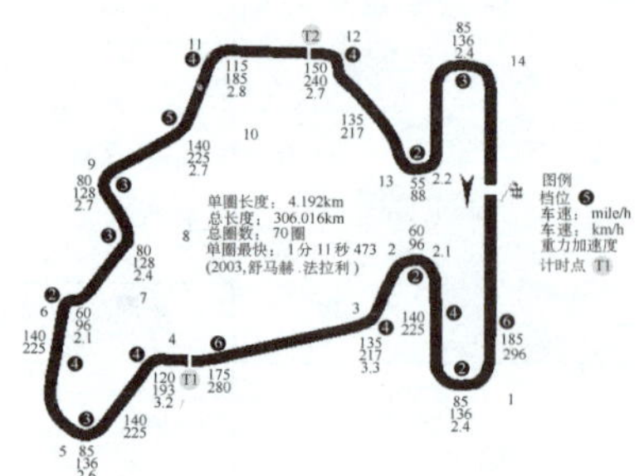

图 19-8　匈牙利布达佩斯赛道

每一辆赛车都需在比赛前三天进行排位赛，共有 28 ～ 30 辆赛车参加，但最终只取前 22 辆赛车参加正式比赛。正式比赛开始，各车手按各自排位从相距不远的位置出发。跑完规定圈数（每场为超过 305km 的最小圈数），时间短者获胜。一场 F1 比赛时间不能超过 2h。

目前 F1 赛车（图 19-9）使用的发动机为四冲程往复活塞式、V8、排量 2.4L 以下，转速超过 19000r/min，功率 700kW 以上，自然吸气式，油箱用特种橡胶制成。底盘采用碳纤维制造，自动电子变速系统，6 ～ 7 档，变速按钮在方向盘上，最小离地间隙仅有 50 ～ 70mm，四轮外露，一个轮胎只用一个螺栓，前轮胎宽 305mm，后轮胎宽 457mm，单座，连人带车及燃料总重不得低于 550kg，一般从 0 加速到 100km/h 只需 2.3s，最高速度可达 350km/h。F1 赛车造价达上千万元，不亚于一架小型飞机。

图 19-9　一级方程式赛车

F1 车手必须持有 FIA 签发的“超级驾驶证”，全世界不超过 100 名，是经过千挑万选的车坛精英。通常，一场比赛中，车手必须换档 2500 次，平均 2s 要换档一次，车手的注意力必须高度集中，急转弯必须承受自身重量 4 倍的负荷，身体主要靠安全带固定，但头部必须靠极强

壮的颈部肌肉才能支撑。

决赛过程中必须视轮胎的磨损及油耗的状态进入维修站（Pit Stop）换轮胎及加油，需要 21 个人花 6 ～ 12s 来完成（图 19-10，见书后彩插）。

F1 赛场上有不同颜色的旗帜作为指挥信号，指挥旗为长方形，由赛道各处的裁判执掌。不同旗帜含义（旗语）如图 19-11（见书后彩插）所示。

比赛结束颁奖，先奏冠军车队所在国的国歌，再颁奖，之后开 LP、Mumm、Lanson 等香槟庆祝（图 19-12，见书后彩插）。

2. F3 方程式汽车赛（图 19-13）

使用的赛车是四轮外露的单座位纯跑道用方程式赛车，外形与一级方程式赛车相类似，但体积较小，最低重量为 455kg，配备 4 气缸、工作总容积为 2L 的自然吸气式汽油发动机，输出功率约 125kW。

图 19-13　F3 方程式汽车赛

3. F3000 方程式汽车赛（图 19-14）

使用的赛车是四轮外露的单座位纯跑道用方程式赛车，装备 8 气缸、工作总容积为 3L 的自然吸气式汽油发动机，输出功率约 350kW。

图 19-14　F3000 方程式汽车赛

4. 雷诺方程式汽车赛（图 19-15）

雷诺方程式汽车赛从 2000 年起举办，是世界上著名及最普及的一种方程式赛车。该项赛事是由法国雷诺集团推广发展起来的。方程式赛车由意大利 TATUUS 公司制造，每年制造超过 700 辆。单座，功率为 170kW，最高车速 260km/h。

图 19-15　雷诺方程式汽车赛

5. 亚洲方程式汽车赛（图 19-16）

限在亚洲地区开展。使用的赛车是四轮外露的单座位纯跑道用方程式赛车，车身规格与 F3 方程式相似，配备 1 台福特 4 气缸、工作总容积为 2L 的自然吸气式汽油发动机，输出功率约 118kW。近年来，出现了宝马亚洲方程式，是亚洲比较流行的方程式赛车。

图 19-16　亚洲方程式汽车赛

6. 卡丁车方程式车赛

1940 年开始举办卡丁车赛，20 世纪 50 年代才开始普及。使用的赛车是轻钢管结构车身（图 19-17），无车体外壳，装配 100mL、125mL 或 250mL 汽油发动机。重心低，在曲折的环形路线上行驶。比赛速度感强，是世界方程式赛车的最初级形式。由于许多著名的 F1 方程式赛手都是从卡丁车起步的，卡丁车被视为 F1 的摇篮。

图 19-17　卡丁车方程式车赛

7. 电动方程式汽车赛（图 19-18）

电动方程式（Formula E，FE）是一种赛车运动，由国际汽车联盟所认证。其所有赛车必须由电力推动，被称为“零排放”赛事。比赛的目标是在推广清洁能源汽车的可持续发展理念的同时促进相关电池、电动机、变速器、电子控制、快充技术、安全保证等方面的技术进步，为全球新能源汽车的推广和应用提供良好的国际平台，并且为治理城市污染、创造清洁环境提供解决思路。

图 19-18 电动方程式汽车赛

19.3 耐久赛

耐久赛亦称 GT 赛，是场地比赛的一种，为长时间耐久性汽车比赛。比赛车辆分旅行车和运动原型车两类，并根据发动机的工作容积分为若干级别。比赛中每车可设两三名驾驶员，轮流驾驶。

每年国际汽车耐力系列赛分为 11 站，在世界各地举行。比赛一般进行 8 ～ 12h，以完成圈数的多少评定成绩。较著名的比赛有法国勒芒（Le Mans）24h 耐久赛、日本铃鹿（Suzuka）8h 耐久赛。

图 19-19 勒芒 24h 耐力锦标赛

1. 勒芒 24h 耐力锦标赛（图 19-19）

勒芒（Le Mans）位于法国西南面约 200 km 处，有一条 13.5km 的环形赛道，从 1923 年开始 (1936 年、1940 ～ 1948 年除外)，每年 6 月都要举行汽车连续行驶 24h 的比赛，行驶距离最长者获胜，一般超过 5000km。这是长距离的耐力赛，无论对汽车和对驾驶员都是极其严峻的考验。

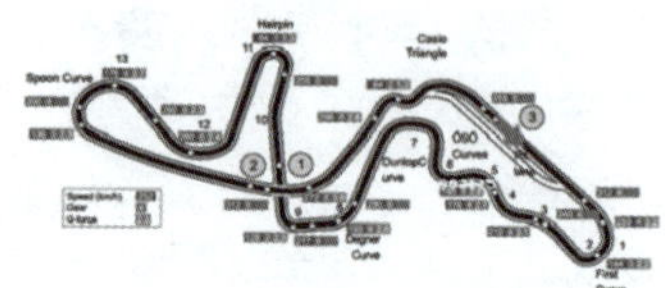
图 19-20 铃鹿赛道

2. 日本铃鹿 8h 耐力锦标赛

日本铃鹿（Suzuka）位于大阪和名古屋之间的三重县的铃鹿市中部，铃鹿赛道（图 19-20）1962 年建成，赛道呈 8 字形，由许多不同形式的弯路和直路所构成，为赛车提供了顺时针和逆时针两种行向。

图 19-21 印地 500 英里车赛

3. 印地 500 英里车赛（图 19-21）

全称为印第安纳波利斯 500- 英里比赛（Indianapolis 500-Mile Race），在美国印第安纳州波利斯赛车场进行（图 19-22），环形赛道周长 4km，一年一度的车赛要行驶 200 圈，总赛程 500mile（800km）。

图 19-22 印第安纳波利斯赛道

19.4 世界拉力锦标赛

图 19-23 世界拉力锦标赛

图 19-24 世界拉力锦标参赛车

图 19-25 蒙特卡罗汽车拉力赛

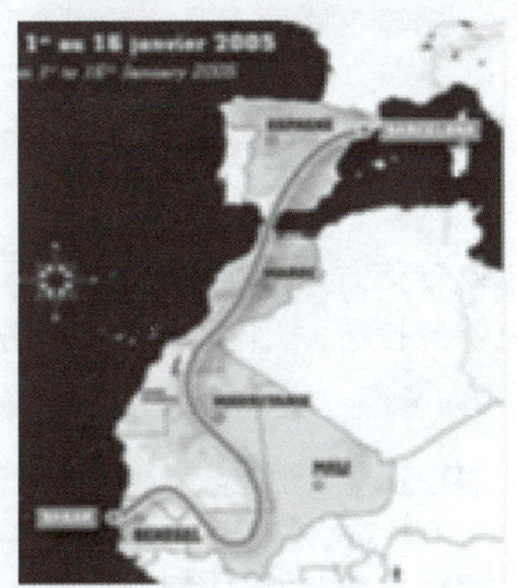

图 19-26 2005 年巴黎 - 达喀尔汽车拉力赛路线

世界拉力锦标赛（World Championship，简称 WRC），又叫集合赛、多日赛，是英语 RALLY（集合）的音译。它表示参赛车辆必须严格按照比赛规定的行驶路线，在规定的时间内，到达每一个地点进行比赛。它是与 F1 齐名的另一个世界顶级汽车赛事。各队车手驾驶经过专业改装的量产车，转战全球各地，战胜包括沙石、冰雪、柏油、泥泽、雨地在内数千千米的种种恶劣地形，力拼 11 个月才能决出最终的王者，被誉为世界上最严苛的汽车拉力赛（图 19-23）。

参赛车（图 19-24）必须为各大汽车厂家年产量超过 2500 辆的原型轿车，必须经过不同程度的改装方可参赛。无限制改装的称为 A 组赛车，除了保留外形、原厂标志以外，几乎所有的部件都可以改装。有限制改装的称为 N 组赛车，它只允许进行安全改装和有限的性能改装，发动机内部必须维持民用车的标准。

拉力赛的赛段为各种临时封闭后的普通道路，包括山区和丘陵的盘山公路、沙石路、泥泞路、冰雪路等，也有无法封闭的沙漠、戈壁、草原等地段。复杂的地形和漫长的赛程不仅考验车手的车技和经验，还要考验领航员的配合、车辆的性能以及维修的力量。

大型拉力赛的车队往往由几十名队员和多种运输工具组成，其中有负责传递信息的摩托车、装载备用部件的货车、医疗用车，甚至有时还有直升机。每次比赛持续 5 天至二十几天不等，全年在世界各国举行 14 站比赛，每个分站产生一对车手和领航员分站冠军，全年各分站成绩总积分最高的一对车手和领航员赛手成为当年度的 WRC 世界冠军。

较为著名的汽车拉力赛有蒙特卡罗拉力赛、巴黎 - 达喀尔拉力赛等。

1. 蒙特卡罗汽车拉力赛（图 19-25）

蒙特卡罗是法、意之间的一个欧洲小国摩纳哥的首府，也是一个著名的赌城。

1911 年，欧洲 10 国进行了以各自首都为起点，到摩纳哥的蒙特卡罗集合的汽车长途拉力赛，全程限 7 天完成，以各自行驶的平均速度作为胜负的标准。这次比赛，以 RALLY

命名，成为世界上第一次正式的汽车拉力赛。以后比赛每年一月举行，路线在摩纳哥附近的山区。由于冬季冰雪，行驶条件十分恶劣。比赛全程约 5000km，赛程 4 ～ 5 天。

2. 巴黎 - 达喀尔汽车拉力赛

巴黎 - 达喀尔拉力赛是世界上最长、最艰苦的汽车拉力赛之一。图 19-26 是 2005 年的巴黎 - 达喀尔拉力赛路线图。

该拉力赛自 1979 年开始，每年一月举行。从法国巴黎出发，乘船渡过地中海，在非洲北部上岸。然后，穿越非洲的撒哈拉大沙漠、潮湿的热带雨林及各种崎岖的路段，赛手白天要经受 40℃的高温，晚上又要在零下的低温中度过，最后到达塞内加尔的首都达喀尔，总行程约 13000km，历时约 20 天，是一场人与自然真正较量的比赛（图 19-27、图 19-28）。

图 19-27　巴黎 - 达喀尔汽车拉力赛场景 1

图 19-28　巴黎 - 达喀尔汽车拉力赛场景 2

3. 其他汽车拉力赛

（1）555 香港 - 北京汽车拉力赛

该赛事从 1985 年开始举办，从香港出发，途经广东省韶关市的世界地质公园丹霞山，再经长沙、武汉、郑州、石家庄，终点为北京天安门广场，总行程约 3900km，历时约 7 天。中国车手卢宁军（图 19-29）在 1986 年勇夺冠军。这是中国车手首次在国际汽车拉力赛上取得优良成绩。1999 年开始，我国北京怀柔成为世界拉力锦标赛的分站之一，因此不再举办 555 香港 - 北京拉力赛。

图 19-29　中国车手卢宁军

（2）东非沙法里汽车拉力赛（图 19-30）

从 1953 年起每年举行一次，比赛途径肯尼亚、乌干达等国家，路面条件十分恶劣，路线长达 6000km，赛程 4 ～ 5 天。

图 19-30　东非沙法里汽车拉力赛

（3）其他拉力赛

包括 1971 年从英国伦敦到澳大利亚悉尼的拉力赛，以及摩洛哥、奥地利阿尔卑斯、法国阿尔卑斯、希腊阿克罗波拉斯、美国奥林巴斯、芬兰千湖等拉力赛。

19.5　越野赛

汽车越野赛（图 19-31）是在一个国家或几个国家的公路和自然道路上进行的汽车比赛。总行程超过 10000km 的称为马拉松越野赛。

图 19-31　汽车越野赛

越野赛不同于拉力赛，比赛必须在白天进行。除国际汽联特别批准外，赛程不得超过 15 天，每经过 10 个阶段后，至少休息 18h。参赛车辆必须是全轮驱动汽车。

较著名的比赛有巴黎 - 达喀尔汽车越野赛（图 19-32）、巴黎 - 北京马拉松汽车越野赛、突尼斯国际汽车赛、阿拉伯联合酋长国沙漠挑战赛等。

图 19-32　巴黎 - 达喀尔汽车越野赛

1. 巴黎 - 达喀尔汽车越野赛

该越野赛历史悠久，至今已举办 24 届。越野赛从法国巴黎出发，途径西班牙、摩洛哥、毛里塔尼亚，最后到达塞内加尔首都达喀尔，总里程长达 12000 km，道路崎岖不平，车手要战胜寒冷、酷热、疲竭，要冒着粉身碎骨、陷入流沙、迷入歧途的种种危险。

图 19-33　我国长城牌汽车参加巴黎 - 达喀尔汽车越野赛

图 19-33 是我国长城牌汽车 2008 年参加巴黎 - 达喀尔汽车越野赛的情况。

2. 北京 - 巴黎马拉松汽车越野赛

这是世界上最早的汽车越野赛，在 1907 年举行（图 19-34）。汽车从北京开到巴黎，有 5 辆汽车参加，3 辆汽车历经两个月才到达巴黎。图 19-35 是当时赛车经过我国八达岭的情况。

图 19-34　北京 - 巴黎马拉松汽车越野赛（图为驶出德胜门）

1992 年 9 月，又举行了一次巴黎 - 北京马拉松越野赛。比赛从巴黎出发，经莫斯科，进入我国新疆，最后到达北京。全程 16135km，途经 11 个国家，历时 27 天。有 50 辆赛车在规定时间内跑完全程。

图 19-35　赛车经过我国八达岭

3. 突尼斯国际汽车赛

突尼斯位于非洲大陆最北端，是世界上少数几个集中了海滩、沙漠、山林和古文明的国家之一，是悠久文明和多元文化的融合之地。2005 年，我国大众途锐汽车参加比赛，夺得了亚军（图 19-36）。

图 19-36　途锐赛车征战突尼斯越野赛

4. 阿拉伯联合酋长国沙漠挑战赛（图 19-37）

阿拉伯联合酋长国简称阿联酋，俗称沙漠中的花朵，夏季（4 ～ 10 月）酷热潮湿，气温高达 45℃以上，湿度达 100%，局部有小沙暴。世界最高级别的越野赛车手每年参加阿拉伯联合酋长国举办的万宝路沙漠挑战赛。

图 19-37　阿联酋迪拜沙漠挑战赛

19.6 其他汽车赛

1. 汽车直线竞速赛（Drag Racing）

直线竞速赛也称为冲刺赛，是一种由静止加速起跑的竞赛，属于汽车场地赛的一种（图 19-38）。比赛按不同车型及发动机工作容积分为 12 ～ 14 个级别，在两条并列长 1500m、宽 15m 的直线柏油跑道上进行，实际比赛距离为 402.336m（1/4mile）或 201.168m（1/8mile），胜者进入下一轮竞赛，负者被淘汰。然后，两个胜者再一对一地比赛，直到最后一位胜者便是冠军。

比赛使用特别设计制造的活塞式或喷气式专用赛车，以汽油、甲醇或煤油为燃料，车重 500 ～ 1000kg。其中“高级酒精发烧友（TAFC）”级的发动机容积达 8930mL，输出功率 1838kW，速度达 382km/h；“三角架高级燃料车（TFD）”级的发动机容积为 8127mL，输出功率 3680kW，速度可达 460km/h；“喷气发烧友”级的发动机输出功率和速度都最大。

2. 老爷车赛（图 19-39）

老爷车赛开始于 1896 年，当时英国伦敦为庆祝汽车的诞生及放宽的交通条例（即废除红旗条例），举办了伦敦海德公园至布莱顿的汽车赛，总行程为 96km。后来演变成老爷车赛，由皇家俱乐部举办，每年 11 月的第一个星期天在伦敦举行。1927 年第一届老爷车赛开始举行，当时规定只有 1905 年以前生产的汽车才能参加比赛（图 19-40、图 19-41），后来这个规定一直延续至今。作为历史最悠久的老爷车赛，它吸引了世界各地的老爷车主参加。2008 年的参加者有皇室成员、美国领事及一级方程式车手，老爷车数量达到了 550 辆。老爷车赛现在已经风靡全世界（图 19-42）。

1997 年，英国绅士菲利普 • 杨帝主办了一次世界范围内的老爷车拉力赛，来自世界 20 多个国家和地区的 92 辆老爷车参加了由北京到巴黎的老爷车拉力赛，在世界范围内掀起了一股老爷车旋风。

2000 年，欧洲老爷车协会组织了“环游地球 80 天”老爷车全球行拉力赛，有 100 辆老爷车参赛，从伦敦出发，途径北京、纽约，80 天之后再次返回伦敦。中国雒文有受到邀请，再次驾“大红旗”出征（图 19-43），参加了中国段的比赛。

图 19-38 汽车直线竞速赛

图 19-39 老爷车赛

图 19-40 老爷车 1

图 19-41 老爷车 2

图 19-42 英国老爷车拉力赛

图 19-43 中国雒文有驾“大红旗”参加老爷车拉力赛

3. 世界房车锦标赛（WTCC）

这是国际汽联于 2005 年新推出的一项全球性汽车赛事，它的前身为欧洲房车锦标赛。目前 WTCC 赛程安排暂定为 10 站，中国澳门被指定为全年的收官之战（图 19-44）。

图 19-44　世界房车锦标赛

参赛车型必须以至少 4 座的量产型房车为基础，采用 4 缸发动机，排量不能超过 2L，自然吸气方式，最高转速不得超过 8500r/min，最大功率 184 ～ 198kW，采用 5 速或 6 速手动变速器，轮圈尺寸不得超过 9×17in，且每个轮圈的质量在 9kg 之内，制动盘的直径也不得超过 296.5mm。中国“都市丽人”亮相世界房车大赛（图 19-45）。

图 19-45　中国“都市丽人”亮相世界房车大赛

在每场比赛前，赛车和车手都要进行称重，连同驾驶员在内的总质量不得低于 1140kg。如果整体质量有出入，将会配以一定重量的压舱物，确保每部赛车和车手的质量相等。

参照车手的总积分和每场比赛的表现，比赛配重的计算方法有两种。首先，车手每取得一个积分都会增加 1kg 的配重。另外，在每一站比赛中取得好的成绩，在接下来一站比赛的配重也会相应增加。最新的规则是：单场比赛的前六名会依次加上 30、25、20、15、10、5kg 的重量，每一站比赛结束的时候都会根据成绩重新计算下一站比赛的配重。比赛最高配重的上限为 70kg。

图 19-47　派克峰国际爬山赛 1

世界房车锦标赛采用分站赛的形式，每个分站比赛分排位赛和正式比赛两部分。正式比赛分两个回合进行，每回合有约 50km 的比赛距离。其中头一天的排位赛成绩将决定次日第一回合比赛的发车顺序。而第二回合比赛的发车顺序则取决于第一回合比赛的成绩，其中第一回合的前 8 名在第二回合的发车顺序将会被颠倒，即按照第一回合的成绩从第一名到第八名的顺序反向安排第二回合比赛的发车顺序。比赛结束后颁发冠军车手和冠军车厂两个奖项。每个回合最后成绩的前 8 名可以分别获得 10、8、6、5、4、3、2、1 的比赛积分。

图 19-48　派克峰国际爬山赛 2

4. 派克峰国际汽车爬山赛

派克峰国际汽车爬山赛（Pikes Peak International Hill Climb，简称为 PPIHC）是一个每年 7 月间都会在美国科罗拉多州的派克峰（Pikes Peak）进行的汽车爬山赛（图 19-46，见书后彩插），是全世界比赛场地海拔最高、车辆性能水平也最高的越野赛车活动之一。图 19-47 ～图 19-49 是派克

图 19-49　派克峰国际爬山赛 3

峰国际爬山赛部分图片。

PPIHC 首度举办于 1916 年，是美国境内历史第二悠久的车辆竞赛活动。举办场地是一条通往派克峰顶，部分铺装（柏油路面）、部分未铺装（砾石路面）的山区道路。赛道全程接近 20km，其中包括 18.8 km 的上坡路段，与 1.2km 的下坡路段。最大上坡坡度达 10.5%，最大下坡坡度则为 10.0%，平均坡度 7%，终点海拔高达 4301m。稀薄的空气对于参赛的车手与赛车都是极端严苛的考验，除了空气量不足可能会使车辆损失高达 30% 的动力输出之外，稀薄燃烧可能造成的发动机过热问题也是对负责调校赛车的工程师的一大挑战。因此，PPIHC 常常被认为是越野赛车界最严苛的一场赛事。赛道沿途共有 156 个弯道，其中位于赛道后半段的“无底洞”弯（Bottomless Pit）是最惊险的一个弯道，假如在此失手有可能会垂直坠落于 1829m 的深渊中。

PPIHC 的参赛车种非常多，从一般的汽车、机车与全地形车，到拖车头、电动车乃至于竞技专用的越野赛车，每一年的参赛组别都在持续地修改。1916 年第一届比赛举办时，原本只有“Open Wheel”(车轮外露赛车）一个组别，到 2007 年时，已经发展成多达 19 组的竞赛分组。在各组之中车辆性能最强、速度也最快的是汽车组别中的“无限组”(Unlimited)，使用的都是一些完全针对爬山赛特别打造的专用赛车。

5. 汽车漂移赛 (图 19-50)

漂移（drift，drifting）是赛车术语，指让车头的指向与车身实际运动方向之间产生较大的夹角，使车身侧滑过弯的系列操作。漂移是一种极具观赏性的驾驶方式。另外，在拉力赛中也是一项常用的技术。这两年漂移在国内很热门，尤其是很多年轻的驾驶者都喜欢，但方法不当会造成事故。

图 19-50 汽车漂移赛

6. 太阳能汽车赛 (图 19-51)

比赛用车的动力能源不是汽油，而是太阳能。目前，许多国家都举办太阳能汽车比赛，但最有名的是自 1987 年开始举办的澳大利亚太阳能汽车挑战赛。比赛路程长达 3000km，比赛目的不是考验驾驶者能开多远，而是利用太阳能走多远。

图 19-51 太阳能汽车赛

7. 大脚车赛 (Monster Truck) (图 19-52)

大脚车被称为最疯狂的运动车，在观众的一片狂呼尖叫声中，一辆大脚车像头狂暴的巨兽，扑向一辆显得有些可怜巴巴的小轿车，伴随着“咯吱！咯吱！”的声音，碎玻璃闪着耀眼的亮光四处飞溅，瞬间小轿车就被碾扁了。接着它又扑向另一辆轿车，场地上又爆发出一阵山呼海啸般的狂叫……这就是在美国十分叫座的大脚车表演场面。到目前，大脚车赛已发展成为室内 / 室外、动力版 / 脚踏版、大尺寸及小尺寸等多种形式、多种规格的比赛。

图 19-52 大脚车赛

大脚车使用的轮胎是联合收割机上的大轮胎。把轮胎的花纹削掉，每个大轮胎约减轻 91kg，使车速可达到 120km/h。为了使大脚车能够跳得足够高，以便能进行惊险的空中表演，必须使用功率足够大的发动机，涡轮增压器目前已是大脚车的标准装备。

8.“肥皂盒”车比赛（图 19-53）

在欧洲非常流行，英、德、法等国每天都会举行各种形式的“肥皂盒”车比赛。参赛选手需要做的就是自己动手设计和制作一辆赛车，创意第一，并身着相应的奇装异服。所以，比赛当中经常能看到奇形怪状的赛车和车手，让观众大呼过瘾。赛道往往设置在一道斜坡上，赛车没有动力装置，从起点一路滑下。

图 19-53 “肥皂盒”车比赛

9. 汽车足球赛（图 19-54）

近年来，在美国和法国等国家兴起了一种“新式足球运动”——汽车足球。参赛的运动员不用脚踢球，而是要开着甲虫一般的汽车追击足球，把足球撞进对方球门。这种比赛所用的球比一般足球大得多，运动员都戴着防撞头盔，车身四周也加有防护设备，以防相撞时发生意外。

图 19-54 汽车足球赛

10. 汽车跳远比赛（图 19-55）

西方国家盛行汽车跳远比赛，法国年轻赛车运动员迪埃里·罗宾在一次比赛中，驾驶汽车以 165km/h 的速度疾驰，然后汽车冲上高度为 5.6m 的助跑道斜面腾空越起，汽车在空中“飞越”一段距离后，再重重地落在由数千个纸盒堆成的“沙坑”里，而迪埃里·罗宾却从倾倒的汽车左门安然无恙地爬了出来，观众对他的表演惊叹不已。他创造了汽车腾空“跳远”101.17m 的世界纪录。

图 19-55 汽车跳远比赛

11. 泥潭汽车大赛（图 19-56）

美国的德克萨斯州近年来兴起一种泥潭汽车比赛，参赛车均为改装的小汽车和小货车。比赛是在一个长 60m、宽 23m 的人造泥潭中进行。赛手们经过抽签后，驾车开进泥潭。跑完全程的最好成绩为 9s。泥潭汽车大赛也在世界其他地方兴起。

图 19-56 泥潭汽车大赛

12. 汽车趣味赛（图 19-57）

汽车趣味赛的宗旨是，怎么有趣怎么玩。比赛的规则和方式都是由组委会自行确定的。有可能是装人最多、

图 19-57 汽车趣味赛

跑得最快；也有可能是倒车最久、绕桩最好、往返直线竞速；还有可能是让汽车跳舞跳得最好、跳得最远、爬得最高等。

13. 其他汽车比赛

汽车比赛五花八门，除上述汽车比赛外，还有汽车沙滩赛（图 19-58）、滑稽车比赛（图 19-59）、毁车比赛和汽车选美赛（图 19-60）等。

近年来随着无人驾驶汽车技术的快速发展，智能汽车竞赛不断涌现，图 19-61 为我国 2017 年举办的智能汽车竞赛。

图 19-58　汽车沙滩赛

图 19-59　滑稽车比赛

图 19-60　汽车选美赛

图 19-61　智能汽车赛

19.7　著名车队与车手

1. 著名车队

（1）法拉利车队 (Ferrari)（图 19-62）

1929 年建队，1950 年首次参加一级方程式比赛，1961 年首次获得世界车队冠军。至 2008 年共夺得 16 次世界车队冠军，15 人次世界车手冠军。

图 19-62　法拉利车队

（2）迈凯轮车队（图 19-63）

迈凯轮车队（Melaren）由布鲁斯・迈凯轮于 1963 年创建。1966 年首次参赛，1974 年首次获得世界车队冠军。至 2008 年共夺得 8 次世界车队冠军，13 人次世界车手冠军。

图 19-63　迈凯轮车队

（3）威廉姆斯车队（图 19-64）

1977 年建立，1975 年在阿根廷第一次参加 F1 大赛，1980 年第一次夺得世界车队冠军。至 2011 年共获得 9 次世界车队冠军和 7 人次的世界车手冠军。

图 19-64　威廉姆斯车队

（4）其他著名车队

有莲花车队、雷诺车队、乔丹车队、索伯车队、丰

田车队、福特车队、英美车队、美洲虎车队、三菱车队、蓝旗亚车队、日产车队等。

2. 著名车手

（1）胡安·曼努尔·凡乔（图 19-65）

1911 年出生在阿根廷一个工厂主家庭，1934 年进入赛车界。

1951 年、1954 ～ 1957 年 5 届 F1 年度总冠军。他是赛车史上的一位传奇人物、一代元老、一个神话。

图 19-65　胡安·曼努尔·凡乔

（2）尼克·劳达（图 19-66）

1949 年出生在奥地利。1971 年开始参加 F1 大赛，三次世界冠军得主。

图 19-66　尼克·劳达

（3）阿兰·普罗斯特（图 19-67）

1955 年生于法国圣日尔曼，早年以卡丁车运动起家，夺得两次法国冠军。1979 年转入 F3 车赛，1980 年加盟麦克拉伦车队开始了其 13 年的 F1 大赛历程。

共夺得 4 次 F1 年度总冠军，在 F1 的历史上居于第二位，迄今他仍保持着获得 51 次 F1 分站赛冠军的世界纪录。

图 19-67　阿兰·普罗斯特

（4）艾尔顿·塞纳（Senna）（图 19-68）

1960 年出生在巴西圣保罗市一个家财百万的汽车工厂主家庭，13 岁时就参加卡丁车比赛，17 岁时夺得南美冠军。1984 年进入 F1 车队，1988、1990、1991 三年夺得 F1 年度总冠军。这位天才车手 1994 年在圣马力诺伊莫拉赛道，代表威廉姆斯车队参赛时遇难。

图 19-68　艾尔顿·塞纳

（5）迈克尔·舒马赫（Michael Schumacher）（图 19-69）

1969 年 1 月 3 日出生于德国克尔班，到 2004 年已获得 F1 汽车锦标赛 7 次年度总冠军，创造了车手五连冠的神话，独占 F1 汽车锦标赛冠军榜首席。2005 年，39 岁的舒马赫退出 F1 汽车锦标赛。

图 19-69　迈克尔·舒马赫

（6）其他著名车手

著名车手还有布拉海姆、斯图尔特、皮盖特、阿斯卡利、格拉汉姆·希尔、菲蒂鲍尔蒂、哈基宁、阿隆索、莱克宁、汉密尔顿、肯库宁、马基宁、麦克雷、塞恩斯、伯恩斯等。

项目小结

1. 汽车竞赛是指利用汽车在各种道路上进行汽车性能（速度、耐力、油耗等）和驾驶技术等比赛的一种活动，它考验和锻炼人的勇气、意志、毅力和技术，也考验着汽车的性能，极大地推动了汽车科技的发展和新车销售。
2. 汽车竞赛按是否有固定场地分为场地赛和非场地赛。著名汽车竞赛主要有方程式汽车赛、耐力赛、世界拉力锦标赛、越野赛等。
3. 一级方程式（F1）大奖赛是目前世界上速度最快、费用最昂贵、技术最高的比赛。
4. 电动方程式汽车赛（FE）旨在推动新能源汽车技术的发展和治理环境污染。
5. 世界著名汽车赛车队有法拉利车队、迈凯轮车队和威廉姆斯车队。

技能训练与知识测评

请现场观看或在电视上看一场汽车竞赛，说说比赛的类型、规则和感想。

项目9　百花齐放的汽车组织文化

学习目标

◇ 了解汽车俱乐部的组织性质和作用

◇ 熟悉汽车自驾游的组织和注意事项

◇ 了解汽车联合会的组织性质和作用

◇ 学会汽车媒体的知识检索

继前面介绍的汽车展览和汽车运动等组织外，还有百花齐放的汽车俱乐部、汽车联合会、汽车媒体等各种组织，为汽车的普及、推广、发展、服务和娱乐起了巨大作用，是汽车文化的重要组成部分。

任务 20 检索著名汽车组织

任务导入：检索汽车俱乐部是个什么性质的组织？其主要作用是什么？

20.1 汽车俱乐部组织

1. 汽车俱乐部（图 20-1）简介

汽车俱乐部是由汽车车主组织起来的一种联谊组织。现阶段，世界范围内已有 100 多个全国性汽车俱乐部和附属机构。还有一些各国汽车俱乐部的联合组织，如，国际汽车俱乐部协会（IACF）及世界汽车旅游组织（OTA）。

图 20-1　汽车俱乐部

2. 汽车俱乐部的主要作用

举办各种活动（发行刊物、举办展览、车赛等），宣传汽车的优点，促进汽车的普及和使用。

呼吁政府大力建设公路，放宽对汽车使用的限制，制定有利于汽车发展的政策和法规。

为会员提供各种服务。如汽车驾驶培训、汽车救援、组织驾车旅游、代办汽车保险、维修、加油、停车等服务。

3. 汽车俱乐部的发展史

最早的是德国汽车俱乐部 ADAC（Allgemeiner Deutscher Automobilclub），于 1899 年 7 月 10 日在柏林成立。现有 1500 万会员，是欧洲最大、世界第三的汽车俱乐部（图 20-2）。俱乐部的宗旨是保护机动车驾驶人的利益。如俱乐部成员驾车途中抛锚，俱乐部负责免费将车拖到就近的修理厂。其基本会员费是每年约 37.84 欧元。一旦成为会员，那么你行驶在德国任何地方，甚至在欧盟其他国家，只要你打一个电话，ADAC 很快即派人帮你排除故障。修理时更换部件的费用由会员自付。如果你的车已无法就地修复，ADAC 可帮你把车拖回家。ADAC 拥有救援直升机 39 架、27 个直升机站。自成立以来，执行过 130 万次的救援任务。

图 20-2　德国汽车俱乐部大楼

4. 世界主要国家汽车俱乐部

1）美国：美国汽车协会（American Automobile Association，AAA）（图 20-3）建立于 1902 年，是世界上最大的汽车俱乐部，是仅次于罗马天主教会的世界第二大会员组织。下属 139 个分支机构，各自独立地经营汽车俱乐部，并在加拿大有不下 1000 个办事处。2003 年有会员 4500 万人，驾驶着在美国道路上行驶的所有汽车中的 20%。

图 20-3　美国汽车协会

美国汽车协会在呼吁建立美国的国家公路系统及维护汽车用户利益方面发挥了重要作用，在汽车的普及和汽车服务上也做了大量工作。同时，AAA 也是世界上最大的“美国快速旅行支票”的销售者，向会员们卖出了数千万美元的信用卡、旅行支票、保险单、行李票。

2）澳大利亚：澳大利亚汽车俱乐部（图 20-4）创建于 1905 年，目前已发展会员近 600 万。从 1991 年起，全国统一启用提供道路服务的单一号码系统，这个号码为“131111”，依靠这一电话号码系统，可以随时保证待援者与救援中心的联系，平均每个会员每年有一次要求提供救援服务的权利。

图 20-4　澳大利亚汽车俱乐部

3）中国：中国汽车俱乐部的出现始于 1995 年建立的北京大陆汽车援救中心，即现在的北京大陆汽车俱乐部（CAA）（图 20-5），隶属于澳大利亚保险集团。中国汽车俱乐部目前已经在北京、上海、广州等许多大城市展开，主要进行汽车救援、售后服务、技术维修、旅游、越野、赛车、摄影等工作。

图 20-5　大陆汽车俱乐部

5. 汽车自驾游

汽车自驾游就是自己驾驶汽车出游（图 20-6）。随着我国人民生活水平的提高和汽车的普及，汽车自驾游在我国得到迅速发展。如 2015 年，国内旅游人数突破 40 亿人次，自驾游人数达到 23.4 亿人次，占比 58.5%。

图 20-6　汽车自驾游

自驾游组织者有汽车俱乐部、旅行社、4S 店、汽车媒体等，也有汽车爱好者、亲朋好友自行组织的。自驾游具有自由化、个性化、灵活性、舒适性、选择性与短期性、小团体性等特点，极大地拓展了人们的生活空间。

我国汽车自驾游历史不长，难免会出现一些问题，以下一些注意事项供自驾游时参考。

（1）出发前的准备

1）检查身体状况，不要带病出行。备足生活用品（各种衣物、应急药箱、露营物件等）。

2）全面检查车况，尤其是制动、转向系统，备足汽车用品（各种油料、备件、随车工具、地图和导航仪等）。

3）规划好自驾游路线，提前预订酒店。带够现金，带齐三证一卡（驾驶证、行驶证、身份证、保险卡）。

4）尽量结伴同行，相互照顾。

（2）自驾游途中

1）行车安全第一，忌驾驶犯困，疲劳开车（驾驶 2h 应该休息一会儿），忌高速路行车超速。

2）学习特殊气候（雨天、雾天、雪天、黑夜等）和特殊道路（山路、泥泞路、雪地、涉水路面等）的驾驶技巧，避免事故发生。

3）熟悉突发事件应对方法（见任务 17.3）。

20.2 汽车学会与协会组织

汽车学会是由汽车科技工作者自愿组成的社会组织，主要进行汽车科技方面的学术研究与交流。汽车协会是由汽车制造企业及汽车相关行业的企事业单位和团体组成的社会组织，主要进行汽车研发、制造与管理方面的技术交流。国内外部分著名的汽车学会与汽车协会如下：

1. 国际汽车工程师学会联合会

国际汽车工程师学会联合会（FISITA）于 1948 年在巴黎成立，是世界性汽车工程师学会联合组织，旨在通过各种先进汽车技术交流提高汽车的研究水平和发展速度。

FISITA 年会每两年举办一次，每次年会就当时世界汽车工业发展的主题进行研讨和展开科学技术交流，并同时举办展览会，展示汽车新技术，是当前世界上规格最高、规模最大的汽车专业技术会议之一。FISITA 1994 和 FISITA 2012 年会（图 20-7）曾在北京成功举办。

图 20-7 FISITA 2012 年会

2. 世界汽车组织（图 20-8）

世界汽车组织（OICA）成立于 1919 年，总部设在巴黎。它是由世界各国汽车制造商组织组成的国际组织。中国汽车工业协会是其会员单位。

OICA 主要职责有：代表全球汽车工业界参与联合国汽车法规协调活动，研究汽车工业界普遍关心的问题以及各国对汽车行业的政策等事项，关于道路交通运输领域 CO_2 减排综合方法的研究，汇集整理和公布全球汽车生产的统计数据和组织安排国际汽车展览会事宜。

图 20-8 世界汽车组织（OICA）

3. 美国汽车工程师协会（SAE）

美国汽车工程师学会（SAE）成立于 1902 年，是美国及世界汽车工业（包括航空和海洋）有重要影响的学术团体，现有会员 69000 人，分别来自全球 90 多个国家和地区。学会每年在美国底特律举办各种学术会议和汽车博览会进行学术交流，展示最新科技成果，也是世界上汽车、海洋和航空 / 航天运输机械技术信息的资源之一。每年都推出大量的标准资料、技术报告、参数（工具）书籍和特别出版物，建有庞大的数据库。SAE 所制定的标准不仅在美国国内被广泛采用，而且成为国际上许多国家工业部门和政府机构在编制标准时的依据，为国际上许多机动车辆技术团体广泛采用，成为国际上最著名的标准体系。

4. 中国汽车工程学会

中国汽车工程学会（China-SAE）成立于 1963 年，是由中国汽车科技工作者自愿组成的全国性、学术性法人团体，是中国科学技术协会的组成部分，非营利性社会组织，是国际汽车工程学会联合会 (FISITA) 常务理事，是亚太汽车工程年会（APAC）发起国之一。

中国汽车工程学会目前拥有个人会员数万人，团体会员数千家。其服务宗旨是：推动汽车工业科技进步，培养汽车科技人才，促进国内外汽车产业技术交流，传播、普及汽车科技知识，弘扬汽车文化，筑建科技工作者之家。中国汽车工程学会 LOGO 如图 20-9 所示。

5. 中国汽车工业协会

中国汽车工业协会（CAAM）成立于 1987 年 5 月，是经中华人民共和国民政部批准的社团组织，地址设在北京。是世界汽车组织（OICA）的常任理事会员单位和副会长单位。

图 20-9　中国汽车工程学会 LOGO

中国汽车工业协会是在中国境内从事汽车（摩托车）整车、零部件及汽车相关行业生产经营活动的企事业单位和团体在平等自愿基础上依法组成的自律性、非营利性的社会团体，现有近 2000 家会员单位。中国汽车工业协会 LOGO 如图 20-10 所示。

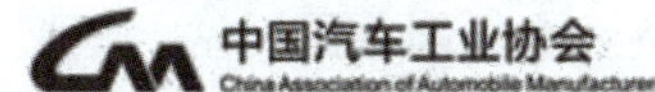

图 20-10　中国汽车工业协会 LOGO

中国汽车工业协会以贯彻执行国家方针政策、维护行业整体利益、振兴中国汽车工业为己任，反映行业愿望与要求、为政府和行业提供双向服务为宗旨，以政策研究、信息服务、行业自律、国家交流、会展服务等为主要职能，充分发挥提供服务、反映诉求、规范行为、搭建平台等方面的作用，以促进中国汽车行业健康快速发展。

20.3　汽车媒体组织

汽车媒体包括汽车报纸、杂志、书籍、汽车网站等，是传播汽车信息、汽车技术和文化的重要手段，也是广大汽车工作者、汽车驾驶人、汽车修理技术人员提升技能的重要途径之一。

1. 国外著名汽车报纸杂志

主要有 *CAR AND DRIVER*《汽车与驾驶员》(美国)（图 20-11）、*MOTOR TREND*《汽车趋势》（美国）、*AUTOMOBILE*《汽车杂志》(美国)、《汽车技术杂志》(德国)、《自动车技术》(日本)、《汽车工程师》(法国)、《汽车工程师》(英国)、《汽车工程》(意大利)、《汽车工业》(俄罗斯）等。

图 20-11　美国《汽车与驾驶员》

2. 国内著名汽车报纸杂志

主要有《汽车工程》《汽车技术》(图 20-12)《世界汽车》《中国汽车报》《汽车之友》《汽车与配件》《汽车维修与保养》等。

3. 汽车书籍出版机构

汽车书籍出版机构是指进行汽车图书、图画和电子物品等有版权物品的出版活动的组织。一般以出版社、出版集团等形式出现，如英国的培生集团，美国的汤姆森学习出版集团，德国的贝塔斯曼集团，中国的机械工业出版社、人民交通出版社、高等教育出版社等。它们每年都出版海量的汽车图书及教材，广泛进行汽车知识传播，是人们系统获取汽车知识的重要途径。

图 20-12 《汽车技术》杂志

4. 汽车网站

汽车网站能及时反映汽车的新信息，每天都有大量的国内外汽车发展新动态、新技术以及广大网民的意见和评论，是快速获取汽车信息的一种方法。

国内主要专业汽车网站见表 20-1。除此之外，还有大量的汽车集团公司网站，汽车销售、学校及个人创办的网站，根据各自需要，介绍汽车的相关内容，各有特色。

表 20-1 国内主要专业汽车网站

序号	网站名称	网站地址
1	汽车之家	www.autohome.com.cn
2	易车网	www.yiche.com
3	爱卡汽车	www.xcar.com.cn
4	太平洋汽车网	www.pcauto.com.cn
5	网上车市	www.cheshi.com
6	凤凰汽车	auto.ifeng.com
7	瓜子二手车直卖网	https://www.guazi.com/
8	搜狐汽车	auto.sohu.com
9	汽车点评网	www.xgo.com.cn
10	新浪汽车	auto.sina.com.cn
11	腾讯汽车	https://auto.qq.com/
12	百度汽车搜索	http://www.baidu.com
13	中国汽车报	http://www.cnautonews.com/
14	驾校一点通	www.jxedt.com
15	节能与新能源汽车网	www.chinaev.org
16	汽车维护与修理	www.autorepair.com.cn

项目小结

1. 汽车俱乐部是由汽车车主组织起来的一种联谊组织。主要任务是为会员提供各种汽车服务，也是与政府沟通的一个渠道。
2. 汽车学会是由汽车科技工作者自愿组成的社会组织，主要进行汽车科技方面的学术研究与交流。汽车协会是由汽车制造企业及汽车相关行业的企事业单位和团体组成的社会组织，主要进行汽车研发、制造与管理方面的技术交流。
3. 汽车媒体包括汽车报刊、杂志、书籍、汽车网站等，是传播汽车信息、汽车技术和文化的重要手段。

技能训练与知识测评

1. 调研一个汽车俱乐部，看其如何组织各种活动，写一篇报道，并在全班交流。
2. 检索中国汽车工业协会本年度的工作安排有哪些？
3. 登录一个汽车网站，看里面有哪些信息？有何收获，并在小组内交流。

项目10 发人深思的汽车名人趣事

学习目标

◇ 了解汽车名人的生平事迹及其奋斗历程

◇ 学会分析总结汽车名人的经验与教训

◇ 学会检索汽车之最

汽车在全世界的迅速发展和普及，给人类社会发展和生产生活带来了巨大的贡献，无数的汽车名人志士功不可没，他们的艰苦奋斗创业故事和坚忍不拔的探索精神，给后人留下了极其宝贵的精神财富，永远值得我们学习和深思。

任务21 检索汽车名人及故事

任务导入：见图 21-1，认识图中的人吗？他们在做什么？对汽车做出了什么贡献？

图 21-1 看图说事

21.1 卡尔·本茨及夫人的故事

卡尔·本茨（Karl Benz，1844—1929，见图 21-2）发明了世界上第一辆三轮汽车，人称“汽车之父”。

图 21-2 卡尔·本茨

卡尔·本茨 1844 年出生于德国，父亲是火车司机。从中学时期，本茨就对自然科学产生了浓厚的兴趣，1860 年进入一所综合科技学校学习发动机制造等课程。

1872 年组建了“奔驰铁器铸造公司”，1879 年 12 月制造出第一台单缸煤气发动机，1883 年创建奔驰公司和莱茵煤气发动机厂，研制出单缸汽油发动机，安装在自己设计的三轮车架上，于 1886 年 1 月 29 日取得了世界上第一个“汽车制造专利”。

汽车刚出现由于经常抛锚，本茨不敢驾驶它上街。宗教界认为他造了一个怪物，企图毁灭人类，要将本茨送到宗教审判台进行审判，本茨得到消息后逃到瑞士避难。

卡尔·本茨的妻子贝尔塔·本茨（图 21-3）对本茨的汽车事业给予极大的支持。她对两个孩子说：“如果你们的爸爸没有勇气把汽车开上街，那么我来开。”

图 21-3 贝尔塔·本茨

1888 年 5 月清晨，丈夫还在梦乡中，贝尔塔便唤醒了 15 岁和 13 岁的两个孩子，把汽车推出试验室，然后起动发动机，她要把它从曼海姆城开到 100km 之外她的娘家普福尔茨海姆（图 21-1）。

马路两旁早起的人们一听到机器的响声都从窗口伸

出头看热闹。忽然，汽车停住了，她发现油箱里没有燃料了，只好推着汽车走了一段路到维思洛赫的一家医院药房，买了几十小瓶汽油倒入油箱，这里便成了世界第一个“加油站”(图 21-4)。后来，制动不灵了，是皮革做的制动器磨损了，临近中午才找到皮匠把制动器修好。布鲁赫萨尔的一个铁匠帮助她修补了链条。化油器被堵塞了，她用帽子上的发针将其修好。点火导线发生短路，聪明的她用吊袜带作为绝缘垫将导线绝缘。历尽波折到达目的地，已经是傍晚时分，她的娘家人以及成千上万的人对贝尔塔的勇敢行动惊叹不已，贝尔塔被称为世界上第一个开汽车的女人。兴奋的贝尔塔立即给丈夫拍了一个电报：“汽车经受了考验，请速申请参加慕尼黑博览会。”

图 21-4 世界上第一个“加油站”和贝尔塔·本茨纪念雕塑

贝尔塔这次行程意义重大，一是大力宣传了汽车，二是帮助本茨改进完善了汽车。后来贝尔塔所走过的路被命名为贝尔塔·本茨纪念之路，以此纪念贝尔塔和她的历史性创举。2008 年 2 月 25 日，德国政府正式批准认可贝尔塔·本茨纪念之路为旅游观光路线，成为全长 194km 的德国工业文化动态纪念碑。

21.2 戴姆勒的故事

戈特利布·戴姆勒（Gottlieb Daimler，1834—1900，见图 21-5），世界上第一辆四轮汽车的发明人，与本茨同称“汽车之父”。

戴姆勒于 1834 年 3 月 17 日出生在如今德国西南部巴符州中部的一个名叫朔恩多夫的小镇，出身于一个面包师的家庭，毕业于斯图加特技术学校。他从小热爱机械，特别对发动机有浓厚的兴趣，学徒后即能制造双管手枪。1877 年，戴姆勒还制作了 1.1kW 的小型发动机，带有摩擦离合器的最早的四轮载货汽车和汽艇。

图 21-5 戈特利布·戴姆勒纪念邮票

他曾就职于奥托建立的道依茨发动机公司，改进了奥托四冲程发动机。1884 年 5 月制造出一台立式发动机（图 21-6），转速达到 800r/min，奠定了现代高速发动机的基础，取名“立钟”，并于 1885 年 4 月 3 日取得德国专利，成为世界上第一台立式发动机。

1885 年 8 月 29 日，戴姆勒将它安装在一辆车子上，取得“骑士式双轮车”专利权，它实际上是世界上第一辆摩托车（图 5-30）。

1886 年，为了庆祝妻子埃玛 43 岁生日，戴姆勒将该发动机装在一辆四轮马车上，成为世界上第一辆四轮汽车（图 5-37）。

图 21-6 1884 年戴姆勒立式发动机

1890 年戴姆勒汽车公司成立，主要生产发动机，并在英国和奥地利开设分公司。戴姆勒不断改进发动机，1899年改进了点火装置，从热管型改成了电点火，化油器也从表面型改成了喷雾型，是一个名副其实的汽车发明家。从这时起，不仅是汽车，在飞机上也应用了这种汽油发动机。图 21-7 是 1899 年的戴姆勒汽车。

图 21-7　1899 年的戴姆勒汽车

1926 年 6 月 29 日，戴姆勒公司与奔驰公司合并改名为戴姆勒 - 奔驰汽车公司。遗憾的是，虽然戴姆勒和卡尔・本茨居住的两座城市仅相距 80km，但他们从未谋面。各自的公司在他们去世后由各自的继承人掌管。第一次世界大战之后通货膨胀，汽车销售陷入了困境，在这样的背景下，戴姆勒 - 奔驰公司由激烈竞争转为强强联合，开创了世界大公司联合的先河，一直至今。

21.3　奥托的故事

尼古拉斯・奥托（Nicolais August Otto，图 21-8），德国工程师。22 岁时弃商，开始从事煤气发动机的试验工作。

1866 年，奥托研制出具有划时代意义的立式活塞式四冲程奥托内燃机，转速达到 80 ～ 100r/min。翌年，此项发明荣获巴黎博览会金质奖章。

1876 年，奥托对四冲程内燃机又作了改进，试制出第一台实用活塞式四冲程内燃机，转速提高到 250r/min。1877 年 8 月 4 日取得专利，并成批投入生产（图 5-26）。

奥托还提出了内燃机的工作原理，即“奥托循环”（图 21-9），可燃气体先在气缸中压缩，在点燃压缩可燃气体时产生较强的爆发力，提高了内燃机的热效率和输出功率。同时，他利用活塞的四个行程，把进气、压缩、做功及排气融为一体，使内燃机的结构紧凑和简化，从而推动了小型内燃机的实用化。奥托创建的内燃机工作原理，一直在现代汽车发动机上沿用至今。

图 21-8　尼古拉斯・奥托纪念邮票

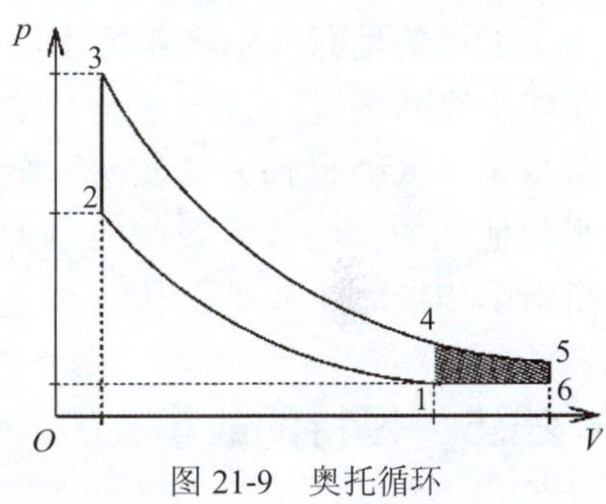

图 21-9　奥托循环

1886 年，奥托宣布放弃自己所获得的四冲程发动机专利，任何人都可根据需要随意制作。因为他看到了法国工程师罗彻斯写的一本小册子，是在奥托发明四冲程内燃机之前出版的，比较完整地提出了四冲程内燃机的原理，奥托这种尊重科学、实事求是的精神受到大家的一致赞赏。但是，第一个研制出这种内燃机的人却是奥托，因此后来人们仍然把四冲程循环称为奥托循环原理，把四冲程汽油机称为奥托机。

21.4　狄塞尔的故事

鲁道夫・狄塞尔（Rudolf Disesel，1858—1913，图 21-10），德国工程师，柴油机发明人。

1858 年 3 月 18 日生于巴黎，在伦敦读了职业学校，并作为成绩最优秀的学生毕业。1875

年，他获得奖学金，进入慕尼黑科技大学读机械制造专业，喜欢物理和热力学，成绩优异，颇受著名的机械教授林德的器重。

图 21-10　鲁道夫·狄塞尔纪念邮票

1879 年，21 岁的狄塞尔毕业，在瑞士温特图尔一家机械厂任零件设计员，两年后转巴黎任林德冷藏企业热机工程师、安装工和推销员。在工作中，他深感蒸汽机的效率低下，于是萌发了设计新型发动机的念头，并开始积蓄资金。1885 年，他辞去制冷工程师职务，在巴黎设立了自己的发动机实验室。

1892 年，狄塞尔经过多年潜心研究，在题为“转动式热机的原理和结构”的论文中，第一个提出了压燃式柴油机的理论。在 1892 年 1 月 28 日向柏林皇家专利局申请了发明专利，并于 2 月 27 日取得了柴油机的专利权（图 5-32）。

1893 年与奥格斯堡机器制造厂老板签订了试制合同。于当年试制出了试验柴油机。其缸径为 150mm，行程 400mm。试验时，首先用传动机带动运转，待运转趋向平稳时喷入燃料，不料刹那间像开炮似的一声轰鸣，装在上面的测功指示器像炮弹一样飞去，排气管内喷射出浓烟，不断地“乒乓”作响，火花四溅，吓得在场人员纷纷逃开，第一台样机失败了。1894 年 2 月 17 日，狄塞尔将改进后的柴油机再次试验，仅运行了 1min，但有人称之为划时代的 1min。

1897 年，狄塞尔制成了完全依靠压缩点火燃烧、以柴油为燃料的四冲程柴油机，功率为 18.5kW，热效率高达 24%。这是一项震惊世界的卓越发明，1898 年投入商业性生产（图 5-33）。

遗憾的是狄塞尔晚年穷困潦倒，债务重重。1913 年 9 月 27 日狄塞尔去伦敦旅行，两天后在船上突然失踪，谜一般地死去了。人们为了纪念发明者，将柴油机称为“狄塞尔发动机”，获得了“人类最伟大的发明”金银纪念币奖（图 5-34）。该套纪念币介绍了世界 18 项伟大的发明和他们的发明者，我国的蔡伦造纸术、毕昇活字印刷术、张衡的地动仪、祖冲之的圆周率、指南车和指南针名列其中。

21.5　福特的故事

亨利·福特（Henry Ford，1863—1947，图 21-11），美国福特公司创始人，人称“汽车大王”。

图 21-11　《时代周刊》封面人物亨利·福特

1863 年 7 月 30 日出生于美国密歇根州，其父是位农场主。福特从小就对机械充满了浓厚的兴趣，17 岁去密歇根汽车制造公司工作，别人需要花好几个小时才能修复的机器，他只要 30min 就修好了。后来到爱迪生电气公司边工作边学习电气知识。

1893 年，他制成汽油发动机，1896 年开始设计汽车。1899 年至 1902 年之间，他两次创建自己的公司，由于缺少经验都失败了。1903 年第三次创业，与 11 位投资者筹措 2.8 万美元，在底特律的一间狭小工厂中，创建了福特汽车公司，投产A型车（图21-12）。1906年，生产N型车，售价定为500美元，比其他公司上市的车价便宜30%，很受欢迎。

图21-12 福特A型车

1908年，举世闻名的T型车问世（图21-13），其为农民而设计，大车轮、多用途、高强度、低价格。福特公司为T型车做的广告词是“1908年美国重大事件之一，T型车进农家”。他建立了8000个经销点，样车每到一处，订单纷至沓来，T型车供不应求，促使公司改进生产技术。福特从生猪屠宰场流水线（图21-14）得到启发，采用流水线生产汽车（图21-15）。以前装配一辆汽车要12h 28min，到1920年，实现了每分钟生产1辆汽车，大大降低成本，每辆车售价降至360美元，使大多数人都能买得起。工厂实行5美元/工作日（相当于原工资的2倍），极大调动了工人积极性。T型车至1928年停产，共生产15456868辆，创当时单车型生产世界纪录。1908～1920年，全世界汽车数量的50%是T型车，为“装在汽车轮上的美国”立下不朽功勋。1999年，《财富》杂志将他评为“20世纪商业巨人”，以表彰他和公司对汽车工业发展所做出的杰出贡献。福特先生成功的秘诀只有一个：尽力了解人们内心的需求，用最好的材料，由最好的员工，为大众制造人人都买得起的好车。

图21-13 福特T型车

图21-14 生猪屠宰场流水线

但是，由于福特得意忘形，固步自封，坚持单一车型，无视富裕了的美国人民要求，没有进一步推出新的车型，而通用汽车公司及时推出许多时髦多样和先进豪华的汽车，使福特汽车滞销，汽车市场占有率从最高时期的70%下降到不足20%，1945年亨利·福特让位于他的孙子亨利·福特二世。

图21-15 福特流水线

1947年4月7日，亨利·福特因脑溢血在底特律逝世，终年83岁。

21.6 杜兰特的故事

威廉·杜兰特（William Crapo Durant，1861—1947，图21-16），美国通用汽车公司创始人，历史上一位传奇式的人物。

图21-16 威廉·杜兰特

1861年出生于美国的波士顿市，自小就和其母一起被嗜酒成性的父亲丢弃，住在家境颇为富裕的外婆家，受到了外婆的精心教导。

1886年创建杜兰特马车公司，经过15年在全美范围内推销各种款式和颜色的马车，他将最初的2000美元变成了200万美元。并且，他的马车业务也走向了世界，成为当时美国最大的马车制造商。他是一个超级的推销员、一个不知疲倦的经营者、一个白手起家的百万富翁。

1904年，他果断地投资50万美元给经营陷入了困境的别克汽车公司，逐步控制了这家公司。

1908年，杜兰特将别克公司并入早期的通用汽车公司（图21-17），之后通过股票互换的办法，将20多家汽车公司（包括奥兹莫比尔、凯迪拉克、庞蒂克等知名汽车企业）合并成立了今天名震全球的通用汽车公司，自己任总经理。可惜由于过分扩张，经营不善，下属各企业是各自独立的经营单位，没有建立必要的公司管理机构，也没有建立必要的现金储备，公司出现了严重的资金危机，杜兰特被迫辞职。

图21-17　杜兰特创建了通用汽车公司

杜兰特并不甘心于自己的失败，他与路易斯·雪佛兰组建了雪佛兰汽车公司，励精图治，取得了辉煌的经营成就，于1916年将通用汽车公司从银行家的控制下夺了回来，重新获得了通用公司的领导权。

由于杜兰特只热衷于公司规模的扩大（在他担任总经理的4年时间内，通用的规模扩大了8倍），而不去协调各经营部门相互之间的关系，导致分公司各自为政。他不去关心公司的整体产品战略规划，以至分公司之间的产品相互重复。一系列的失误，导致了通用汽车公司濒临倒闭，所以人称杜兰特是“聚财能手、经营白痴”。在公司上下的一致反对中，杜兰特被迫于1920年11月辞职，永久地离开了“通用”，在默默无闻中度过了他的余生。

21.7　斯隆的故事

艾尔弗雷德·斯隆（Alfred Sloan，1875—1966，图21-18），1923年开始担任通用汽车公司总经理，极善经营管理，被誉为企业“经营之神”，是车界企业家十巨头之一，第一位成功的职业经理人，20世纪最伟大的CEO。

斯隆毕业于麻省理工学院，电气工程师，原本供职于联合汽车公司，因公司并于通用，于1919年任通用副总经理。1923年受命于危难之时，担任通用总经理，任总裁32年，一直到1966年91岁高龄离开人世，始终担任着通用的总经理、董事长、名誉董事长等职，为通用的振兴、发展和壮大立下汗马功劳（图21-19）。

面对濒临倒闭的通用公司，斯隆进行了一系列的整顿与改革，提出了“集中政策、分散经营、财务独立”的经营管理体制。对产品生产进行专业化分工，标准化生产，协作价结算。建立了公司计划制度和报表制度（旬报），形

图21-18　艾尔弗雷德·斯隆

成了公司完整的管理体系。

根据市场需求，生产不同档次和价格的汽车，最大限度满足市场竞争的需要，提出著名的“不同的钱包、不同的目标、不同的车型”“汽车越造越好，附件越来越全，革新越来越多，使汽车不仅是交通工具”的产品战略。“设想一对新婚夫妇，先买一辆雪佛兰，几年后，折旧换回一辆庞蒂克车，然后根据条件不断换通用新车，终点是气派到非凡的凯迪拉克。”针对当时美国人生活富裕，要求提高的需求，采用新发明的杜邦漆生产出色彩丰富的雪佛兰等车，成为抢手货。使通用汽车公司从濒临倒闭变成世界巨头，1923 年通用汽车在国内市场占有率为 12%，1956 年为 53%，成为世界最大的汽车公司。

图 21-19　《时代周刊》封面人物艾尔弗雷德・斯隆

改革使通用下属各分公司的经营积极性充分地调动起来，又在公司的总体控制下进行分工合作，运作有序，汽车产量逐年上升。通用自 1928 年超过福特之后，一直稳居世界首位，其国内市场占有率也由 1923 年的 12% 增加到 1941 年的 44%。斯隆所建立的管理体制，被后人称为企业管理上的一场革命，有极强的生命力，至今仍被世界各国所效仿（图 21-20）。

图 21-20　斯隆的经典管理

斯隆自传《我在通用汽车的岁月》（图 21-21）等著作里有大量成功的管理经验，值得一读。

图 21-21　斯隆的自传

21.8　艾柯卡的故事

李・艾柯卡（Lee Iacocca，1924—2019，图 21-22），1970 ～ 1978 年担任福特公司总裁，1981 年开始担任克莱斯勒公司总裁，人称“世界汽车巨子”。

图 21-22　李・艾柯卡

1924 年 10 月出生于美国宾夕法尼亚州艾伦敦。艾柯卡大学是学工科的，却对推销很感兴趣，认为销售是企业的精华。22 岁进入福特汽车公司后，创造性提出购车分期付款的方案，获得了很大成功，被福特公司作为全国性的销售策略。1960 年担任福特汽车公司轿车部经理，1970 年荣升福特汽车公司总裁（图 21-23）。在他就任的 8 年里，为福特汽车公司净挣了 35 亿美元的利润，在该公司的历史上留下了最辉煌的业绩。但成功招致忌妒，1978 年被亨利・福特二世解雇。

图 21-23　艾柯卡担任福特公司总裁

1981年，当时正值克莱斯勒公司濒临破产之时，艾柯卡受命于危难之际，担任克莱斯勒公司总裁（图21-24），大智大勇、大刀阔斧地进行一系列惊人的改革，改组领导班子，辞退了35个副总裁中的33个，关闭了公司的20个工厂，3年裁员7.4万人，削减高级职员10%的薪金，他自己也主动放弃每年36万美元的年薪，只领取1美元象征性工资。艾柯卡取得了美国政府的15亿美元贷款，开发了新型轿车，道奇400新型敞篷车畅销市场。艾柯卡还经常下厂与工人直接对话，促进劳资双方通力合作。

图21-24 艾柯卡担任克莱斯勒公司总裁

艾柯卡通过上述一系列改革，使克莱斯勒汽车公司起死回生，经过三年的努力，公司扭亏为盈，1984年一年盈利24亿美元，比克莱斯勒此前60年利润总和还要多，提前7年偿还了12亿美元政府担保贷款。1986年，公司股息增长860%，1996年销售收入为613.97亿美元，纯利润为35.29亿美元，居当年全球最大500家公司的第26位。艾柯卡也成为美国家喻户晓的大人物，美国人心目中的英雄。

图21-25 艾柯卡自传

《艾柯卡自传》（图21-25）在全球已发行700多万册，书中有大量成功经验，值得一读。

21.9 保时捷的故事

费迪南德·保时捷（Ferdinand Porsche，1875—1952，图5-42），甲壳虫汽车设计者，世界著名的豪华跑车保时捷公司的创始人，获20世纪最佳工程师称号。

1875年12月3日出生在奥地利，父亲是一个白铁工。费迪南德从小就喜欢干白铁工的活，同时对电工也感兴趣，15岁时进入夜校。后来，一边在维也纳工学院学习，一边在火电厂工作。22岁获得汽车混合传动系统专利，1900年发明了电动汽车（图9-33），名扬四海，25岁设计出第一部保时捷汽车。1905年任戴姆勒汽车分公司技术部经理，1923年晋升为戴姆勒总厂的总工程师。1926年保时捷向奔驰公司建议生产一部大众都买得起的轿车，遭到董事会的否决，这使得保时捷不得不挂冠而去。

1931年3月6日，保时捷在几位投资者的帮助下，在斯加图特建立了一家设计公司，专门开发汽车、飞机及轮船的发动机，设计出16缸增压发动机的赛车，打破了8项世界纪录，被民众誉为“银箭”车（图21-26）。

1938年，保时捷父子俩开发出高性能大众化的“甲壳虫”汽车（图9-15），可减少风阻和车尾气体涡流，受到国内外的好评。该车由大众公司制造生产，从1936～1973年共生产2150万辆，创单产世界纪录。

图21-26 保时捷“银箭”车

由于第二次世界大战期间保时捷参与过德军坦克的研制工作，投标过虎式坦克（图 21-27）的设计，二战结束后被美国人逮捕，后交给了法国，坐了两年牢，于 1947 年 8 月获释，重操旧业。

图 21-27　虎式坦克

1948 年设计的保时捷 356 型跑车（图 9-34），先后进行过 356 次设计变动，在一次重大比赛中战胜了许多欧美名车，成为妇孺皆知的英雄。

1952 年 1 月 30 日，保时捷病逝，终年 77 岁。

1982 年，公司推出的保时捷 956（图 9-38），连续四年夺得勒芒 24h 耐力赛冠军，1983 年一举包揽前 10 名中的 9 个座次，书写了前无古人后无来者的辉煌战绩。

■ 21.10　法拉利的故事

恩佐·法拉利（Enzo Ferrari，1898—1988，图 21-28），意大利车手，企业家，法拉利公司的创始人，人称“赛车之父”。

恩佐·法拉利 1898 年 2 月 18 日出生于意大利北部莫德拉（Modena）的一个小钣金工厂主的家中，他的父亲阿勒法多（Alfredo），不仅是一个技艺超群的铸铁好手，而且是一个如醉如痴的“赛车迷”。法拉利 10 岁那年，他的父亲带他到波伦亚观看了一场汽车比赛，赛车场那种惊心动魄的场面深深地吸引了他，他盼望着自己也能成为一名优秀赛车手。法拉利 13 岁就能单独驾驶汽车，在阿尔法·罗密欧汽车厂先后干过技工、试车员、赛车手（图 21-29）。

图 21-28　恩佐·法拉利

1916 年，凭借着对赛车的狂热，怀着“钟爱跑车胜家人和挚友，跑车是生命不可分割的一部分”的痴恋，法拉利自费参加了森姆尼赛车队（Costruzione Meccaniche Nazionalia），第一次体验了赛车运动独具的疯狂刺激（图 21-30）。他在 22 岁那年的大奖赛中夺得亚军，并得到了阿尔法·罗密欧汽车制造公司老板的垂青，成为一名“拿生命开玩笑”的试车员。

图 21-29　年轻时的恩佐·法拉利

1929 年，法拉利回到家乡创建了“法拉利赛车俱乐部”，他对汽车工程和驾驶技巧充满天分，而且处事认真。1947 年生产出第一辆以自己名字命名的法拉利汽车，积极参加各种汽车大赛，赢得了 14 次勒芒 24h 耐力赛冠军和 9 次 F1 总冠军，被誉为“赛车之父”。他设计的 F1 赛车在世界上共夺得 100 多次胜利，至今无人打破这个纪录。

图 21-30　法拉利第一次体验了赛车

法拉利汽车集技术性、艺术性于一体，采用了类似于劳斯莱斯、保时捷等世界名车那样的半机械、半手工化的加工工艺精心制作，质量一丝不苟，堪称稀世珍品（图 9-79）。

1988 年 8 月 4 日，恩佐 · 法拉利走完了他辉煌的一生，终年 90 岁。

21.11　丰田喜一郎的故事

丰田喜一郎（Kiichiro Toyoda，1894—1952，图 10-2），丰田公司的创建者，创造了风靡全球的“丰田生产方式”。

出生于 1895 年，父亲是日本有名的纺织大王，自动纺织机的发明者。丰田喜一郎在东京帝国大学工学系机械专业毕业后，到父亲的工厂当机师，经过 10 年磨炼，担任管技术的常务经理。他继承了父亲研究与创造的精神，毕生致力于汽车的创造，提出“不是照搬美国，而要结合本国国情创造性地运用批量生产方式，生产出性能和价格两方面都能与外国车抗衡的国产车”的思想。

1933 年，公司设立汽车部，通过拆装、研究美国雪佛兰汽车，于 1935 年 8 月造出了第一辆 A1 型汽车（图 21-31）。

1937 年 8 月 28 日，正式成立丰田汽车工业株式会社。从 20 世纪 50 年代起，公司开始快速发展，1955 年生产出第 1 辆皇冠轿车（图 10-3），以后又陆续生产出雷克萨斯、佳美等著名轿车。1957 年出口汽车到 47 个国家，1959 年在巴西建立第一个国外汽车生产基地。2004 年汽车产量达 754.7 万辆，居日本第一，世界第二。是世界上出口汽车最多的公司。

图 21-31　丰田 A1 型汽车

另一项重大贡献在于对生产过程的合理组织和科学管理，创造了风靡全球的“丰田生产方式”（TPS，图 21-32），通过“准时化生产、全面质量管理、并行工程”等一系列方法，最终达到企业利润的最大化和成本的最低化，成为世界许多国家争相学习的先进经验。

图 21-32　丰田生产方式

1952 年 3 月 27 日，丰田喜一郎患脑溢血去世，终年 57 岁。

21.12　饶斌的故事

饶斌（1913—1987，图 21-33），曾任中国第一、第二汽车制造厂厂长，中国汽车工业总公司董事长、国家机械工业部部长，是中国汽车工业的奠基人。

图 21-33　饶斌

饶斌原名饶鸿喜，1913 年 1 月 26 日生于吉林市。曾任中共吉林市委书记、省委委员。

1952年12月，任第一汽车制造厂厂长，带领一汽职工，用三年的时间，高速度、高质量建成中国第一座汽车制造厂（图21-34），生产出我国第一辆解放牌汽车（图21-35）和红旗牌轿车，结束了中国不能生产汽车的历史。1965年任第二汽车制造厂党委书记，带领二汽职工，生产出东风牌汽车和越野车。

图21-34　第一汽车制造厂

图21-35　第一辆解放牌汽车下线

20世纪80年代初，饶斌先后担任第一机械工业部部长和中国汽车工业总公司董事长。主持并推进了汽车工业的技术引进、中外合资经营，提出了汽车工业调整改组和发展规划方案，加速产品换型，结束了汽车产品几十年一贯制的局面。指挥全国汽车行业建立起一个“重、中、轻、微”的货车系列布局。

退居二线后，饶斌仍然为推进中国汽车工业的改革和发展，深入基层，实地考察，调查研究，直到生命的最后一刻。1987年8月，饶斌在上海考察工作期间突然患病，经抢救医治无效，在上海逝世，终年74岁。

21.13　孟少农的故事

图21-36　孟少农

孟少农（1915—1988，图21-36），汽车专家，中国科学院院士。祖籍为湖南省桃源县，童年在北京度过，1921年入北京北师附小读书，1927年进北师大附中。1930年，孟少农考入长沙岳云中学，1932年进长沙高中。高中毕业全省会考，他获第一名。

1940年毕业于清华大学机械系（图21-37），后考取留美研究生，曾任美国福特汽车公司工程师。1946年回国，在清华大学机械系任副教授、教授，创办了汽车专业。

图21-37　1935年清华大学机械系学习

新中国成立后，任重工业部汽车工业筹备组副主任（图21-38）、一汽副厂长兼副总工程师、二汽第一副厂长兼总工程师，中国科学院学部委员。

在一汽，主持和组织引进苏联技术并消化吸收及人员培训，为解放牌汽车性能改进和质量提高，为一汽新产品的开发，特别是为军用越野车的研制，为“东风”“红旗”高级轿车的开发做出了贡献。

图21-38　1950～1952年担任重工业部汽车工业筹备组副主任

在二汽，以渊博的常识和丰富的经验，大胆决策，攻克了产品质量、产品滞销和工厂组建三大难题。总结出世界汽车工业发展许多共性规律，为中国汽车工业发展方向提出许多精辟的见解，对中央决策起了重要的作用。1985 年荣获全国“五一”劳动奖章，1988 年 1 月 15 日在北京逝世。

21.14 李书福的故事

李书福（图 21-39）1963 年 6 月出生于浙江台州一个农民家庭里，曾在湖北长江职业学院就读，获哈尔滨理工大学管理工程学学士，燕山大学机械工程硕士研究生，哈尔滨工业大学博士。现浙江吉利控股集团有限公司董事长、沃尔沃轿车公司董事长、中国汽车工业协会副会长、中国民办教育协会副会长。

图 21-39　李书福

1982 年，李书福 19 岁高中毕业，拿着父亲给的 120 元做起了照相生意，半年后赚到 1000 元，掘到了第一桶金，正式开起了照相馆，自己买零件组装照相机，从废旧零部件中分离出金银，后来改做在“垃圾”中提取金银的买卖。

1984 年，李书福和几个兄弟合伙办了冰箱配件厂，21 岁担任厂长。一年后开始生产电冰箱，到 1989 年，他的北极花电冰箱厂的年产值超过千万元，每天到工厂拉货的车子排起了长队。

1993 年，李书福收购了一家国有邮政摩托车厂，并率先研制成功四冲程踏板式发动机。接着又与行业老大“嘉陵”合作生产“嘉吉”牌摩托车，不到一年的时间，他的摩托车销量占据国内踏板车龙头地位，还出口美国、意大利等 32 个国家。

1994 年，李书福决定造汽车。刚开始，尽管得不到主管部门的许可，李书福还是在临海市征地 57 亩，打着造摩托车的幌子，筹建了吉利“豪情汽车工业园区”。1997 年，李书福投资 1400 万元，收购了四川一家濒临倒闭的生产小客车的企业，成立了四川吉利波音汽车制造公司，并拿到了小客车、面包车的生产权。1998 年 8 月 8 日，没有准生证的第一辆两厢“吉利豪情”车下线。2001 年 12 月，国家经贸委发布了第七批车辆生产企业及产品《公告》，吉利终于获得了轿车生产资格，成为中国第一家生产轿车的民营企业。

2008 年，四川汶川大地震后，吉利首批向地震灾区捐款 1000 万元，李书福也个人捐款 120 万元。

在李书福的领导下，吉利集团多年来坚持走自主创新的道路，在中国汽车行业率先取得发动机、变速器等核心技术领域的重大突破，拥有各种专利 6500 多项。还投资 8 亿多元，创建了北京吉利学院。先后收购沃尔沃轿车公司 100% 的股权，收购戴姆勒 9.69% 股份，成为沃尔沃集团和戴姆勒公司最大股东。目前，吉利控股集团旗下拥有吉利汽车、领克汽车、沃尔沃汽车、Polestar、宝腾汽车、路特斯汽车、伦敦电动汽车、远程新能源商用车、太力飞行汽车、曹操专车、荷马、盛宝银行、铭泰等众多国际知名品牌。2018 年，吉利控股集团全球销售汽车 215 万辆，同比增长 18.3%，四年销量翻番，实现了跨越式发展。公司总资产超过 3300 亿元，连续七年成为“财富”全球 500 强企业。

2018 年 12 月 18 日，党中央、国务院授予李书福同志改革先锋称号，并获评民营汽车工业开放发展的优秀代表。

2019 年 3 月，李书福以 136 亿美元财富排名 2019 年福布斯全球亿万富豪榜第 91 位。

21.15 中国汽车工业两院院士风采（表 21-1）

表 21-1 中国汽车工业两院院士

序号	姓名	个人简历
1	徐冠华	徐冠华，资源遥感学家。1941 年 12 月 16 日出生于上海。1963 年毕业于北京林学院。第三世界科学院院士、瑞典皇家工程科学院外籍院士、国际宇航科学院院士。中国科学院遥感与数字地球研究所研究员。曾任中国科学院遥感应用研究所所长、中国科学院副院长、科学技术部部长、党组书记 在卫星数字图像处理研究方面，发展了边界决策、训练样地分析、图像分类、图斑综合、生物量估测等理论和技术，研制成功中国最早的遥感卫星数字图像处理系统，发展了遥感综合调查和系列制图的理论和方法，领导编制了第一部再生资源遥感综合调查与系列制图技术规程，在分类系统、制图比例尺、技术流程、专题图种类等方面具有开拓性和创造性。领导的“三北”防护林遥感综合调查课题在空间遥感应用规模、技术难度和时间要求上均取得突破。代表作有《三北防护林遥感综合调查与监测》等 1991 年当选为中国科学院学部委员（院士）
2	郭孔辉	郭孔辉，出生于 1935 年。汽车设计研究专家。福建省福州市人。1956 年毕业于吉林工业大学。吉林大学教授、汽车学院名誉院长。曾任一汽汽车研究所总工程师，吉林工业大学副校长 先后主持完成多项我国汽车行业的基础性科研项目和一汽新型汽车的开发研制工作。被汽车界誉为将系统动力学与随机振动理论引入汽车振动与载荷研究的领先学者，我国汽车轮胎力学的主要奠基人，我国汽车操纵稳定性、平顺性科技领域的主要开拓者和带头人 1994 年当选为中国工程院院士
3	杨裕生	杨裕生，出生于 1932 年，核试验技术、分析化学专家。江苏省如皋县人。1952 年毕业于浙江大学。中国人民解放军防化研究院第一研究所研究员。曾任中国核试验基地科技委主任。1958 年中国科学院化学研究所分析化学专业研究生，1960 年在苏联科学院地球化学与分析化学研究所进修放射分析化学。创建了我国核试验烟云取样和核武器威力与性能的放化分析诊断技术。提出裂变燃耗、铀同位素全谱、锂燃耗、铀钚分威力等测试原理并指导研究成功。主持完成 20 多次核试验的取样分析任务，提供大量测试结果成为验证和改进这些武器设计的直接依据。“地下试验弹外活化确定中子弹中子剂量的放化法”和“裂变燃耗的放射化学诊断方法”，分别获国家技术发明二等奖。1996 年发起“中国士兵系统”及其电源的研究，创建了“军用化学电源研究与发展中心”，研究锂 - 硫电池、超级电容器、液流电池、铅炭电池等新型电源，参与推动我国的氢能与燃料电池、电动汽车增程技术的发展 1995 年当选为中国工程院院士
4	黄其励	黄其励，1941 年 1 月 15 日出生于营口，辽宁营口人，蒸汽工程领域著名专家，教授级高级工程师，博士生导师，现任国家电网公司顾问和国家能源集团电力领域首席科学家，中共党员。1964 年本科毕业于清华大学热能动力系，1968 年硕士毕业于东南大学（原南京工学院）三系，被分配到辽宁发电厂，以后在东北电管局科技处、东北电力技术改进局、锦州发电厂、辽宁省电力工业局、东北电管局、东北公司和东北分部等单位工作，分别任厂长和总工程师。1981 年公派赴日本进修，1987 年获日本北海道大学工学博士。曾兼任中国电机工程学会、中国动力工程学会、中国工程热物理学会和中国电工学会的常务理事。现任中国工程院主席团成员，新能源电力系统国家重点实验室、电网安全和节能国家重点实验室以及煤基清洁能源国家重点实验室学术委员会主任委员。获国家科技进步三等奖 1 项，省部级科技进步奖二十余项，主编或参编专著 5 本、科普读物若干，发表技术论文 70 余篇 长期从事能源和电力领域科学研究、工程应用和技术管理等工作。在燃煤清洁高效发电、可再生能源发电、节能环保和能源发展战略等领域做出贡献。主持负责并实施节能降耗、节油、降 NO_x 排放等重大技术改造工程 70 余项；主持实施煤粉均匀分配、烟风系统优化及大流量测量等领域 20 余项工程。主持或参加 40 余项有关国家能源发展战略的咨询研究，在能源领域可再生能源发展、煤炭清洁利用、多种能源综合协同利用等大能源系统等方面，为国家提出了参考建议 1997 年当选为中国工程院院士

（续）

序号	姓名	个 人 简 历
5	陈清泉	陈清泉，1937 年 1 月 14 日出生于印度尼西亚的马吉朗市，原籍福建省漳州市。电机、电力驱动、电动汽车和智慧能源系统专家。1957 年毕业于北京矿业学院，1957-1959 年在北京清华大学进修研究生，1982 年获香港大学哲学博士，1993 年获乌克兰敖德萨理工大学荣誉科学技术博士学位，2008 年获英国洛夫堡大学荣誉技术博士学位。英国皇家工程院院士；乌克兰工程科学院院士；匈牙利工程院荣誉院士；香港工程科学院院士及高级顾问；美国电机电子工程师学会会士 (IEEE Fellow)；英国工程技术学会资深会员（IET Fellow）；香港工程师学会资深会员（HKIE Fellow）及前会长。香港大学荣誉讲座教授。第十届全国政协委员、中国侨联顾问及中华海外联谊会名誉理事。澳门特区政府科技顾问。在北京未来科学城及国内外其他城市创办院士科创中心 提出了电动汽车研究核心和总体指导思想，将汽车技术、电机技术、电力驱动技术、电力电子技术和现代控制理论有机地结合起来，为现代电动汽车学奠定了基础，使现代电动汽车学这一新兴交叉学科从理论到实践形成了一个完整的体系；提出了能源与信息的联系，智慧能源系统，能源计算机、能源银行，以碳平衡原理优化多能源系统。多次获得国际性科技杰出成就奖。世界电动汽车协会的创办人及轮值主席，被誉为“电动汽车三贤士”之一，亚洲最佳创新者之一。撰写的专著《现代电动汽车技术》，总括了现代电动汽车学的体系。多次任重要国际学术会议主席或主旨报告者，兼任国内外著名大学名誉或客座教授，包括美国麻省理工学院，美国加州伯克利大学，英国剑桥大学等。兼任政府、企业的高级科技顾问，国内外专业学术团体领导职务。发表了 450 多篇论文、17 种著作和 10 个专利。获英国电机工程师学会国际杰出学术演讲勋章；中国国家科学技术进步奖二等奖；香港工程师学会最高荣誉金勋章；联合国教科文组织下属世界工程师组织联盟的卓越工程成就勋章；中国工程院光华工程科技奖；英国皇家工程院菲利普亲王勋章并誉为“电动汽车之父” 1997 年当选为中国工程院院士
6	黄崇祺	黄崇祺，出生于 1934 年，金属导体专家。江苏省常熟市人。中共党员。1957 年 8 月毕业于东北工学院（现东北大学），同年 8 月进入国家机械工业部上海电缆研究所工作至今，研究员级高级工程师，曾任副总工程师，现任特种电缆国家重点实验室专家委员会主任委员、国家科技部“高性能合金导电材料”专项技术总指导、联合国工业发展组织全球创新网络专家委员会委员等职 主要从事电工用铜、铝及其合金、双金属和再生铜压力加工制品的研究、开发和应用。涉及架空导线及其试验、电气化铁路用接触导线、电工用铝导体及其稀土优化综合处理技术、电工用铜合金和铝合金导体、双金属导线、铝连续挤压、超导电缆、废杂铜直接再生制杆和高性能合金导电材料等。发表论文 90 余篇、出版著作 7 本。获省部级科技进步一等奖 3 项、国家科技进步奖二等奖 2 项、全国科学大会奖 2 项和第四届上海科技博览会金奖 1 项。使用非电工级高硅铝实现技术创新，为我国电工铝导体和稀土电工铝导体提高导电率，解决量大面广的国产材料来源，并达到工业化稳定生产，使我国电工铝导体生产达到国际先进水平；创新开发镁铜合金接触线，在我国电气化高速铁路上获得广泛的应用，创国际先进水平；为我国开创铝包钢线、超高压扩径架空导线、高速电气化铁路用接触导线、废杂铜直接再生制杆和以铝节铜的研究、生产和发展做出了贡献 1997 年当选为中国工程院院士
7	邬贺铨	邬贺铨，1943 年 1 月 16 日出生于广州，广东省番禺人，通信专家。中共党员。1964 年毕业于武汉邮电学院。曾任电信科学技术研究院副院长兼总工、中国工程院副院长。现任电信科学技术研究院顾问、中国互联网协会理事长 长期从事数字和光通信系统研究开发工作。从 2003 年以来先后作为国家下一代互联网示范工程专家委主任组织 IPv6 项目研究试验，作为新一代无线宽带移动通信科技重大专项总师，组织 3G/4G/5G 项目研究开发。近年负责组织重大工程科技咨询项目研究。主持研制的 30 路 PCM(脉冲编码通信) 终端设备获 1978 年全国科学大会奖，主持研制的 155M/622M SDH（同步数字系列）光传输系统获 1988 年国家科技进步二等奖。2002 年获何梁何利技术科学奖 1999 年当选为中国工程院院士

（续）

序号	姓名	个人简历
8	李德毅	李德毅，出生于1944年，指挥自动化和人工智能专家。出生于江苏省泰县。1967年毕业于南京工学院，1983年获英国爱丁堡海里奥特·瓦特大学博士学位。现任总参第61研究所研究员、副所长，中国电子学会和中国人工智能学会副理事长。参加了多项电子信息系统重大工程的研制和开发。最早提出控制流 - 数据流图对理论和一整套用逻辑语言实现的方法。证明了关系数据库模式和一阶谓词逻辑的对等性，提出云模型和发现状态空间，用于不确定性知识表示和数据控制，在智能控制“三级倒立摆动平衡”实验中取得显著成效。获国家和省部级二等奖以上奖励9项。发表论文130多篇，出版中文著作5本、英文专著2本。2004年当选为国际欧亚科学院院士 1999年当选为中国工程院院士
9	郑南宁	郑南宁，1952年12月19日出生于江苏省南京市，人工智能、计算机视觉与模式识别专家，IEEE Fellow。1975年毕业于西安交通大学电机工程系，1981年获西安交通大学工学硕士学位，1985年获日本庆应大学工学博士学位。曾任国家高技术研究发展计划（即“863计划”）信息领域首席科学家、国家信息化第一届专家咨询委员会委员、西安交通大学校长（2003年8月—2014年4月）。现任西安交通大学人工智能与机器人研究所教授、视觉信息处理及应用国家工程实验室理事长、国务院学位委员会委员、中国自动化学会理事长、中国认知科学学会创会副理事长、国际模式识别协会（IAPR）中国代表、国家科技重大专项“核心电子器件、高端通用芯片及基础软件产品”（即“核高基”）咨询专家委员会主任（2011年—），曾任陕西省科学技术协会主席 (2002—2014年) 长期从事人工智能与模式识别、计算机视觉及其先进计算架构的应用基础理论与工程技术的研究，建立的视觉场景理解的立体对应计算模型与视觉注意力统计学习方法成为该领域代表性工作，为构造计算机视觉系统和基于图像信息的智能控制系统，提供了理论指导和关键技术。先后获国家科技进步奖二等奖（1991年、1996年）、国家技术发明奖二等奖（2007年）、国家自然科学二等奖（2016年）。曾获“做出突出贡献的留学回国人员”（1991年）、“国家级中青年突出贡献专家”（1992）、“全国优秀教师”(1993)、“中国青年科学家奖”(1996年) 等荣誉称号。首批入选国家“百千万人才工程”(1995年)，1995年获国家杰出青年基金，2001年获何梁何利科学技术奖 1999年当选为中国工程院院士
10	陈立泉	陈立泉，1940年3月29日出生于四川省南充市。1964年毕业于中国科学技术大学。现任中科院物理所研究员。曾任亚洲固体离子学会副主席。2004年至今任中国硅酸盐学会副理事长 在中国率先开展锂电池及相关材料研究。在国内首先研制成功锂离子电池。解决了锂离子电池规模化生产的科学技术与工程问题，实现了锂离子电池的产业化。他曾是物理所高温超导材料研究的负责人和主要研究者，首次发现70K超导迹象，研制出液氮温区超导体并首次公布了材料成分。近年来，开展了全固态锂电池、锂硫电池、锂空气电池、室温钠离子电池和固体氧化物燃料电池中的物理化学过程及相关材料的设计、合成、表征、物理和电化学性能及其应用研究。为开发下一代动力电池和储能电池奠定了基础。发表论文250余篇，申报发明专利15余项 1987年被授予“国家级有突出贡献中青年专家”称号。曾获国家自然科学一等奖、中科院科技进步特等奖和二等奖，2007年获国际电池材料协会终生成就奖 2001年当选为中国工程院院士

（续）

序号	姓名	个人简历
11	衣宝廉	衣宝廉，1938年5月29日出生于辽宁省辽阳市，1962吉林大学化学系毕业，同年考入大连化物所研究生，师从郭燮贤院士，学习催化化学。1966年毕业，留所工作。现任中国科学院大连化物所研究员、全国燃料电池与液流电池标准委员会主任、新源动力股份公司名誉董事长。曾任新源动力公司董事长，科技部“863”计划、“十五”电动汽车、“十一五”节能与新能源汽车重大专项总体专家组成员、燃料电池发动机责任专家 主要从事化学能与电能的相互转化研究，是我国燃料电池开拓者之一。20世纪70年代参加并领导了航天碱性石棉膜型氢氧燃料电池研制；80年代利用燃料电池技术，实现空气氧氮分离制备纯氮气，电解水制备超纯氢，研制电化学CO与H_2，传感器，投放市场，获得良好效益；90年代，作为项目负责人，领导了科技部“九五”攻关和中科院重大项目“燃料电池技术”，组装30kW氢氧燃料电池堆与电池系统用作中巴车动力源；申报PEMFC专利34件，形成了一整套PEMFC自主知识产权，组建新源动力股份有限公司，致力于燃料电池的产业化。“十五”与“十一五”期间，指导城市客车与轿车用燃料电池系统的研发，研制的燃料电池发动机，用于北京奥运会和上海世博会示范运行的燃料电池客车与轿车 获得中科院科技进步一等奖，辽宁省科技发明、科技进步一等奖各一项。发表论文200多篇，申报的专利40多件已授权。出版《燃料电池原理·技术与应用》专著。培养了8名博士后，博士、硕士研究生40多名 2003年当选为中国工程院院士
12	钟志华	钟志华，1962年出生于湖南省湘阴县，车辆工程专家。1988年毕业于瑞典林雪平（Linkoping）大学，获工学博士学位。曾任国家“十五”、863计划“先进制造与自动化技术”领域专家委员会委员。曾任同济大学校长，博士生导师，并兼任国务院学位委员会学科评议组成员和教育部科学技术委员会工学部委员等学术职务。现任中国工程院党组成员、副院长 多年来一直从事汽车设计与制造技术的研究与应用，主要研究方向为汽车碰撞安全技术、车身冲压成型技术和模块化轻量化汽车技术。在国内外主持过多项与上述研究方向相关的理论与方法研究、工程软件研发、制造工艺与装备研发和新产品研发等方面的国家级项目、国际合作项目和企业重大研发项目，并提出了多项新理论和新方法，开发了多项新工艺、新装备和新产品。先后发表论文120多篇，出版著作3部，SCI他人引用200多篇次。获国家科技进步一等奖和二等奖各1项，省部级科技进步一等奖2项、二等奖2项，部级技术发明和自然科学二等奖各1项，发明专利6项。指导硕士生39名，博士生27名。获光华工程科技奖（青年奖）、GM（通用汽车）中国科技成就2000年度一等奖、湖南省光召科技奖等其他十几项奖励和荣誉称号 2005年当选为中国工程院院士
13	苏万华	苏万华，1941年11月21日出生于佳木斯市，山东宁津人。内燃动力工程专家。中共党员。1965年毕业于天津大学动力与自动化系，后在天津大学攻读内燃机专业研究生，1968年毕业。曾任天津大学内燃机燃烧学国家重点实验室主任。现任天津大学教授，博士生导师，内燃机燃烧学国家重点实验室学术委员会副主任，中国内燃机学会名誉理事长，《内燃机学报》主编，国际刊物《Int. J. Engine Research》和《Int. J. Automotive Technology》编委 长期从事内燃机动力工程的研究和研究生培养工作。20世纪80年代后期，在国内最早提出柴油机电子控制的技术方向，“九五”期间完成电控高压共轨燃油系统研发和小批试制；开发了全电控柴油引燃天然气双燃料发动机。2001年之后连续作为973项目首席科学家，提出“燃烧过程混合率和化学反应率协同控制理论”；提出全工况多模式复合燃烧技术，中低负荷实现低温燃烧，高负荷实现高密度低温燃烧。先后开发成功无后处理器满足国四法规的新型柴油机和可变压缩比高热效率国六柴油机。1996年获中国自然基金会和GM联合颁发的首届GM-CHINA Kettering Outstanding Achievement Award；2005年获中国内燃机学会颁发的首届“中国内燃机杰出科技成就奖”；2010年作为第一完成人获国家技术发明奖二等奖 2011年当选为中国工程院院士

（续）

序号	姓名	个 人 简 历
14	林忠钦	林忠钦，出生于1957年。机械工程专家。浙江宁波人。1982年毕业于上海交通大学，1989年获上海交通大学博士学位。教育部长江学者奖励计划特聘教授，国家杰出青年基金获得者，国家973项目首席科学家。现任上海交通大学校长、党委副书记，第十三届全国政协委员，国务院学位委员会委员、学科评议组机械工程学科召集人，教育部科技委先进制造学部主任 长期从事薄板产品制造工艺与质量控制技术研究，建立了中国汽车工业的制造质量控制技术，为提升中国汽车车身制造质量做出了重要贡献；提出了数字化封样技术，有效缩短了车身的开发周期，提升了开发质量，大幅度降低开发成本。建立了中国的汽车板使用技术，为国产汽车板替代进口板和高强度钢板批量使用做出了重要贡献；研究成果广泛应用于汽车、航空、航天、船舶等行业，创造了显著的社会效益和经济效益。近年来，从事中国制造质量与品牌战略发展研究和中国海洋装备科技发展战略研究，完成了一批国家战略研究报告。获得国家科技进步奖3次、省部级一等奖5次，教育部长江学者奖励计划成就奖，何梁何利科学与技术创新奖等 2011年当选为中国工程院院士
15	丁荣军	丁荣军，出生于1961年，电力电子及控制技术专家。江苏省无锡市人。1984年毕业于西南交通大学电力机车专业。2008年获中南大学工学博士学位。现任株洲电力机车研究所所长，兼任变流技术国家工程研究中心主任，教授级高级工程师。 长期从事轨道交通牵引控制、牵引变流和网络控制技术的创新研究和成果转化，为中国铁路从普载到重载、从常速到高速的突破发展做出了重大贡献。主持交流传动系统及高性能控制技术研究与应用，创建了适合我国国情的标准体系并与国际接轨的技术模式，获2005年国家科技进步二等奖。主持特大功率半导体器件技术研究与应用，构建了我国自主品牌电力电子器件技术体系，获2010年国家科技进步二等奖。共主持7项国家级科研项目，先后获“詹天佑科技成就奖”“茅以升科学技术奖”“新世纪百千万人才工程国家级人选”和“全国劳动模范”等荣誉 2011年当选为中国工程院院士
16	李骏	李骏，出生于1958年，汽车发动机专家。吉林省长春市人。1989年毕业于吉林工业大学内燃机专业，获博士学位。现任中国汽车工程学会理事长、中国智能网联汽车产业创新联盟专家委员会主任、清华大学汽车工程系教授 他突破设计、燃烧、电控和可靠耐久四项汽车发动机核心技术，建成基础技术研究平台。主持自主研发出重型系列柴油机，使一汽解放卡车重型化；主持自主研发出系列汽油机，使新一代红旗高级轿车有了自主发动机；主持自主研发出柴油机电控高压共轨喷油系统，装备我军第三代中型高机动战术军车。获国家科技进步一等奖、二等奖各1项，省部级一等奖6项，主持完成863、973课题10项，发表论文95篇、专著1部。首批入选国家级新世纪百千万人才工程，先后获全国劳动模范、2012年何梁何利科学与技术创新奖 2013年当选为中国工程院院士
17	丁文江	丁文江，1953年出生于上海市，原籍浙江绍兴。轻合金研究专家。1981年毕业于上海交通大学铸造专业。现任轻合金精密成型国家工程研究中心主任。曾任上海交通大学副校长、上海市科委副主任。在国际上担任或曾担任：世界轻合金联盟轮值主席，中挪（中国和挪威）轻合金研究中心中方主席；日本九州大学外部评价委员；澳大利亚莫纳什大学顾问；美国通用 - 交大先进材料制造联合实验室主任 长期从事先进镁合金材料及其精密成形研究，把镁与稀土相结合，开展系统研究，形成中国特色。迄今为止，在镁研究领域发表SCI论文308篇（其中3篇入选近10年ESI高引用论文），累计他引2469次，拥有发明专利114项。作为第一获奖人，2003年获国家科技进步奖二等奖，2006年获国家技术发明奖二等奖，2007年获上海市技术发明一等奖；创建了国家工程中心，凝聚三百余人的研发队伍，实现了基础研究，应用开发，工程化和技术转移的良性互动。全国国家工程研究中心二次评优并获国家工程中心20年重大成就奖。2010年获全国优秀科技工作者称号 2013年当选为中国工程院院士

（续）

序号	姓名	个人简历
18	孙逢春	孙逢春，出生于1958年，车辆电动化专家，湖南省常德市临澧县人。1981年毕业于湖南大学应用力学专业。1989年毕业于北京理工大学，获工学博士学位。现任电动车辆国家工程实验室主任，中国汽车工程学会副理事长，中国电工技术学会副理事长。科技部新能源汽车重点专项专家组专家。曾任北京理工大学副校长 我国电动车辆工程科技的主要开拓者之一，长期致力于电动车辆总体设计理论、系统集成与控制、一体化电驱动与传动、充/换电站基础设施及运行健康管理等技术研究。创建了我国“电动车辆—充/换电站—远程实时监控”系统工程技术体系。主持实施了国际奥运史上首次奥运中心区零排放公交系统工程。领导组建了电动车辆国家工程实验室、新能源汽车运行国家监测与管理中心以及北京电动车辆协同创新中心。作为第一完成人获国家技术发明奖二等奖2项、国家科技进步奖二等奖1项、何梁何利奖及省部级奖多项。获授权发明专利65项。出版著作7部，发表收录学术论文210篇，总被引6000余次 2017年当选为中国工程院院士
19	吴锋	吴锋，1951年出生于北京，新能源材料科学家，1981年毕业于太原工学院化工系，获工学硕士学位。曾任国家高技术（863）功能材料专家组副组长等，被国家科技部聘为973计划二次电池项目连续三期的首席科学家。现任北京理工大学能源与环境材料学科首席教授 国家绿色二次电池与相关材料领域的学科带头人之一，为我国新能源材料和新型二次电池的研发和产业化做出了重要贡献。作为第一完成人获国家技术发明奖二等奖、国家科技进步奖二等奖各1项，省部级科技一等奖多项；还获得何梁何利科学与技术进步奖和四项国际奖。国际欧亚科学院院士，亚太材料科学院院士，被美国麻省大学波士顿分校授予荣誉科学博士学位 2017年当选为中国工程院院士
20	欧阳明高	欧阳明高，汽车动力系统专家。清华大学教授。1958年10月生于湖北省天门县，籍贯湖北天门。1982年毕业于长沙铁道学院（现中南大学），1984年在大连铁道学院获硕士学位，1993年于丹麦技术大学获博士学位。现任汽车安全与节能国家重点实验室主任 长期从事节能与新能源汽车动力系统研究，提出了发动机电控高压柴油喷射新方法，发明了毫秒级燃油压力波精确调控技术。揭示了高比能量锂离子动力电池热失控诱发与蔓延新机制及抑制途径，发展了质子交换膜燃料电池系统非线性动态建模与状态辨识理论，建立了燃料电池/动力电池能量混合型动力系统设计与最优控制方法。研制出系列新装置与新系统并实现产业化应用。为我国汽车节能减排和新能源汽车发展做出了重要贡献。曾获国家技术发明奖二等奖2项、北京市科学技术奖一等奖，及何梁何利科学技术奖等 2017年当选为中国科学院院士
21	潘复生	潘复生，1962年出生于浙江，浙江省金华市人，轻金属专家。九三学社成员。1995年在西北工业大学材料科学与工程专业获得博士学位，先后在英国牛津大学、德国斯图加特大学、美国加州大学洛杉矶分校、澳大利亚昆士兰大学、日本千叶大学等学习与工作。曾兼任国务院学位委员会学科评议组成员。现任重庆市科学技术协会主席、重庆大学教授、国家镁合金材料工程技术研究中心主任、重庆市科学技术研究院院长、中国材料研究学会副理事长 主要从事镁合金、铝合金、工具钢等方面的研究，在镁合金新材料与新工艺、铝合金板箔材与锻件、铁基工具材料等方向取得多项原创性成果，特别是在高塑性镁合金、镁合金成形（型）加工、镁合金纯净化、化合物相变细化、铝合金板箔材与锻件等方面有重要创新，发明了一批具有自主知识产权的高性能镁合金和新工艺技术。获得国家技术发明奖和科技进步奖4项，省部级技术发明奖和科技进步奖10余项。其中，作为第一完成人获得国家科技进步奖二等奖2项，省部级技术发明一等奖3项。发表SCI收录论文400多篇，授权发明专利130多项，制订国家标准和行业标准10余项。获得“全国杰出专业技术人才”和“全国优秀科技工作者”称号，是何梁何利奖和杜邦科技创新奖获得者 2017年当选为中国工程院院士

注：本表资料来源于中国科学院和中国工程院网站，数据统计截至2018年底，仅供参考。

任务22 检索汽车之最

任务导入：请检索世界上最早的纯电动汽车发明时间及相关资料。

1. 世界上车速最快的汽车（图22-1）

超声速汽车 Bloodhound SSC，陆地速度达到1678km/h。2010年，英国皇家飞行员安迪•格林（Any Green）驾驶，这款超声速汽车将欧洲台风战斗机的喷气式发动机和一种混合火箭发动机作为动力系统，当速度达到483km/h时，就转换成固液混合火箭推动，直到速度达到1678km/h。

图22-1 世界上车速最快的汽车

2. 世界上车速最快的量产汽车（图22-2）

SSX Ultimate Aero TT汽车，速度435km/h，美国超级跑车制造商Shelby Super Cars在2009年制造。搭载了一台6.345L V8双涡轮增压发动机，最大输出功率881kW，0～100km/h加速仅为2.9s。

图22-2 世界上车速最快的量产汽车

3. 世界上最长的乘用车（图22-3）

这辆车的名字叫美国梦，是由加利福尼亚定制汽车大师杰伊•奥格伯格（Jay Ohrberg）制造的，全长30.48m，是目前被吉尼斯世界纪录认证的全世界最长的一辆豪华轿车。该车有两个发动机，26个轮子，车里面配有游泳池、跳水板、按摩浴缸、特大水床等，还配有直升机停机坪。

图22-3 世界上最长的汽车

4. 功率最大的汽车（图22-4）

“怀特三倍号”，功率为1125kW，由美国弗拉德斐的怀特先生资助建造，经过两年时间完工。该车由3台自由牌V12飞机发动机作力动力，总排量达81.188L。

图22-4 功率最大的汽车

5. 加速最快的汽车（图22-5）

标致208 T16在1.8s完成百公里加速，其最大输出功率为644kW。全车采用了大量的碳纤维材质，整备质量仅为875kg。

图22-5 加速最快的汽车

6. 车轮最多的汽车

意大利制造了一辆承载重量为3600t的汽车，有1152个车轮，牵引部分有8台发动机。该车由电子计算机操纵，通过传感器，能反映每一瞬间汽车重心移动和道路的特点。图22-6所示为我国研制的2500t液压遥控自行式动力模块平板，该车长73.2m，宽8.125m，有

图22-6 我国研制的880个轮子的汽车

880个轮子。

7. 世界上最贵的汽车（图22-7）

整车由纯金和航空金属打造，跑车外形，发动机功率能达735kW，其价格为28.5亿元，被列入世界吉尼斯纪录。该车属于一位阿拉伯富豪。

图22-7　用纯金打造的汽车

8. 最贵的劳斯莱斯汽车（图22-8）

劳斯莱斯于1906年成功制造出一辆名为“银魂”（SIL-VERGHOST）型的四座位敞篷房车，现在价值为1500万英镑，折合约1.8亿人民币。

图22-8　最贵的劳斯莱斯汽车

9. 世界上最便宜的汽车（图22-9）

“1922红甲虫”由美国威斯康星州密尔沃基的布林格斯特雷顿公司制造。它的轴距为1.57m，重量为111kg。早期的“侏儒王”模型产于美国，以整套零配件形式销售，由用户自己组装，1948年售价为每台100美元。

10. 世界上最重的载重汽车（图22-10）

最大的搬运汽车是美国航天局的“爬行者”汽车，长41.2m，高34.7m，自重2722t。当它运载火箭飞船时，总重量为8100t，只能以1.6km/h的速度缓慢地把火箭运往发射场。

11. 行驶最长里程的汽车（图22-11）

汽车的最高行驶里程纪录是480万km，该纪录是美国纽约州东帕奇格的欧文·戈登在2013年沃尔沃P-1800S轿车上创造的。

图22-9　最便宜的汽车

图22-10　最重的汽车

图22-11　行驶里程最长的汽车

12. 最早的汽车维修厂

1895年12月，法国波尔多的桑克雷尔大街41号，由波罗尔开办了世界上最早的汽车修理厂。波罗尔的维修厂设备齐全，还设有所有种类的保养、维修和洗车车间，车辆只需一个晚上即可修妥。

13. 最早的汽车广告（图22-12）

1900年，美国第一家汽车厂——奥兹莫比尔汽车厂竣工，奥兹父子在工厂门口树立了一块醒目的标志牌，上书“世界最大的汽车工厂”，来往行人无不驻足观看。

图22-12　最早的汽车广告

14. 全球销量最多的汽车（图 22-13）

德国大众汽车公司 1973 年开发出高尔夫 (Golf) 牌轿车，迄今已生产第七代，生产量超过 3000 多万辆，创下了历史纪录。

图 22-13　全球销量最多的汽车

15. 最大的汽车城（图 22-14）

美国的底特律城，是美国通用、福特、克莱斯勒三大汽车公司总部的所在地。

图 22-14　最大的汽车城

16. 最大的汽车市场（图 22-15）

美国的达拉斯郊区，名叫亨利·布茨奥士无比的汽车市场，占地 3.25 万 m^2，建筑费用达 1300 万美元，摆设各种汽车 1900 辆。

图 22-15　最大的汽车市场

17. 最大的停车场

世界上最大的汽车车库经营商，美国的豪莱车库公司在芝加哥机场开设了一家室内停车场（图 22-16），共 16 层（上面是公寓，该栋大楼共 60 层，楼高 168m，建于 1963 年），可同时停泊 9250 辆轿车，这是世界上最大的室内停车场。美国新泽西州东罗塞福德市大体育场的停车场，进出方便，视野开阔，可一次停放汽车 26500 辆，这是世界上最大的室外停车场（图 22-17）。

图 22-16　最大的室内停车场

图 22-17　最大的室外停车场

18. 最早的汽车牌照规则

1893 年 8 月 14 日，法国最早制定条例，规定“所有的汽车，都必须挂上印有所有人姓名、住址以及登记号码的金属车牌。车牌必须挂在车身左侧，保持在随时可以看见的位置上。”

19. 最早的汽车驾驶资格考试

1893 年 8 月 14 日，根据巴黎警察条例，规定驾驶人要经过考试。考试的内容有驾驶技术、发动机构造原理知识、修理技术等。年龄在 21 岁以上才有考试资格。

20. 最早的汽车驾驶证

1893 年 8 月 14 日，法国开始颁发世界上最早的驾驶证。驾驶证上必须贴驾驶人的照片，发行官还要在驾驶证上写上车种。

21. 最早的交通信号灯（图 22-18）

1868 年，根据伦敦警察总督理查德·梅因的建议，为防止议员被街上往来频繁的马车撞倒，在伦敦威斯敏斯特区乔治大街和布里奇大街交叉的路口上，安装了世界上最早的交通信号灯。信号灯由红色和绿色的旋转方形玻璃灯组成。在它脚下，一名手持长杆的警员转换灯的颜色。红色表示“停止”，绿色表示“通过”。同年12月10日起正式使用。

图 22-18　最早的交通信号灯

22. 最早的铅酸蓄电池电动汽车（图 22-19）

1881年法国工程师古斯塔夫·特鲁夫（Gustave Trouve）发明了世界第一辆铅酸蓄电池电动三轮汽车。

图 22-19　最早的电动汽车

23. 中国第一辆国产汽车（图 22-20）

中国第一辆国产汽车是1929年5月在沈阳问世的。张学良任命同窗好友李宜春为民生工厂的厂长，从美国购买“瑞雪号”汽车整车，然后拆卸，除发动机、后桥、电器设备和轮胎等由国外进口外，对其他零部件都进行重新设计、制造，这样终于制成我国第一辆“民生牌”汽车。此车为75型、48kW，载重量为1.82t，速度为25km/h。

图 22-20　中国第一辆国产汽车

项目小结

1. 介绍了本茨、戴姆勒、奥托、狄塞尔、福特、杜兰特、斯隆、艾柯卡、保时捷、法拉利、丰田喜一郎、饶斌、孟少农、李书福和中国汽车工业两院院士等汽车名人的生平事迹及其奋斗历程。
2. 介绍了部分汽车之最。

技能训练与知识测评

1. 从汽车名人的生平事迹和奋斗历程，你得到什么启示？
2. 每人检索1项汽车之最，进行全班交流。

参考文献

[1] 蔡兴旺 . 新能源汽车结构与维修 [M]. 3 版 . 北京：机械工业出版社，2019.

[2] 王海林，蔡兴旺 . 汽车构造与原理：上册 [M]. 4 版 . 北京：机械工业出版社，2018.

[3] 崔胜民 . 智能网联汽车新技术 [M]. 北京 : 化学工业出版社，2018.

[4] 高嵩，张金炜，戎辉，等 . 无人车软件体系架构 [J]. 汽车电器，2018 (4)：9-10.

[5] 吴东盛，陈青，陈芷衡，等 . 智能汽车未来的发展趋势 [J]. 发展改革理论与实践，2018 (3)：19-22.

[6] 节能与新能源汽车技术路线图战略咨询委员会，中国汽车工程学会 . 节能与新能源汽车技术路线图 [M]. 北京：机械工业出版社，2017.

[7] 陈慧岩，熊光明，龚建伟，等 . 无人驾驶汽车概论 [M]. 北京：北京理工大学出版社，2017.

[8] 蔡兴旺 . 汽车概论 [M]. 3 版 . 北京：机械工业出版社，2016.

[9] 熊光明，高利，吴绍斌，等 . 无人驾驶车辆智能行为及其测试与评价 [M]. 北京：北京理工大学出版社，2015.

[10] 林平 . 车标一世界著名汽车标志 [M]. 北京：化学工业出版社，2012.

[11] 程国华，程盛 . 追根溯源：百年汽车工业 [M]. 北京：机械工业出版社，2007.

[12] Daimler Chrysler AG Konzernarchiv, Dr Harry Niemann. 百年奔驰 [M]. 朱华，王梅，Dr Nany kim，等译 . 北京：电子工业出版社，2006.

[13] Erik Eckermann. 从蒸汽机到汽车 [M]. 孙伟，译 . 北京：电子工业出版社，2006.

[14] 纪宝康 . 汽车百科全书 [M]. 北京：银声音像出版社，2004.

[15] 衣宝廉 . 燃料电池的原理、技术状态与展望 [J]. 电池工业，2003 (1)：16-22.

[16] 中国汽车工业史编审委员会 . 中国汽车工业史 [M]. 北京：人民交通出版社，1996.

图 19-10　F1 汽车赛途中换轮胎及加油

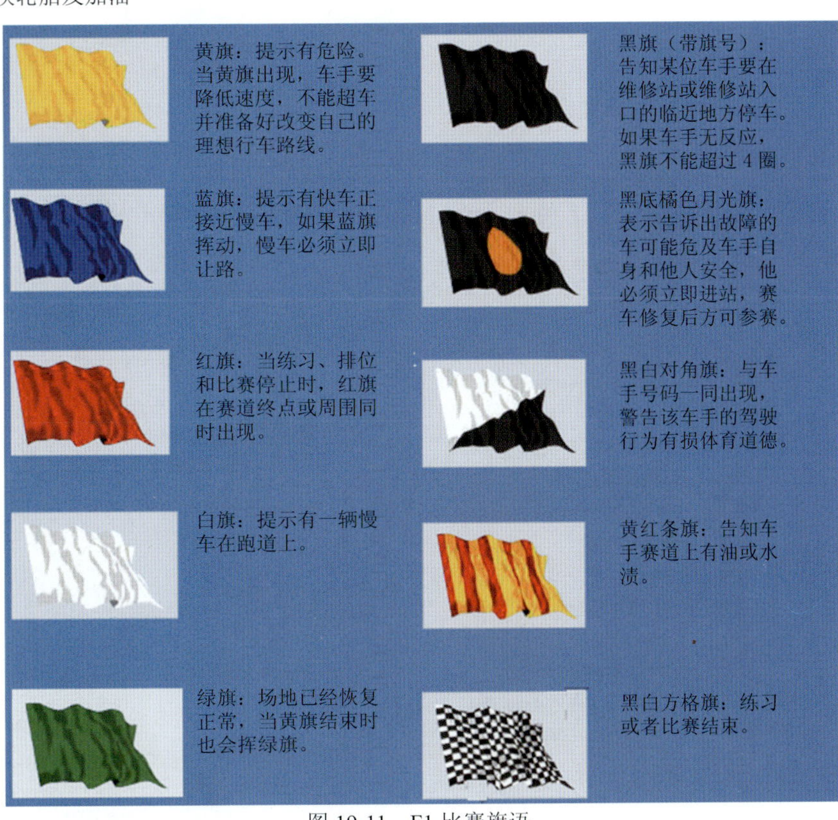

图 19-11　F1 比赛旗语

图 19-12　F1 汽车赛颁奖后开香槟庆祝

图 19-46　派克峰国际汽车爬山赛路线